科文证券点金丛书

投资理念制胜

金融大师论投资

The Ultimate Investor

[美] 迪恩·利巴朗（Dean LeBaron）
罗迈什·瓦迪伦格姆（Romesh Vaitilingam） 著
金彦 张春萌 王文涛 译

中国标准出版社

著作权合同登记图字：01－2000－1965 号

图书在版编目（CIP）数据

投资理念制胜/（美）利巴朗（Le Baron，D.）等著；
金彦，张春萌，王文清译．—北京：中国标准出版社，2005.8
书名原文：The Ultimate Investor
ISBN 7－5066－2245－9

Ⅰ．投… Ⅱ．①利…②金…③张… Ⅲ．金融-投资 Ⅳ．F830.59

中国版本图书馆 CIP 数据核字（2000）第 66589 号

The Ultimate Investor

The People and Ideas That Make Modern Investment

First Published 1999 by Capstone Publishing Limited

中国标准出版社出版
北京复兴门外三里河北街 16 号
邮政编辑：100045　　电话：68522112
北京科文剑桥图书有限公司承销
北京安定门外大街 208 号三利大厦
邮政编码：100011　　电话：64203023
网址：www.beijingkewen.com
北京市京东印刷厂印刷
各地新华书店经销

开本 850×1168　1/32　印张 11.375　字数 252 千字
2005 年 9 月第一版第三次印刷
ISBN 7－5066－2245－9/F·057
定价：22.80 元

目　录

前　言

您现在拿在手中的这本书(或是在计算机屏幕上阅读的电子文本)是否真正是最重要、最根本的?当然不是。但是,我们的出发点是尽可能地去接近现代投资中的关键思想,以及掌握并运用这些思想的人们,并尽我们所能使这些思想易于理解。

我们只有在事后才会知道什么是最根本的。而此时,事物的发展又会出现一些新的特点,它们仍然有待于时间的考验,也许这些新的特点又会成为新的最根本问题的一部分。于是,就像云雾室里的粒子运动轨迹一样,当我们看到它的时候,那个粒子已经过去了。对于什么是最根本的问题,我们的观点不可避免地带有我们时代的色彩。观察者看问题的角度决定了所得到的实验结果,这是我们从物理学中借用的另一个观点。

我们已经尽了自己的所能去试图"接近一个运动中的目标",本书中涉及到30种思想观点以及30个以上的人。这些思想并没有一个清晰的界定,所以它们的存在与其他要素之间并没有什么重要的有机联系。倒不如说它们是市场这一棘手问题的一部分,在不断激烈地变化着,在理性的分析与非理性的智慧交互作用下不断发展。为了进行描述性的分析,我们不妨假设每一个要素是孤立的。但是,最终在市场的每一个瞬间,每一位投资者都必须把这些要素结合起来,努力去预测那些极端重要的结果。

我们试图简化这些思想,我们不时地引用与这些思想有关名人或大师的文章——以及其他人的观点。作为投资方面的学生和从业者,我们没有哪个人是孤立存在的:我们每个人都是我们所分析的市场中的一分子。

有时我们看起来有些饶舌和随意。这只是因为我们在试图把无法精确描述的问题说得更简单易懂一些。

于是，现在我们带着这些局限性开始了这本书，我们靠什么来吸引你的注意力呢？答案是：给出有关于这些思想以及那些为我们带来当今市场观念的人的背景。也正是这些人造就了明天的市场。他们自己也许还没有意识到，但他们——以及被我们所忽略了的其他人——奠定了新的发展基础。你需要了解他们和他们的工作。他们是你投资的未来——至少按照我们理解是这样。

尽管我们作者之间有大洋相隔，但我们的合作却非常紧密。我们有两次全体的集会（面对面）以及每天十几个回合的电子邮件往来。我们本可以坐在一起交换纸笔，只不过这些都用电子化的手段所代替了。我们还把那些基本完成的章节放在迪恩的网站上，供大师们、潜在的读者们以及出版商们评论。这使得我们以及其他人能够在这本书接近完成之时看到它的全貌。我们相信这种开放性有助于增加该书硬拷贝的销售量。今后我们还将继续采用这样的方式。

在讨论投资思想的同时，我们用同样多的笔墨谈及相关的人，因为正是这些人具有这样的思想。在我们看来，最佳的投资思想与拥有这样思想的人其精神是一致的。有这样一句人们听了很多遍的话，"并不是管理者挑选市场，而是市场挑选管理者"。这句话就是说，有可能当今的市场模式成就了某些最佳投资者，而不是反过来，最佳的投资者造就了当今市场的模式。能够取得成功的管理者绝大多数对自己的观点非常自信，但又不刚愎自用，他们不愿意看到其他人为求有所变化而随意篡改他们的思想观点(除非求变就是他们的思想观点),他们急于展现自己在市场方面的智慧。他们当中的绝大多数都很有个性,并且至少为我们之中的某一位所认识和喜爱。

在每一章中,我们讨论一种观点,然后我们谈及一两个与之有关的人。我们同样介绍相反的观点:该思想不完善的一面以及它的局限性。而且我们会请求我们所谈及的每一位投资大师(绝大多数情况下,他们都健在)对此作出评论——如果他们愿意的话:我们所谈到的很多投资大师都很友善地接受了这一挑战。每一章都对未来进行展望,有可能的话,还会给出一些可供研究和应用的思想观点,以及一些进一步的参考资料——印刷形式的或在线的。

除了主要章节,我们还有两篇引子:一篇是彼得·伯恩斯坦关于过去50年市场的历史,他很友好地允许我们重印了这些内容;另一篇是迪恩关于投资模式随着时间和空间不断变换的文章。本书中还包含了詹姆斯·华莱士所选出的10本投资方面经典书籍的简介,以及投资领域的10个关键性问题,外加10个更广泛的全球性问题。最后,给出了一个互联网站列表,这里推荐了一些可供进一步研究参考的内容或一些有趣的东西。

在思考书中观点这几年里,很多人助了我们一臂之力,在此要感谢他们。对于迪恩来说,他从很多已经成为朋友的客户那里学到了不少东西,他们中间的:Gondon Binns, David Feldman, Robert (“Tad”) Jeffery 以及 William Wirth,都是投资大师。特别要感谢在本书的写作中给予我们直接帮助的朋友,家人和同事:当然,也包括我们所介绍的投资大师们——还有 Mark Allin, Richard Burton, Annemarie Caracciolo, Donna Carpenter,

Stephen Eckett，Tom Fryer，Steve Gage，Kate Holland，Blake LeBaron 以及 Marilyn Pitchford。

我们非常希望您能够乐于读这本书，欢迎提出各种宝贵意见。

迪恩·利巴朗——deanlebaron@compuserve.com

罗迈什·瓦迪伦格姆——romesh@compuserve.com

1999 年 3 月

迪恩的互联网站——www.deanlebaron.com

序

开普斯通(Capstone)出版社出版了很多关于实业方面的书籍,但这还是首次出版投资方面的书。当然这二者是有紧密联系的。实业需要投资来驱动。获得投资的情况是评估实业成功程度的指标,通过计算投资不同实业所带来的回报的差别,投资能够对谁在什么时候获得多少钱起调节作用。

为了有助于探讨投资与实业的这种相伴相生的关系,我们邀请了两位朋友,同时也是开普斯通出版社的作者,同我们进行一番电子邮件对话。一位是罗勃特·芒克斯,我们将在“公司治理”一章中对其做简要介绍。另一位是克里斯托弗·迈耶尔,他和迪恩同是圣塔菲学院的受托管理人,他还是安永公司(Ernst & Young)企业创新部门的负责人。从某种意义上说,他们二位涵盖了实业市场中的两个极端,鲍勃的工作是甄别那些需要重新注入活力的公司,克里斯则是在同那些已经很顶尖、还希望能够更好的公司一起工作。

鲍勃和克里斯毫无保留地交换着电子邮件,这些邮件中强调了一个很重要的问题,那就是:在本书中所讨论的种种投资思想和风格(有些看起来不同寻常,很能够吸引我们的注意力)的背后,我们不要忘记实业的存在。本书的大部分内容着重探讨了外部对公司的影响:股东以及某些相应的机制,通过这些机制他们可以衡量公司价值、作出投资决定。但对于某一家公司来说,归根到底,股票价格是上升还是徘徊不前的关键制约因素在公司内部:管理的行为和质量。

鲍勃和克里斯的对话触及投资与实业交互作用过程中的很

多关键性问题：

● 个人和机构投资者如何确定应该拥有何种股票及其他资产，以及怎样对待这种所有权？

● 投资者们是否仅仅把他们的股票简单地看作是几张纸，希望这些纸能够带给他们良好的短期回报？

● 或者他们希望能够真正地参与到公司中，也许是作为活跃的股东，促进公司经济更良好地运转，以期获得更高的回报？

● 也许有些投资者比管理者眼光更长远，没准甚至要求公司关注更为广泛的社会目标？

● 公司的拥有者、管理者以及社会三者的长期与短期的利益能否真正变得更加一致？

克里斯·迈耶尔

很明显，投资者们看重公司的一些非财务因素。我们的一项定量调查表明：大约有 34％的买方分析家对某一家公司的估值受到诸如管理质量，研发效率等因素的左右。他们认为这些因素代表了能够在未来创造现金流的商业行动。但是看起来个人投资者却对于那些他们不喜欢的公司的证卷不感兴趣。不喜欢某一家公司的原因是多方面的，有些时候是由于投资者的收益不能够以他们所希望的方式直接兑现；有些时候是由于人们不喜欢某些公司的主管。不管怎样，都会因此而减少这些证卷的市场，于是，很有可能也会减少该公司的市值。所以，一家公司的社会定位和它的财务情况是有联系的。

但是，我觉得一般来说，养老金的参与者更倾向于要求获得尽可能高的回报而不是综合考虑各种因素。加州公共雇佣者退休系统（CALPERS）是个显著的例外，我认为，这说明这家养老金系统在投资行为中把政治和社会的因素考虑在内。尽管如此，我认为可口可乐公司和菲利普莫里斯公司之间数倍的差别更多的是和烟草行业的财务状况下降有关，而并非人们对沾有尼古丁的利润不屑一顾。

鲍勃·芒克斯

在英国，金融中心和产业界一直争论不休，产业界的公司经理们认为他们受到投资实体短期主义的严重制约。实际上，真正的股东——固定收益的养老金计划和指数基金——具有最长远的眼光，比任何一届管理者的任期都要长远。这些固定收益计划的出发点是什么？对于这些退休者来说，难道不需要经历一些必要的步骤就能够在一个文明、清洁、治安良好的环境中退休，并且有足够的钱来维持所需的生活水平？怎样才算是真正为养老金拥有者着想的安排？不同的人有不同的看法，这其中必然会含有主观的价值判断。

克里斯进一步深入探讨了管理者与股东之间利益一致性问题

出现对短期盈利行为的抱怨是管理薄弱的征兆。高级管理人员拿着薪水，被指派做一些难以衡量其成效的工作。股票的价格是分析家和投资者之间相互交流的一个话题，这是一种他们看得见的指标，所以他们中的有些人对此反应过于强烈。强干的管理者认为在需要的时候能够增加资本才是最重要的，我们在前面提到的那项研究表明：人们对你的评估不只和你的短期行为有关。

那些屈服于华尔街压力的管理者就像某些 MIS 经理那样懦弱，选择明明是较为低级的 DOS 操作系统，因为 IBM 要他们这么做。而有些公司，比如通用电气公司（GE）似乎就比较理智，不太在乎短期投资者的观点。

鲍勃指出了几个弱点

在公司全体的参与者中，每一个人——管理者、套利者、长期拥有者——都希望能够控制决定自身所得回报的那个时间段。只有长期拥有者的利益与社会整体的利益较为一致。活跃的股东必须充分参与公司的事务，以保证：一、劳动合同中应严格地把管理激励和增加的所有权价值一致起来。二、他应当监视董事会的职能以保证其独立性和适当的“自我批评”。最后需要指出的是，他的合法性的保证是他继续持有该股票的实际所在。

迪恩的评论

上面谈到，使雇佣合同和所有权价值相一致，以期获得与“社会整体利益相一致”的利益……但愿如此。有太多的社会利益无法以任何形式被确定到雇佣合同中去（比如，受雇佣者的身心健康）而且每个人都被各种不同的利益因素所驱使。正如鲍勃所指出的那样，只有长期投资者才能算得上比较接近于代表社会整体的利益；交易者和套利者不会和银行站在同一立场上。

短期金融市场势力的影响很难避免，这对经理者们产生了强烈刺激，即使对于那些心中牢记股东利益的管理队伍来说，也很难摆脱这种影响。他们担心收益低于预期值将不能得到金融市场的理解，而不管他们创造长期价值的潜力如何。

迪恩建议，讨论可行的解决方案

如果某位投资者希望能够被选入董事会，并且提出了不同的计划，那么这就是一种信号，应当唤起董事会的注意，它意味董事会必须评估自己是否在依照投资者和公司的利益来治理公司。确切地说，董事会应当把它看作是个机会，要么考虑新的观点，要么向股东及其他成员阐明自己的原则。如果董事会不能经受住这样的考验，它就会彻底失败。这种情形就好比在面对游动资本和具有攻击性的交易者时力图保持货币坚挺——谁能够利用所有的有效信息，谁就能够最终获胜。向全体股东发布各种消息变得越来越容易，使得这种"竞选董事会"的策略极为可行。

鲍勃讨论他作为董事候选人的角色

作为自我提名的董事候选人有一些特别的好处。在召集股东的时候，你不要任由股东们各持己见、争论不休，使会议陷入一种白热化的混乱局面。支持我作为董事候选人是股东们向管理层传递重要消息的根本途径。在整个机构投资者世界中只有少数的活跃实体——那些公开表达对管理状况不满的大股东。需要指出的是，我不一定要被选上才能够达到我的目的。为董事会服务就像作为国家政治协商会议的代表一样：每个人都应当担任一次，也许有第二次，但不应当总是当选。我的目的就是要让管理者明白：他们既不能无所作为，也不能"按照我们的游戏计划从事"。

克里斯进行了总结

如果股东们能够正确估计未来，在前景问题上意见一致，并将此付诸于投资行为，那么就不会有市场混乱，从经济意义上讲就不需要政府。

也正是因为如此，本书作为开普斯通出版社终极系列图书中的一部新作，力图使大家能够对市场有最佳的理解，希望本书能够对当今的投资者有所帮助。

克里斯·迈耶尔　鲍勃·芒克斯
迪恩·李利巴朗　罗迈什·瓦迪伦格姆
1999 年 3 月

参 考 文 献

印刷版

- Stan Davis and Chris Meyer, Blur: The Speed of Change in the Connected Economy (Perseus Books/Capstone Publishing, 1999)
- Bob Monks, The Emperor's Nightingale: Restoring the Integrity of the Corporation (Perseus Books/Capstone Publishing, 1998)
- Hilary Rosenberg, A Traitor to His Class: Robert AG Monks and the Battle to Change Corporate America (John Wiley, 1999)

在线

- www.businessinnovation.com——安永公司的互联网站，与 Measures That Matter 研究相链接；
- www.santafe.edu——圣塔菲(Santa Fe)学院的互联网站

人们赖以生活的承诺*

我记得从我的大学时代起，这一话题就常被人们提起，不过现在我对其中的内容已经淡忘了。如今这个话题仍然常被人们提起，但原因还不甚清楚。

我们从历史中可以看出其中的含义。这里我们谈及的历史是大家所熟悉的，但我们的焦点和角度将和以往的方式不同。实际上，我们的目的在于提供一个假说，这种假说也许能够解释这一超级牛市的历史。

从最初到60年代

在金融市场历史上的大部分时间内，机构投资者和信托投资者投资于债券，而富有的个人投资者投资于股票。公共投机如昙花一现，而且富有的个人投资者也投资于债券，但股票市场绝大部分是富有的个人投资者的天下。

50年代早期，当我以投资律师的身份起步时，这种结构仍然大行其道。我们所有的客户都是富有的个人投资者；机构投资者凤毛麟角，至少在接下来的10年中机构投资者在股票市场上仍是少数。保险公司、慈善基金以及信托机构仍然没有突破过去的限制，它们只持有最少量的股票。不那么富有的个人投资者仍然处在市场的外围，他们中的大部分还没有足够资金进入股票市场，有些人确实手头有些钱，只是没有足够的勇气。V-J日过后的头10年左右时间是个规避风险的年代，无论是在社会、政治还是经济方面。从1949年～1954年，从股票上获得的红利比从国债上获得的收益平均要高365个基本点，这一差距比20年代的两倍还多。

那时人们总是担心随时有可能会再次回到大萧条年代，随着这种念头的逐渐淡漠，环境开始有了变化。这种变化从50年代的后期悄然开始，在60年代变得越发明显起来。在那些年里，留有30年代后遗症的那批人已经逐渐从历史舞台上消失了，要么退休，要么去世——这种发展变化有助于形成一种对未来更加充满希望的观点。资金流向市场，人们满怀期望，认为没准这就是能够使他们发财的地方，而不只是那些已经富了的人存放他们财产的地方。这是一个相当重要的转折点。

养老基金的影响

与此同时，在60年代期间，流入股票市场的养老基金不断增加，70年代这种势头更加迅猛，给股票的投资过程带来根本性的变化。投资的全部目的始终就是为了赚钱，但是一个投资者到底能够从市场上赚多少钱呢？大家都在不停地思考这一问题。谁能回答这个问题，难道是华尔街的精算师？华尔街和精算师本来就是自相矛盾的！然而，没有一个对投资回报精确的估计，固定收益的养老金就无法操作。他们做出了一系列的承诺，违背这些承诺就意味着自毁前程。在70年代早期信用危机之后，实际上，ERISA出现的目的就在于信守这些承诺。

慈善基金随后加入到这一过程中。与大多数的投资者一样，这些基金对投资回报很少有明确的要求；他们只是在面对任何情况时都尽自己所能。在70年代中我们所遇到的大部分基金(在该领域我们做成了很可观的咨询生意)都是通过华尔街的知名人士所组成的委员会来管理他们的投资，没有聘请专职的投资经理。

那时大量的基金都在不正当地利用税收系统的一个明显漏洞。这些家伙一般来说所持有的大部分是捐献股票（donor stock)，这样可以使捐赠人继续控制他们的公司，同时也使他们的股份逃避了财产税，红利逃避了所得税。做善事只是次要的目的，随着大量的免税红利流入了基金的口袋，这一目的往往被完全忽略。

到70年代，国会采取措施堵住了这一漏洞。国会要求这些基金每年至少交出5%的资产或全部收益，取其高者。在通货膨胀的70年代，国会的这一要求是致命的，直到后来政府放宽了要求，要求基金每年交出其总资产的5%。尽管如此，由于大多数基金认为他们应当永远经营下去，于是收益率超过5%（扣除通货膨胀因素）就成为必须达到的投资目标。不久，教育捐赠资金也开始考虑像养老基金和慈善基金那样，建立明确的投资目标及系统的费用原则，以便管理和控制资本从捐赠基金流向大学的预算中。

承诺在不断增加。到80年代来临的时候，更多的人获得了某种承诺，通常比过去获得的要多，这意味着依赖于一定回报率的新投资集团正在崭露头角。在80年代兑现这些承诺看起来比人们想象中要容易，投资组合中仍然含有通货膨胀年月所持有的附息票债券，股票市场的牛市还在以令人震撼的能量发展着。设计出能够恪守承诺的最小风险方法从来都不简单，但此时的计算还没有染上急功近利的色彩。

答案会产生出新的问题，敌人就是我们自己。为了兑现这些承诺，投资者大量集中于有望获得高回报的资产。除了经济环境中的增长因素外，这也极大地推动了牛市的进一步发展。经过了70年代那段黯淡时光以后，尽管股票和长期债券价格的上涨可能曾经一度大受人们的欢迎，但是投资者自己却使将来实现所要求的回报变得更复杂了。利息丰厚的债券即将到期，或者很快就被发行人回购。长期国债的平均回报率从80年代的10.5%下降到1990～1994年的8.7%。股票市场的平均收益率从4.2%下降到3.0%。

现在实现既定回报率目标（兑现这些承诺）的唯一办法就是冒更大的风险。机构投资者的投资组合中国债和高等级的公司债券的比重在不断下降，而现金则变得一文不直。发展时间很短的外国市场对投资者的吸引力大增，低质量债券的收益率与国库券收益率之差不断缩小，越来越多的非常规和流动性差的资产也不足为奇了。由于这些流动性差的资产与投资组中其他资产的相关性较低，因此它们看似能够降低投资组合的风险，但是实际上它们却隐藏了大量并且是极高的特有风险，并且它们与投资组合中其他资产的相关系数的稳定性也值得商榷。如果要获得投资者所要求的回报，除了提高效率之外就别无他法了。

欢迎个人投资者

在这个过程当中，出现了401(k)现象，最初是微不足道的，但是随后逐渐显露端倪。其最强大的动力来自于人口高峰期，这些人现已年近40。从前人们会说人生40岁才开始，但是在90年代，40岁就已经是担忧退休养老问题的年龄了。突然出现了如此众多投资新手，别人告诉他们应当考虑具有一定回报的投资。现在轮到这些人作出承诺了，只不过这是向自己作出的承诺而不是向别人。最不会让你失望的人就是你自己。

从事金融策划的人增加，经纪人公司向潜在的客户推出了一个又一个投资研讨会，金融方面的出版社也加入进来，为这些面临养老问题的人士提出各种建议，现在离他们退休只剩下20年左右的时间了，而且时间在一天天地临近。私人机构对工作稳定性的忧虑以及公共部门对社会稳定性的忧虑则更加剧了这种危机感，并且使得这些人愈发地认为自己必须要对自己作出承诺。

于是，个人投资者加入了机构投资者的行列，他们也不得不相信承受风险是唯一的选择。然而，对于大多数投资新手来说，"承担风险"就意味着投资于股票市场，但是，这种投资于股票的决策是非常时髦的，并且广为人们所接受，他们并未真正意识到"承担风险"的实质：即资产回报率有可能大大低于所承诺的回报率。人们总是会得到这样的宽慰：不必担心价格的波动性，长远地看，一切都会变好。尽管事实上股票市场的上涨减少了投资者们信守自己承诺的机会，但是人们对价格的上涨感觉甚好以至于他们忽视了较高的价格对预期盈利的负面影响。还存在其他的选择么？

先离开正题，有两个相互关联的观点值得一提。这两个观点都能说明个人投资者当时的心态。

首先，最近我和 TIAA/CREF 的 Martin Leibowitz 及三位金融策划专家一起参加了一个访谈节目。我们面对的是一群天真的听众。在听过了几位听众使用"有趣"这个词来描述他们的投资活动之后，Leibowitz感到有必要发表自己的见解，提醒这些个人投资者谨慎对待投资，冷漠视之，而不是把它当作娱乐的工具。

第二，公众仍然认为，能够在牛市中选择几支回报最高的股票——特别是具有相当风险的高科技股，是投资业绩显赫的证明。这就带来了另外一个现象。1998年11月16日，华尔街日报给出的一个图表说明：相对于纽约证券交易市场（NYSE）的总成交量来说，大宗交易的比例由1995年的56%缩减到1998年10月的48%。按照该报的报导，该比例下降最主要的原因是：有很多个人投资者整天通过他们的计算机进行交易，这样可以通过使用贴现的经纪人来最大程度地降低交易成本。这的确很有趣。

无论如何，投资的历史没有结束

所有这些历史都是我们所熟悉的，只不过在这里我们强调的是：长期以来大大小小的投资者不断增加的承诺给资本市场带来了压力。这使得投资者不能冷静客观地看待投资，而且在这个过程中投资者要承受相当风险，变得急功近利，这和以往的经济有很显著的不同。

如果这一假说成立的话，它就能够更好地解释市场变化的模式，这要胜过那些过于简单化的观点，例如认为市场变化的模式可以用“下跌即买进”效应来解释。为什么这种“下跌即买进”的观点在90年代如此适合，而以前却不是这样？的确，我们从1987年的情形就能够很清楚地看出“下跌即买进”策略是多么有效，1958年、1962年和1970年的情形也是如此。在任何情况下，证券价格下跌后走势趋向平稳总是会令人恐慌的。我们的观点是：

投资者现在认为，除了避开各种股评所推荐的股票，别无其他选择，正是这种带有偏差的决定而不是单纯的勇气导致了下跌即买进策略。

我们不得不面对这样一种可能，即股票市场上只有一个上帝——长期的利益观念，Jeremy Siegel是这方面的倡导者。整个商业最终会被证明是一个自我实现的系统，有很多人都不同程度地相信只有股票市场才能使他们的承诺变成现实。在这样一个决策过程自动化的世界里，对于像我们这样的公司经过周密的计算所提供的估值和预期回报，人们可能会觉得很可笑，认为这和成功地执行投资策略无关。

新的形势所造成的冲击足以动摇现有的投资信念。我们可能会轻易地就否认这个事实。这种冲击在目前的条件下有可能会逆转潮流，不过它必须要比过去20年中在经济与金融环境中所出现的扰动更大、更持久才行。

彼得·L·伯恩斯坦

---

* 本文最早见于彼得·L·伯恩斯坦的通讯《经济与投资组合策略》，1998年12月1日。感谢作者允许我们在这里重印了这篇文章。

在时空跨度中不断变化着的投资模式*

投资模式的传播

投资理念的传播过程也许可以形象地比作水波的扩散，随着鹅卵石落入水中，水波以同心圆的形状向外扩散。这种投资鹅卵石的发源地来自于美国。二战以后股票市场的上升，其动力一度曾来源于美国大学的学术研究。低廉的计算机使用费用、研究生廉价的劳动力以及具有创新精神的高级教授（他们中有6位现已获得了诺贝尔经济学奖），都对诸如资本资产价格模型、有效市场假说、业绩评估以及衍生产品市场的成长等概念的发展起了一定的作用。

并不是每一项投资技术同时在世界的每一个地方都适合。某一投资理念在不断传播的过程中与其他投资理念交互作用，产生出新的投资模式，然后传播到外围的市场，与此同时，在它的发源地又出现了新的变化。技术和通信加快了投资理念向外传播的速度，直到最终它的影响到达了新兴市场。随着这一过程不断地重复，它的周期也变得越来越短。

我们可以把投资世界划分为三个部分——美国，美国以外的发达国家市场以及新兴市场。大多数美国机构投资者有专门的队伍负责其中的每一个部分。在有些情况下，他们还按照地域对每一部分市场的投资队伍做进一步的细化。

这种投资世界的格局在二战以后得以迅速形成。实际上，如果我们再向前追溯，目前这种长时间的牛市可以从1942年的中途岛战役算起。如果我们看看从那时起的股票投资模式，我们就能够看到有两次主要行情，每次持续一二十年。而第三次行情也许已经开始了。

1945～1970

二战刚刚过后，人们普遍预期会有全球性的不景气——几乎世界上每一次主要的冲突之后都是如此。令人奇怪的是，在美国，人们兴趣点主要集中于股票市场上，这促进了少数公司的成功，这些公司被称为“五十强”。它们在管理技巧、产品研发以及财务资源方面具有绝对优势。在这个增长年代中，投资者始终对经济增长持怀疑态度，而且传统的怀疑态度像一堵墙一样挡在市场的面前，不过，同时摆在市场面前的还有投资常青藤一定会爬的支架。

“买得高，卖得更高”在这一时期是占统治地位的投资风格。相比其内在的价值而言，股票的供求关系成为影响市场的主要因素。这里，我们把一位量子物理学家的话加以改动：“似乎有一个潜在的价格转轮在向正的方向偏转。”——市场上一些股票的价格变化不大，而那些价格上扬的股票其价格还会升得更高。对这一时期市场的另一种描述恐怕就是“投资回报持续增长的经济”。最终，这一时代结束于1967年的动荡以及接下来1973～1974年间美国市场剧烈下挫过程中成长性基金的滑坡。

美国以外的发达国家市场——基本上是那些参与二战的主要发达国家，无论是战胜国，还是战败国——在这个阶段都把战后重建作为当务之急。在欧洲的马歇尔计划以及在日本及亚洲由麦克阿瑟将军主持的相应工作代表了当时的潮流。除了在英国以外，这些计划一般来说是围绕着改善基础设施来进行的，并没有在发展私人股票投资方面产生多大影响，直到这一时期的后半段，政府才开始有计划地直接支持私人投资的发展。

据我们现在掌握的情况，在二战刚刚过后的那段时期里，新兴市场国家的重点是实施维持生存的计划，目的是使那里的人们远离饥荒和疾病，并提供一些基本生存条件。那时，这些国家忧虑的不是市场经济的发展，而是如何吃饱，穿暖，有地方住。

1970～1990

二战后时代和它在世界其他市场的相应影响于一代之后结束，几乎在同时，关于有效市场的学术研究在美国受到关注。在这个阶段获得投资的公司出现了一些新的变化，它们推出指数投资产品，向大众普及价值评估方法的动态以及新的价格相关的评估技术。人们的投资原则变成了“低买，高卖”，这是以Warren Buffett 这样的新民间投资英雄的出现为标志的。一些新兴的公司，例如其中的Batterymarch 公司，为机构投资者普及了估值技术，对美国这种新出现的市场模式给出了自己的见解。

在欧洲和亚洲，国际知名的大公司，看起来极像当年的“五十强”，在投资活动中广受青睐。西门子，日立，索尼，飞利浦，Bayer 及其竞争对手们成为了更富冒险精神的美国机构投资组合中的组成部分，它们还是美国以外更面向固定收益的机构投资者的首选股票。

几乎和美国1945～1970年间完全一样的模式在重复出现着，只不过是在不同的地区，在不同的市场。

开发机构于是将它们的注意力从二战后的废墟转移到那些饱受人口膨胀之苦的更贫穷国家。在很多情况下，这种基于土地的经济对农业中所固有的动荡与周期性缺乏缓冲能力。这些以前一直担心生存问题的国家现在开始建立市场经济的基础。这些地方开始建立市场结构，但在很大程度上受到政府计划的影响。

1990年以来

对于当今美国而言，归纳投资模式的特点从某种意义上来说变得更加主观臆测。在我看来，适当的投资风格应是灵活、折衷、而快速的——几乎是面向交易的。大的机构投资者发现由于组织的原因这些技巧正是它们所无法使用的。要想能够在当今的市场上赚到钱，很必要的一点就是要能够针对外部动荡灵活地作出反应，机构投资者的组织结构是围绕着顾问设置的，而且对文档存在着过多的要求，这使得这些机构投资者几乎完全失去了这种灵活性。

当今的机构投资者就像中世纪的军队那样穿着鲜艳的制服，站成一排，等待着躲在树后衣衫褴褛的游击队的屠杀。在今天的市场气候下，你愿意做哪类人：是身着红色制服的英军战士还是Ethan Allen的绿林小子？我们只要回想一下美国独立时期和当年越南以及铁托领导的南斯拉夫的最终结果，我想我们就能够猜得出美国投资风格的结果。

价值，这个此前20年美国市场上提得最响的名词，现在转移到了日本和欧洲。日本及日本投资者都在同时接受了相同的投资风格。在欧洲，这一过程建立得稍慢一些，因为那里的投资者们还在继续采用传统的挑选股票的投资方法。然而，我们的确看到，在几乎所有的投资机构中都建立了量化分析研究小组以及它们对于指数投资的吸引力——很明显这一切都是早先美国成功投资实践的翻版。

几十年过去了，最初美国那种投资模式又在进一步向外传播。现在，新兴市场反映出当年美国“五十强”时期的情形——或者说，至少在1997年7月亚洲金融危机出现以前是这样。全球性的大企业可以在最意想不到的地方找到，而且投资的目标就是在意想不到的地方以意想不到的价格找到世界级的公司。这还是有可能的：这些在新兴市场上强大的企业会变得更强大，因为在这些市场上管理资源和外部提供的金融资本似乎很短缺，很有限。

曾经在发达国家市场上管理过成长性股票的经理们一旦见到这样的公司立刻就有一种回到家的感觉，他们对这样的公司很熟悉，因为他们曾经有过相似的经历，对于这些曾在美国和其他发达国家市场上有过类似经验的经理们来说，新兴市场又为他们带来了新的机会，让他们又看到了当年“五十强”的影子，使得他们开始了第三次的职业生涯。

合适的地点，恰当的方式

对投资不甚乐观的人们有这样一句老话：“不是经理挑市场，而是市场挑经理。”这种心态反映了这样一种事实：辉煌的机会是均等的，只不过是市场在选择它自己的英雄，反之则不然。

前面我描述了投资模式的传播方式，按照这种投资模式的建立过程来说，上面的说法就不尽然了。而事实是，经理们可以自由地漫步于整个世界来寻找适合他们的投资模式——一位不断成熟的经理可以在美国有一段成功的投资经历，然后在美国以外其他发达国家做经理，接着又在新兴市场找到合适的落脚点：这三种投资生活都差不多基于同一种投资原则。一个人可以完全采用传统投资方法而不断变幻投资的地点，或者他可以在同一个地方投资而不断改变投资技术。

你怎么能够知道一个成长型的公司在1945年以及后来的情况？过去我知道这一切是因为我曾亲眼目睹。当我现在再一次看到类似的公司出现在一个新兴市场时，我就敢说，“这样的公司能够在世界范围内具有竞争力，而不管它设立在什么地方。”

现在美国的投资模式是灵活、快速、模糊的。美国以外的发达国家市场的投资风格是结构化的、系统的、适合于根据个人特点进行调整。而尽管全球经济处于危机之中，新兴市场却是最具增长潜力的地方，如果我们回顾一下很久以前那段日子里的高质量投资模式，就不难看出这一点。

作为市场的学生，从地域上讲我们必须向外看，去寻找熟悉的，在其他市场上重复出现的投资模式——同时向内看，看看未来的投资模式将会怎样。

---

* 这篇文章最早见于“股票投资模式的一个通用模型：投资模式关于地域和时间的可预测性”，《投资组合管理》期刊20周年纪念特辑（21卷，第1册，1994年秋）。

第一部分

投资大师和他们的思想

第一章

积极的投资组合管理

有没有可能获得超出市场平均水平的收益?任何投资者都会提出这个最重要的问题。如果你的答案是否定的,而且你认为市场机制本身就是有效的,那么消极的投资或者说,指数投资——购买同一类资产中各种各样证券的组合——恐怕就是你的选择了。支持这一观点的理由包括降低了费用,减少了纳税,而且从历史上看,事实上指数基金的业绩胜过了大部分积极的基金(请参见“市场有效性”和“指数投资”两章节)。

但如果你的答案是肯定的,你认为是有可能战胜市场的,那么你就应当实行积极的投资组合管理。支持这一观点的理由包括:证券市场有各种各样超乎常规的地方,如果能够加以利用,所获得的收益就有可能超出消极的投资组合(请参见“投资心理”一章);在投资者的压力下,有些公司有可能会有更佳的表现(请参见“公司治理”一章),而且事实上,有很多投资者和管理者的业绩长期以来都超出消极投资的水平。

但是,积极的投资者们仍然必须面对业绩要超出消极投资策略的挑战。从根本上讲,这包括两类决策。首先是资产的分配,在你的投资组合中,资金在股票、债券以及其他投资工具中以什么样的比例进行分配(请参见“全球化投资”和“投资策略”两章节)。这些决策，常常被称为市场时机，也就是说，投资者按照自己的预期，在股票和债券这两个市场当中，将资金转向他们认为相对收益较高的市场，这往往需要对市场整体走向有一个宏观的预测（请参见“经济预测”和“政治与投资”两章）。然后还要有证券的选择——选出特定的股票或债券。这些决策需要对被市场低估了的个别证券作出微观预测，这样才能有机会获得高于平均水平的回报。

积极的投资包括：在你认为被低估了的证券和部门上增加投资比例，而在那些你认为被高估了的资产上减少投资比例。打个比方说，买某种股票从实际效果上来看就可以认为是一种积极的投资行为，它的效果可以通过对比整个市场的平均业绩来衡量。同按照股指进行消极投资相比，购买个别股票就相当于一种把资金分配到股票市场上，并且投在这支你认为业绩会超出股指的股票上的积极投资。

不论是在市场时机还是在证券选择的决策过程中，投资者都可以运用技术或者基础分析（请参见“技术分析”，“价值投资”和“成长性投资”等章节）。你有可能在资产分配上选择正确但在个别证券的选择上不正确，或者反之。还有这种可能，一个投资者在资产分配上出现了错误，比如说牛市的时候在股票市场上投入不足，但选对了几支很好的股票，因此业绩依然不错。

尽管积极的投资和消极的投资都有各自的道理，但一般说来，相对于个人投资者而言，大多数机构投资者都采取消极投资策略。当然并不一定要严格地在积极的与消极的投资决策之间作出选择。通常的做法是在你认为有效的市场上实行消极的投资策略，而在你认为不那么有效的市场上进行积极的投资。投资者还可以对投资组合中的一部分资产实施消极的投资策略，而对另一部分实施积极的投资策略，通过这种方式将这两种策略结合起来。

积极投资组合大师：威廉·米勒

在过去的5年中，始终是500多个同行里业绩最好的管理者，这是非常困难的。一般人不仅很难达到这个水平——而他的确是做到了——而且在这种情况下，也很难保持心态的平衡。在这种情况下，人很容易就会变得趾高气扬，过于相信自己的知名度。或者过于担心今后难免会栽跟头：怕有人会说，老比尔栽了。

莱格·玛森价值信托（Legg Mason's Value Trust）公司的比尔·米勒保持头脑清醒的一个方法就是强调投资智慧的一面。而且他把注意力集中在投资上，所以当前外界的各种奖项并没有分散他的注意力。他的工作就是要让自己的业绩领先，他运用自己的所有灵感来达到这个目标。一次又一次，他不断从获利和损失中学习。他和他的股东荣辱与共。他总结了经验教训，归纳成一些原则，业绩保持不断提高。

米勒在确定他的投资战术的细节时相当灵活，只要是适合他的都可以采用。他不会被别人的观点所扰，比如有人认为，捷克债券或者那些表现活跃、以极高市盈率进行交易的高科技股并不是有价值的投资；而他则认为：如果它们升了，它们就是有价值的，这就是他判断的依据。别人的一定之规是别人的，他不受影响。

米勒勇于面对复杂性，他是圣塔菲学院的受托管理者之一，他在那儿有一套房子，在那儿研究如何驯服当今投资市场这匹脱缰的野马。对于所有新兴学科中那种固有的模糊性，很少有人能够像他那样有耐心。尽管他周围的那些物理学家很容易轻视在软科学——例如钱——上面花费精力的人，他还是以天主教徒般的虔诚关注着未来的投资模式，执着地宣传着这些理论。

相反的观点

诺贝尔奖获得者威廉姆·夏普在他的“积极投资管理的算术”一文中对积极投资管理做了简单而有力的评说：

如果积极的和消极的管理模式用合理的方式来定义的话，那么必定：(1) 在考虑成本之前，实施积极管理的资产与采取消极管理的资产所获得的平均收益相等；(2) 而在考虑成本之后，实施积极管理的资产所获得的平均回报将会低于采取消极管理的资产。这种断言在任何时候都成立。而且，只需运用加、减、乘、除的法则就可得出这样的结论，别的都无需涉及。

夏普接着指出：

倒不必因此而太过失望。即使在考虑成本之后，某些采取积极策略的管理者的业绩也完全有可能超过他们那些采取消极策略的同行。当然，这样的管理者必定只是在有问题的市场内，管理着采取积极管理策略的资产中的一小部分。投资者（例如养老基金）还完全有可能选出一组推行积极管理策略的管理者，并且总体来说，即使在考虑成本之后，仍然能够获得比采取消极策略高的回报。并不一定这一组管理者人人都要比竞争对手业绩好，只要那些管理着大部分此类基金的管理者业绩好就够了。

深广基金咨询（Dimensional Fund Advisors）的里克斯·森格弗德（Rex Sinquefield）更为尖刻。他说有三类人不相信市场：古巴人、北朝鲜人以及采取积极管理策略的管理者。

然而投资管理者为了争取到管理机构及个人投资者竞争十分激烈，管理者们宣称自己具有战胜市场的潜力——通常是采取积极的策略——而且，有可能的话，还有他们战胜市场的辉煌记录，这些都不足为奇。而且，社会规范中所要求的谨慎，投资者的焦虑以及唯恐为错误决策而抱憾的心理都使得人们迫切需要想象中的金融技巧。当然，如果你相信采取积极策略的投资，你最好不要通过一个管理者过去的业绩来作出判断，而是要看他有什么计划，能够在将来战胜市场，获得更多的利润。

雄心勃勃的投资者和投资经理们几乎都想战胜市场，但值得疑问的是，他们为什么要为你战胜市场。为什么对市场宝贵的真知灼见会直接通过某种基金，或者间接地通过某本宣讲某种战胜市场的投资技巧的书出售给普通大众？如果一个投资者的技巧如此之高，恐怕还是自己严守秘密更有价值。

如果一位投资者试图预测股票价格的短期变化，那么他必须要有差不多70%的时间能够战胜市场。总部在伦敦的基金评估公司——标准普尔基金研究机构的Peter Jeffreys对自1982年以来的4800家基金进行了研究，看看过去的赢家是否今后还会成功。他发现这一几率几乎下降到“纯粹随机”的水平：利用3年期的滚动平均业绩作为指标，结果表明业绩超出6年来整体平均水平的基金，只有将将过半数的基金次年的业绩还能够达到同一水平。

大师的回应

比尔·米勒评论道：

难道积极的投资管理只能是失败者的游戏，而消极的指数投资是唯一可行的投资策略吗？不尽然。就像业绩不佳的公司通常可以通过向获胜的竞争对手学习来改善经营成效那样，采取积极投资策略的管理者也可以通过分解指数中具有竞争优势的成分来提高自己的业绩，这里我们来看看标准普尔500。

我们首先要说明的是，标准普尔500并非采取了消极投资策略，这也是最为重要的一点。指数基金的管理者没有对股票进行任何积极的选择，他们采取了这样的策略。但标准普尔500本身就是一个积极的投资组合。它所包含的股票是由一个专业的委员会采用一定的原则从纽约、美国、纳斯达克市场上近9000种公开交易的证券中选择出来的。

标准普尔500的回报是积极投资组合具有长期优势的最好例证。它始终比诸如Wilshire 5000，Russell 200以及NYSE组合等组成更为广泛，更为消极的指数投资收益高。它还比很多其他的积极投资组合收益高，但这不能说明积极的投资管理有什么不好，它只能说明大多数采取积极策略的投资管理者的方法有问题。

标准普尔500是一种面向长期的、更迭较少、节省税赋的投资组合，它采用了购买和持有的投资策略。它能够继续保留其中盈利的证券，并有选择地去除亏损的证券。不管一支股票升得有多高，它都不会卖出，而且在选择股票的时候，无论就公司还是行业而言，它都不会按照其规模和排名随意加以限制。它的组成数量固定为500个，组合中增加新的公司的证券通常是因为现有公司并购。在这一组合中，定期增加和去除部分证券，目的是为了用那些在某一行业中经济地位作用越来越重要的公司证券来代替那些衰落的公司的证券。

整个投资组合定位是要广泛代表美国经济。标准普尔500的股票选择委员会由9位分析家组成。组合中出现的新公司都具有以下特点：有一定历史，是较长时间以来一直盈利，财务上合理，是本行业或金融市场上的领先者，在下面的10年至20年仍然极有可能继续存在。在80年代组合中公司的更迭约为25至30名，但在过去的几年中这一数字升至40左右。

相比之下，典型的积极投资管理者就完全不同了。普通的共同基金是面向短期的，组合更迭较快，税收成本较高，一般采取面向交易的投资模式。绝大多数基金从机制上讲就削减了业绩好的公司证券，或者把已经取得很好业绩的股票换成他们认为会更好的股票。这些基金在选择证券时，通常对公司排名和行业比例方面有很僵化的限制，美其名曰是出于投资原则或风险控制。其中所包含的证券通常在百种以上，但在不同的基金之间，乃至于同一基金的不同时期，都会有很大的变化。它们的投资管理者错误地认为某种投资模式的收益要高于标准普尔500这种长期的、组成更迭少的方法，而这种错误的投资模式却成为了整个投资组合的构成依据。

标准普尔500比其他积极的投资管理模式效果好，其根源何在？要回答这个问题，我认为还得回到市场有效性上来。市场对于明年前后有可能对各上市公司前景产生影响的信息非常清楚。

新的信息的到来难以预测。至于明年以后，由于市场的复杂，多变及不确定性，没有人能够对此有什么特别的先见之明。在积极的投资组合管理中所采取的大多数行动都是徒劳的；它不能带来任何价值，因为这些行动来源于错误的想法：比如认为管理者拥有市场所不知道的信息，或市场对此估价有误。这些行动增加了成本：交易成本、市场影响成本（market impact costs）以及税赋。不当的心理反应也会导致此类行动，例如，过于看重最近的数据，纠缠于一些无关紧要的原则，或其他大量不符合当前认知心理学的非最优决策过程。

资产管理者往往错误地贬低指数投资的增长，抱怨这是一种不动脑筋的策略。对于纯粹基于某种因数的指数投资策略，他们的看法也许是对的，比如，买所有具有 xyz 特性的公司的股票，这种策略不大有可能长时间地具有更高的收益（对此还没有明确的依据）；如果他们报怨投资者希望采取标准普尔 500 指数基金，或者他们无力同这样的基金竞争，那就错了。投资者理所当然会选择一种合理的，交税少，历史较长，切实有效的积极管理模式。

展　望

金融经济方面最新的研究似乎证实了市场并非严格有效，而且存在一定的可预测性。这为“训练有素”的积极管理者带来了希望，如果他们能够拿出创新的技术，获得良好的长期效益（请参见“金融工程”一章）。

但是对于任何投资者来说，重要的是要密切关注市场动力的变化。例如，在 1998 年底以前，市场的动力是融资便利，通货膨

第二章

逆向投资

对于什么是逆向思考，人们总是存在很多疑惑。假如某人对一位母亲说，“你的孩子与常人相反”，那么，不管是哪位母亲，都一定会认为这是对她的一种冒犯。哪位母亲会希望有一个与常人相反的孩子呢？在投资世界里，尽管人们也说不清“相反”这个词的确切含义，但一般说来它的褒义还稍多一些。

很多人认为，相反就意味着总是与大多数人不同——一位逆向投资者总是自动地站在当前市场大趋势的对立面上。在长时间牛市的情况下，这意味着要像卡桑德拉（Cassandra）那样，作出悲观的预测，为众人所不屑，尽管他的预测最终被证明是正确的，当时却从来没有人相信过。与此相似，从这个角度来看，逆向投资者是在同大多数人的智慧赌，寄希望于能够一夜暴富。

还有人从另一个角度来比较逆向投资者与基础或价值投资者，后者是根据资产的价格同其内在价值之间的相对关系来决定买入或卖出的（请参见“价值投资”一章）。与此不同的是，逆向投资者的交易策略基于这样一种假设，他们认为价格会在后市中出现反向的修正，即：可以预测，如果价格已经升高了，那么在后市中，早晚它会降低，反之亦然。此类投资者观察市场的着眼点在于，一时冲动在市场行为中所起的重要作用：很多投资者并非独立地进行操作，而是表现出类似于羊群的行为，很容易出现群体性大喜大悲的情绪，并且相互影响（请参见“投资者心理”一章）。

还有一种人认为，逆向投资反过来说，恰恰是极端忠实于基于价值或资产的投资原则。例如大卫·曳曼，他曾经写过两本关于逆向投资的书，很多人都看过，同时他还为《福布斯》杂志撰写固定专栏，并且管理着一个成功的投资公司，他把逆向投资描述为：“根据一些很基本的，比较完备的衡量指标，例如较低的市盈率，较低的市场价格与帐面价值比，或较高的红利，来购买不为大家看好的股票。”

曳曼把目光盯在那些价格下跌，但一旦价格回升到某一个值，例如平均水平时，就会为他带来利润的股票上。他运用传统的红利、市盈率、市场价格与帐面价值比分析来筛选他的股票清单。尽管从某种意义上来说，按照在“五十强”成长型股票时代，曳曼作为投资这一行的新手时的表现，他还是应当属于逆向投资者，但他的投资策略却更接近于传统的价值投资者，而不是逆向投资者。

在现实中，逆向投资并非如上面几种说法所描述的那样：尽管逆向投资者所采取的战术有可能和上述一种或几种天真的描述相似，但这些说法漏掉了一点，关键的一点。逆向思考最像是在智慧上的一种独立，它是对关于人们投资共识的不可知论的一种有力冲击。如果共识变成“羊群心理”，那么逆向投资者就应当逃出这个群体。但不一定是向着相反的方向。因而，能够辨别出“羊群”就对逆向投资者在独立思考方面提出了更高的要求。而且逆向投资者更乐于去思考那些别人没有思考过的观点——这就是空抽屉理论——而不是那些有人思考过并被否定了的观点。

逆向思维通常用来指导宏观的投资策略而不是某一次特定的投资行为。例如，在90年代后期和2000年初期，俄罗斯就有可能存在良好的逆向投资机会，这是根据其1998年债务违约、货币贬值、以及随之而来的资本外逃所作出的推断。

投资者们往往不用逆向投资方法指出投资时机。而且因为真正的逆向观点并非向膝跳反射那样自动地背离大多数人的观点，所以面对同一挑战，可能会有若干种不同的，但都很不错的逆向应对策略。所有这些可能都是合适的逆向投资策略。

逆向投资大师：詹姆斯·华莱士

逆向思维的历史同哲学一样古老。在近代，查尔斯·迈基在《极端盛行的误解和大众的疯狂》一书中着重探讨了在投资领域中的独立思考问题。最近辞世的休姆弗瑞·内尔，被人们称为弗蒙特的思想家，他发展了现代逆向思维方法，这一方法的基础是建立在这样一种简单而有效的思想之上：“当所有人想的都差不多时，有可能所有人都错了。”

内尔指定的继承者，詹姆斯·华莱士继续发展了他的这一思想：他继续写一些投资方面的通讯，《逆向投资者》和《华莱士观点快讯》；他还管理着这种风格的基金；每年组织一个年会——与会者既有职业投资者，也有手里有钱但还没用于投资的富人；他还开办了一家出版社，专门再版各种经典投资书籍，比如前面提到过的那本迈基的书。（在本书的最后列出了他最钟爱的10本书。）华莱士每年秋季的会议在具有百年历史的贝森·哈伯俱乐部举行，那里是查普雷湖畔的风景胜地，该会议总能够产生新的思想，它吸引着投资界的最佳投资者参加。

华莱士这样描述他写这些通讯的目的，我们可以从中归纳出他的投资手法。他说，《逆向投资者》旨在："1. 观察和报告热门股票。2. 报告被忽略的股票。3. 一旦发现，即给出心理性超买的早期警告。4. 评论市场上大众的手法。5. 指导读者远离大众。6. 力图为你的小部分基金找出偶尔需要的逆向投资渠道。"《华莱士观点快讯》则提供了："对下列问题的深入分析和思考：1. 当前主要的政治经济条件。2. 大众心理。3. 流行的观点和预测，其中包含了基础和人工预测方法，而不是机械的预测方法。"

相反的观点

如果逆向思维是如此之好的话，为什么并不是所有的人都这样做？首先，如果人人都这样做的话，它就不起作用了，因为这样人们的慌乱和单凭主管臆测的冲动就更少了，而这些正是逆向思维所需要利用的。第二，一个人同时既与大多数人相反又做错了，这种处境非常难受：如果你反其道而行之，而恰恰大众是对的，这种耻辱——这种情况是有可能出现的——的确对一个人打击很大。第三，我们所受到的绝大部分培训和适应社会的教育都告诉我们：大多数人是对的，或者至少根深蒂固地认为，逆向投资者是不合规矩的，或者他们在成长的过程中根本就没有接受过这样的观点。

逆向投资策略是否能够带来利润？的确有某些现象表明，先前表现差的股票会比先前表现好的股票后来的业绩好，但难道这是因为那些先前表现不好的股票风险更大？另外，短期逆向投资策略的交易成本如何？在大多数投资方面的文献中，这些问题的量化依据，似乎更多地依赖于研究者本人对这些案例的倾向，而不是这些案例本身。有这样一句老话，“如果你‘拷问’数据的时间足够长，任何事情它都肯‘招认’。”在考察投资技巧的过程中最能够体现这句话。不过大部分为我们所崇拜的投资者的身上都兼有投资技巧和逆向思维的直觉这两样东西。

最后，逆向投资策略是否和市场有效的概念相背离（请参见“市场有效性”一章）？市场有效假说（EMH）的强式认为证券的价格总是能够完全反映出各种信息。而在当今的市场上，投资者普遍认为目前起作用的是EMH的弱式，也就是说在有些时候，依靠通常可获取的信息来获得比其他投资者高的收益还是有可能的。逆向投资者就是通过观察人们的投资策略在哪些方面似乎过于集中，然后他们就独立找出另外的可行之道，避免扎堆，从而寻找出上述那种不寻常的机会。

展　望

逆向思维可以说是对我们关于周围世界根深蒂固的观念的一种挑战——我们往往都没有意识到这些观念的存在。下面三个特意反过来提出的问题可能有助于引导我们找到相反的答案。逆向投资者应该提出这些往往为人们所忽略的问题。

第一个问题是，为什么投资市场总是认为增长应当是企业唯一的目标？我想，主要是因为在50年来牛市中企业总是在不断扩张，但在很多时候，追求增长会伴随着不稳定和风险。在有些情况下，稳定和生存下去也是一个有价值的目标。逆向投资者往往很看重这些，而其他投资者则对此不屑一顾。例如，通过代理表决来进行公司治理就往往被认为是毫无价值的，甚至认为它与经理的客户关系存在潜在的冲突。然而，在并购的情况下，代理权却是相当有价值的：有些研究曾经把它估计为整个股价15%左右。逆向投资者可能会更快地发现这些潜在的错误估价。

第二，我们从小一直被灌输这样一种观念，那就是事物随时间的发展变化是"连续"的。诺贝尔奖获得者罗勃特·莫顿（请参见"风险管理"一章）就这个问题写过一篇浅显易懂的文章。我们一般认为，在一个与时间相关图表中，时间是横坐标，每一个时间段都和与之相邻的时间段相连，所有的时间段具有同样的跨度，对事物发展来说具有同样的重要性——也就是说，事物随时间的发展变化是"连续"的，时间在流动，时间在不断推移，对事物发展来说，任何一个时间段都与其他某个时间段有紧密的联系，时间能够暴露出事物发展的趋势。但在真实世界中，事物随时间的发展变化可能会是"不连续"的，对于事物发展来说，有些时间段可能和其他时间段没有什么联系——有些时候会突然冒出孤零零的一组信息。而且投资时机可能会像休姆弗瑞·内尔所说的那样："突发的事件迅速形成为一种观点。"我们总是想当然地认为，从时间上来看，任何事情总是在过去存在某种根源，并且能够由此对未来的做出推断，现在看来，这种想法可能是不正确的。

第三，在我们的脑中存在着这样一个根深蒂固的观念，认为股票是保险的。经历了50年的膨胀期，我们理所当然地认为股票会产生较高的回报，而且我们认为这是由于股票更具风险性。如果有朝一日这种风险使股票产生了较低的回报，我们是不是有这个精神准备呢？或者更进一步地看，风险也许还不仅仅是意味着不稳定，没准会是一败涂地，甚至于被踢出局呢？

参考文献

印刷版

- David Dreman，Contrarian Investment Strategies：The next Generation
- James Fraser's newsletters，The Contrary Investor and The Fraser Opinion Letter
- Charles Mackey，Extraordinary Popular Delusions and the Madness of Crowds (Reprinted by John Wiley，1995)
- Steven Mintz. Five Eminent Contrarians：Careers，Perspectives and Investment Tactics (Fraser Publishing，1995)
- Humphrey B Neil，The Art of Contrary Thinking (Reprinted by Caxton Press，1985).

在线

- www.deanlebaron.com——本书的合作者之一——迪恩的互联网站——致力于探索全球投资的变化，重点介绍前苏联、中国和其他地方的新兴市场，以及由于因特网的出现而新近发展起来的投资工具。

第三章

公司治理

股东要求他们的股票投资能够有很高的回报，然而上市公司的执行官一般来说希望能够有平静的生活，丰厚的报酬以及最小的外界干扰。这些利益冲突以及怎样协调这些矛盾——给予管理者一定的刺激，使其按照公司所有者的最大利益行事——这就是公司治理的中心问题。在 90 年代投资者们的地位变得日益重要起来，他们不再选择退出——只是简单地卖掉他们在业绩较差的公司中所拥有的股票了事，而是开始尝试表达自己的意见——告诉管理层改变他们的做法。

对于 80 年代的公司执行官来说，针对公司在股票市场的表现，最强大的外部压力来自于公司袭击者的威胁，他们随时准备出价购买这些在股票市场上业绩不佳的公司。后来，挑战者更多地来自于机构投资者，以及活跃的股东，他们要求所持股的那些公司具有长期创造价值的能力。这种机制在美国最具特色，被写进了一些规章之中：例如美国证券交易委员会要求在委托声明中必须报告价值创造的情况。

在英国也是如此，这种压力由来自于收购者的威胁转换为来自于活跃股东，这些股东经常探讨的话题就是：公司最高管理者的收入以及这种收入同公司业绩之间很弱的联系。例如，投资机构职业团体（国家养老金联合会以及英国保险业联合会）所颁布的报酬指导中就要求业绩要和收入有明确的联系。因此，许多英国公司现在明确地把着眼点放在股东价值的创造上。

公司治理大师：罗勃特·芒克斯

70 年代和 80 年代是机构投资者的统治地位不断加强的年代，他们有能力也习惯于运用他们资产的使用方式来排遣他们的不满。当时，鲍勃·芒克斯是劳工部助理秘书，这是联邦政府中负责监督养老金中的公众利益的官员——这一职位正是一个绝好的观察角度，他亲眼目睹了机构投资者对加入公司决策，实行有效的表决权管理缺乏兴趣，这些机构对于相应资产的职责令人怀疑。

芒克斯离开政府部门后，他运用这些见解发展了一种可盈利的投资管理模式，用以恢复那些萧条的公司。在 90 年代早期，他启动了 LENS，这种基金主动投资于那些需要做较大调整的公司股权。他呼吁股东和董事按照法律赋予的职责行事，监督，甚至于实在不行就换掉那些耳朵根子硬的管理者，因为他们忘记了自己是雇员，而不是老板。LENS 的投资业绩一直不错，自 1990 年以来始终高过标准普尔 500。

在 1991 年，芒克斯干了一件震惊投资界的事，他主持 Sears Roebuck 公司的董事进行了一场公正的竞赛，以此来唤起大家对该公司失败的管理策略的注意。该公司改变了策略，伊斯曼·柯达、西屋、美国快递以及其他一些芒克斯和 LENS 参股的公司也如法炮制。这些作法使其完全有资格成为活跃股东的代表人物，他不仅是位成功的商人，而且还是公众的领导者。他并非单单只是宣传这一种观点，没有其他的见解，而是一位具有相当高技巧的管理者，完全能够胜任任何一家公司的管理。

LENS把自己描述为一位活跃的资金管理者，只购买少数符合如下两个投资条件的公司股票：相对于很高的潜在价值来说业绩不够好，在股东参与的情况下能够提高其价值。一旦基金确立了它在公司中的地位，它将对公司的管理及其董事进行干预，目的在于增加其客户以及其他股东的价值。创造价值需要专门的知识，亲身的参与和时刻的警觉。正是该基金积极参与的精神加上对法律、公司治理和商业的精通，使得它比起那些消极的管理者来说，能够对其投资行为有更胜一筹的控制（请参见“指数投资”一章）。

鲍勃·芒克斯的体格健壮，智力过人，在所参与过的每一项活动中都留下了他的印记。他是一位具有四十多年成功经历的投资者，机构投资者服务公司的创始人——该公司是世界首屈一指的代理顾问公司，他还是波士顿公司的前任主席——该公司是卓越的机构投资公司，他最懂得如何领导股东们通过积极有效的行动来增加价值。

在率先唤起美国的股东们对他们在公司事务中利益的关注之后，芒克斯又开始向欧洲和亚洲传播这种观念，这一作法旨在加强资本市场的全球化。美国以外的市场在他的指导下，正在检查他们的股东参与制度，为公司注入了新的活力。1998年CALPERS（加利福尼亚州公共雇佣者退休系统）与荷密斯（为英国电信和邮政设立的英国养老基金）之间的战略联盟就是这样一个国际性的股东参与的极好例子，就像1999年初LENS和荷密斯在解聘英国 Mirror 集团首席执行官的过程中所起的作用那样。

与商业和投资界中越来越多的人士一样，芒克斯也已经采用了那些复杂性可以接受的新工具以及计算机仿真技术，用来演示他关于股东积极参与的观点。他在《皇帝的夜莺》一书中描述了公司在其生命周期内各个阶段的行为，向人们展示了协作管理确实能够产生出新的能量——这不是一时的能量爆发，而是一种对商业条件健康持续的调整。他并不反对公司经理们有严格的预算，精密的预测，以及试图控制那些难以控制的因素。正相反，他运用自己的丰富学识来支持这样一种观念，那就是：一个公司的业务是由很多更小的独立单位所组成的，它们各自追逐自己的目标，但合在一起就能够具有它们各自所无法单独具有的能力。

相反的观点

公司和投资的世界通常由信托投资者、执行官以及投资管理者及他们之间的相互联系所组成。这些错综复杂的关系产生了广泛的利益冲突，这些冲突会使得公司治理不能达到其应有的效率。

鲍勃·芒克斯对此作出了如下的评论：

机构投资者效率低下的问题是最为重要的，特别是由于这种低效与所谓“利益冲突”有关。即使是信托机构最好的执行官也不愿意成为活跃的股东，或者被人当作活跃的股东，因为“我们的客户不喜欢这样。”直到政府实施了有关于这些利益冲突的信托法律，英美投资界对这一问题仍然持一定程度的否定态度。于是，我们看到了这样一个事与愿违的结果，那就是在机构投资者中，只有那些受教育和培训程度最低，前景最不令人看好的机构投资者对作为一个活跃的股东没有什么顾虑。

公司治理这一概念的根源在于公司在法律上的构成，它通过在拥有者、管理者、客户与社会之间进行权力分配，从而确定了公司所特有的状态。但是否很多活跃股东策略的拥护者走得太远了，把股东的利益抬得太高，以至于排斥了其他“权益者”的利益？毕竟，一家公司作为一个整体，不仅仅是由一些股份所组成，它还包含了所有者、雇员、客户、供应商以及社会之间一系列的关系。把公司看作是一个社会机构而不是一个资本市场载体，对于公司治理来说具有重要的意义。

鲍勃·芒克斯对此作出了如下的评论：

我认为不应该把公司上升到社会和权力问题这个高度上：难道谁具有创造现实的权力，就应该广泛实施谁的标准？

股票期权方案在英美公司中日益流行起来，这种方案被普遍认为是公司治理的有效工具，它对增加股东价值的执行官实施奖励。但是这样一种公司薪金方案必将对公司进行大的调整或重组。目前，这种做法往往被扭曲，很有可能招致诉讼及部分员工和股东的愤怒：执行官收入的提高不仅拉大了低层员工与高层执行官收入的差距，而且这些执行官还为自己找了一条很好的退路，在他们不再具有竞争力或由于其他原因被解聘时，仍然能够获得一笔丰厚的补偿。

不仅如此，执行官的收入与股票激励或股票期权的联系变得更加紧密。表面看来，这似乎很好，除了在股票价格下降的时候，管理者总是能够以更低的价格得到股票期权。这是一种执行官无论如何也不吃亏的薪金方案。按照这种公司治理技术所给出的报酬通常并不会减少公司的收入，也不会减少会计报表中每股盈利，尽管这部分报酬本应当算作常规薪金组合中的一部分。但是在美国，商业圆桌会议已经威胁会计行业和美国参议院，打算要创造一个会计实例，不把当前股权的成本计入盈亏帐目。

随着执行官们的收入与股票价格的联系越来越紧密，一个相伴而来的问题就是人们指责公司和投资者急功近利。如果我们需要执行官们对公司能够一心一意，有长期的观念，有一个很简单的解决办法，那就是不要让执行官们所得的奖金或股权只与目前的业绩挂钩，我们可以把业绩考察的时间段延长至3到5年。换句话说，要根据自奖金或股权设立之日起的3到5年内的公司业绩来支付一位首席执行官的报酬。

一旦出现持续的市场滑坡，执行官的薪金问题就会变得相当敏感，如果出现下列情况，弄不好会发生诉讼：股东们从绝对意义上来说蒙受了损失，而此时他们却发现执行官们的薪水倒是不低；股权价值不断攀升，对执行官更具吸引力，更合适，但与此同时股票价格却在下降，股东们会发现这是对执行官来说稳赢的策略；以及他们发行执行官的薪金中包含了一大笔解聘补偿。执行官薪金的问题可能会在今后市场滑坡时变得非常敏感。

展　望

公司治理的全部问题就是投资者与他们所投资的公司之间的关系问题。但投资关系管理的真正含义是什么？对于从业者来说，它意味着这是一种沟通的技巧，要力争使它成为一种职业。对于它的客体——股东来说，这是一条了解市场和公司的必要途径。对于公司的经理们来说，这样可以很方便地挡住耗费时间的询问，这些询问往往会分散做生意的注意力。所有的这些看法都是正确的，但却远离当今投资关系管理的真实情况。

史无前例的18年牛市使所有的金融服务定额都翻了数倍。高盛公司的约瑟夫·韩（Abby Joseph Cohen）注意到，当今所有商业环节中，唯有金融服务业从业者的薪水是不断增加的。很多其他人也注意到，在当今这个经济紧缩的环境下，只有金融资产在膨胀。正是这样的牛市对更强的竞争力和报酬更高的投资关系管理者产生了不断的需求——这样评判牛市的宏观影响是合理的。但这不能完整反映当今投资关系管理的全部。

从根本上说，投资关系管理主要就是实际情况的交流。目前我们通常称之为“推送”，即通过各种渠道公开发布这些信息。在沟通的方式方面，投资者会议和午餐已经让位给电话会议和因特网邮件组，下一步将是全球会议电视。这些事实仍然是经过律师提炼的，然而奇怪的是，一家公司的绝大部分重要事实在其严格保密时期都被封锁了，而公司恰恰是在这一时期出现了最显著的发展变化。

通过运用计算机数据库和它的搜索查询能力，在把大量数据转化为信息方面我们可以大有作为。绝大多数新技术都已经在企业界得到了应用，特别在零售业中。目前，这些技术正在进军金融业：例如，在 www.fortuneinvestor.com 站点上我们可以查看6万证券的600种变量；差不多所有的历史活动图表都可以在 www.bigcharts.com 和 www.yardeni.com 上查到。数百个类似的工具正在把由投资关系管理者进行的“推送”变成用户可以根据自己的需要，自己的目的以及所要得出的结论来“拖拽”。

通过运用现代科技，说服投资者的工作逐渐变得可以由他们自己来完成。决策这一症结仍然是被代理融资，行为科学和计算技术所遗忘的角落。但是现在每一位用户自己都可以使用机器来做这样的事情，这种方式成本低，随时都可以方便地采用，而且是全球化的，瞬间就可以得到很多信息。就像尽管因特网对微软公司来说可能是致命的，微软公司还是得支持因特网那样，敏锐的投资关系管理者将会向用户提供这些工具，以便让用户的工作变得更轻松，能够做得更好。

下面是投资关系管理将要面对的几个步骤：

首先，公司、基金和国家如果希望向他们的成员通知什么，应当出版并不断更新 FAQ（常见问题），这是业界通常所采取的一种做法。所有的问题及它们赞同的或否定的答案都应当在一个公告板上提供。下一步要做的就是要提高透明度，最透明的方式就是，无论提出什么问题，都能够自动给出答案。

第二，公司应当积极地交易它们自己的股份，并将交易情况随时披露出来。公司还应当公布当前商业条件对它们的影响和它们的应对措施，资本的有效性，以及对它们所采取的行动的前景预测。

第三，同样应当鼓励内部人不受限制地进行交易，只是应当标明他们的内部人身份。

科技使得这些成为可能，投资关系管理也向前迈进了一步，可以向用户提供生动、真实的重要信息，这些信息可以是针对每一位用户的。在目前的技术条件下，这是有可能做到的。但是还没有人已经做到了这一点。

大师的回应

鲍勃·芒克斯对此作出了如下的评论：

看了你们总结的投资关系管理的下一步，我要加上第四条：在经济发展与合作组织（OECD）的成员中“机构”拥有者占了将近50%，所以我们不断提出这样一个问题，谁来监督那些监督者？

我相信因特网技术将使得信托投资者能够和养老金受益者沟通，共同基金的操作者能够与其受益的所有者沟通，联合信托投资者能够和它的成员沟通。这种沟通和认可的机制需要在未来的50年中得到相当的完善。重要的是要对信托投资者采取一定的强制性措施，要求他们时刻记住是在为别人做事。现代科技为我们提供了相对廉价和可靠的手段来做到这一点。

参考文献

印刷版

- Bob Monks, The Emperor's Nightingale: Restoring the Integrity of the Corporation (Perseus Books/Capstone Publishing, 1998)
- Bob Monks and Nell Minow, Watching the Watcher: Corporate Governance for the Twenty-First Century (Blackwell Publishers, 1996)
- Bob Monks and Nell Minow, Corporate Governance (Blackwell Publishers, 1994)

- Bob Monks and Nell Minow, Power and Accountability
- Hilary Rosenberg, A Traitor to His Class: Robert AG Monks and the Battle to Change Corporate America (John Wiley, 1999)

在线

- www.ragm.com 和 www.lens.com——鲍勃·芒克斯的互联网站
- www.hitachi.com——公司公告板的一个例子
- www.fortuneinvestor.com, www.bigcharts.com 以及 www.yardeni.com——各种包含历史数据和投资管理工具的互联网站

第四章

公司重组

目前企业界和投资界一个最显著的特征就是公司重组，它包括兼并与收购（简称为M&A）、杠杆收购、剥离、抽资（spin-offs：有两种含义，其一是指股本的转移脱离，即母公司将其在子公司的股权作为股利分配给股东；其二是指抽资的做法，即母公司把其子公司的所有股份分发给股票所有人）以及市场中其他争夺公司控制权的行为。这些公司重组的财务技术对金融市场的影响常常超过了它们对某一公司或某一行业的影响，并且在理论上都会把公司的实际控制权交还给股东。一般来说，当公司宣布进行重组时，它的股票价格就会上升。但是在稍长的一段时间内，公司重组对投资者真的有好处吗？

20世纪90年代末，市场上又一次掀起了兼并收购的狂潮。事实上1997年兼并收购的数量和所涉及的金额就已经超过了历史上的最高水平，而1998年又一次刷新了记录，该年度大型兼并的数量和所涉及的金额比1997年还增长了50%。这一现象又一次唤醒了广大的平民论者（populist：美国一政党的成员，该政党声称代表了普通人的利益），他们不断地向各界呼吁此类兼并并不产生新的价值，它们只是对现有资产进行交易，实际上是资产的再分配。除了平民论者的上述论点之外，还有些人认为被兼并的威胁可能会促使公司的管理者采取短期行为；兼并过程中股票的极高价格可能会造成合并后的公司缺乏足够的资金；并且当一家公司被杠杆收购时，可能会使它背上沉重的债务。

而另一些人则持相反的观点，他们比较赞成兼并收购。他们的主要观点是兼并收购有助于提高效率：如果管理者没有受到公司被兼并以及就此失去工作的威胁，他们的大多数行为是为了他们自己的利益而不是为了股东的利益，例如这些管理者可能不能充分地利用公司的资源，可能会进行过度投资，降低产出，以及忽视向股东发放红利等等。对公司缺乏强有力的监管常常会导致公司管理不善。增加股东对公司的参与权虽然是解决上述问题的一个方案，但是它并不能彻底地解决问题，一个较为彻底的解决方案就是兼并收购。兼并收购不仅能彻底地根治公司业绩低下，而且也能防止公司被庸才把持。

显然，兼并要约的公布常常会引起目标公司（拟被兼并的公司）的股票价格急剧上升，这对于目标公司的股东来说是十分有利的，但是兼并常常会对兼并公司的赢利及股票价格产生负面影响。目标公司中某些抵制兼并的管理者可能会为了他们自己的利益（并不是为了股东的利益）而采取诸如“毒药丸”之类危害公司利益的反兼并措施，这些措施使得投资者必须以高昂的代价才能撤换那些对此负有责任的董事。

公司重组大师：布鲁斯·维瑟斯坦

20世纪80年代中期，市场上掀起了兼并那些业绩低下公司的狂潮，兼并公司和那些看出倪端的套利者们认为他们可以通过大量的借款使那些公司的资产流动起来，从而增加公司的价值。这种举措常常意味着兼并收购要处理不良资产。在公司重组发展的初期，布鲁斯·维瑟斯坦是一个令许多公司头疼的人物。在那时候，被兼并公司的股票价格常常比其原来的市场价格高30%～40%。维瑟斯坦的工作是为兼并公司设计兼并收购战略，使它能成功地收购目标公司。

20世纪80年代中期，目标公司为了抵制兼并常常会使用诸如“毒药丸”之类的反兼并措施。律师和公共关系家常常与股东争夺公司的控制权，他们往往会设置一些障碍，巧妙地转移了股东对公司的控制权。美国的证券交易委员会（美国证券业的监管机构，英文简称为SEC）组建了一个咨询委员会，该委员会曾对这些反兼并措施进行了评估，得出的结论是市场机制必须不受任何限制。

当时，维瑟斯坦的主要工作是促进兼并公司与目标公司达成兼并收购协议。他与套利者、律师以及监管者一起工作，共同推进公司合并的进程。虽然他在工作中，常常会受到一些反对合并的公司的阻挠，但是对于每一个项目他都进行了精心的准备。后来他自己组建了一家投资银行，他精湛的技术使这家投资银行取得了成功。

1998年他出版了一本名为《大交易》的书，在这本书中，维瑟斯坦研究了“美国领先公司的控制权大战”，同时也讲述了在过去的20年中他在公司重组市场中所扮演的角色。他描述了19世纪中期至今所发生的五次兼并浪潮：第一次兼并浪潮建立了公路王国；第二次兼并浪潮发生在20世纪20年代，这次兼并浪潮是由泡沫股市和工业的迅速增长引起的；第三次兼并浪潮发生于

20世纪60年代，这次兼并浪潮的特点是产生了集团公司；第四次兼并浪潮发生在20世纪80年代，主要是恶意兼并，是由Icahn，Boesky和Milken发起的；第五次兼并浪潮就发生在现在。维瑟斯坦认为第五次兼并浪潮的出现是由于在当前日益激烈的竞争环境下，公司需要重新进行定位。

兼并所产生的行业发展模式与其他经济行为一样，是十分粗糙的，也是不完善的。以下五种基本因素可能会引发兼并收购。

- 监管和政治的改变：在过去的几年中，那些兼并最频繁发生的行业，例如传媒、电信、金融服务、公共事业、医疗等，往往是由放松监管或者是政治变更所引发的。在放松监管之前，这些行业都受到了严格的监管和束缚。
- 技术的改变：技术产生了新的市场，引入了新的竞争者，并且也往往与监管的改变交织在一起。技术的改变使原来的监管过时了，在有些时候甚至是十分愚蠢的。
- 金融的改变：金融的波动也有类似的效果。股票市场的繁荣会促进股票交易。在一段高通货膨胀期（实物资产的价格比股票价格上升得更快）之后，低糜的市场和低水平的利率会对经济产生特别强烈的影响。在这种经济环境下，通过在股票市场上买入公司股票的方式来间接地持有实物资产可能比直接购买实物资产划算。利率的下降和社会上大量的闲置资金加速了兼并收购的进程。
- 领导：显然公司合并并不是机械地发生的。兼并收购中的一个重要因素就是人，即领导公司进行根本改变的人。
- 公司规模与公司单一化之争：在引发兼并收购的诸多因素中，规模也起了一定的作用。对于大多数公司管理者来说，公司的规模越大，对他们就越有利。这可能是出于以下的原因：或者是因为技术和经济全球化，或者是因为公司整合会产生巨大的利益，或者完全是因为空虚和利己主义。除此之外，市场对规模也确有一定的偏好。由于兼并收购是一种快速扩大规模的方式，因此管理者有可能会通过兼并收购的方式来扩大公司的规模。但是正当一些公司不断扩大时，另一些公司却在不断剥离，越来越小。市场对公司主营业务集中和经营单一化的要求与对公司规模的要求一样强烈。这两个相互对立的因素就成了公司治理结构变化的中心。

相反的观点

为什么会有如此众多的大型兼并（mega-meger）呢？证据似乎是十分明确的，至少在理论界是如此，即兼并收购最终不会为兼并公司和被兼并公司带来任何收益。从经济角度来看，它们在兼并要约过程中互相取得平衡，没有人能够从中获利。与之类似的，现在有一种倾向是减少公司的业务单位。借助新型计算机工具的帮助，小公司可以具有大公司同样的功能，并且它比大公司更有发展动力。

在20世纪80年代，兼并交易往往都是恶意兼并，此外市场上也没有足够的选择余地。现在兼并交易不再是恶意兼并了，公司的选择余地也很多。首当其冲的原因似乎是因为美国建立了一个反托拉斯部门（在美国这种民主管理的体制下，这种做法似乎有点奇怪），但是实际上原因更可能是在于参与方所获得的回报。公司的管理者获得了公司股票的期权，并且为了能够在新的公司结构下保持管理权，他们在提前行使原来的期权之后又会再次获得新的期权。

除此之外，兼并收购的会计处理在处理商誉和隐藏原有错误上具有很大的灵活性。对公司来说，一个新的开始通常是很有利的，而兼并收购就能提供这种机会。显然在兼并收购交易中，公司会聘请代理机构、经纪人、律师、会计师等等，他们的佣金是兼并收购交易成本的一个组成部分，同时这些人所起的作用也促进了兼并收购的进程。正是由于上述这些代理行为才使得股票价格更高了。这就是当今兼并收购的特点，它并不一定预示着将来公司的效率会很高。

建立巨型公司是否真的适应时代的发展呢？借助于电脑技术，现在人们可以做许多事情。现在项目管理已经取代了过程管理。就在不久之前，为了确保公司能够顺利地向前发展，我们还专门聘请了过程管理者。但是现在我们要进行项目管理，项目管理的参与者可以包括客户、雇员、供应商和为完成该项目而临时聘请的顾问等等，一旦项目完成了，他们也就解散了。将来的企业业务运作过程非常像电影的制作过程：组织一批人参与创作、拍摄，电影拍摄完成后，这些人就解散了。人们可以同时是几个创作小组的成员。但是在每个小组中，都得要有一个“导演”。

公司的确希望通过兼并逐渐扩大，这可能是受一些管理顾问的研究结果的激励。但是根据我们的了解，小公司的力量会越来越强大。至少现在美国的公司就已经知道虽然瞬时的满足感来自于兼并收购，然而公司的实际经营则来自于一个个的小经营单位。因此为了满足个人欲望，就必须使用更多的技巧。

兼并收购似乎总是在股市牛市的最高点时也达到了它的最

高点，在那时借款是十分容易的。维瑟斯坦所描述的兼并浪潮发生在金融市场最乐观、市值最高的时候，这可能并不是偶然的。100年前就是这样，20世纪20年代、20世纪60年代、20世纪90年代也是如此，并且股票市场的价值越高、投资者对市场前景越乐观，公司合并的倾向就越大。这是金融市场的周期性特征。

展 望

在众多的投资类型和投资技术中，很少会提及题材投资（或事件投资，event investment），但是现在它却是广大投资者大量运用的一种投资方式。现在的市场在不断寻找投资题材，如某公司的收益超过了人们对它的预期；新闻广播中提到了某支股票；公司公布了兼并收购的消息（由于兼并收购可以使公司在新的财务报表中重新编写公司的历史，兼并收购还可以向管理者提供新的期权等等，因此兼并收购也是一个很好的投资题材）；公司之间为了战略联合而进行交易等等诸如此类的事件。

在现在的金融市场上，这些题材以及人们对它们的预期是短时间内引导市场价格的力量。的确我们是在进行基本要素投资，但是我们更直接的是根据互联网上的信息、根据与别人的交流，甚至根据一些传统的方式，如经纪人的电话通知等方式而进行的题材投资。并且由于信息交流的速度越来越快、越来越复杂、越来越广泛，于是题材投资就成为当前最主要的投资方式。

尽管在2000年到来之际，兼并收购是公司重组的主流，然而集团公司的分解却可能在将来提供最好的企业和最好的投资前景。例如根据英国管理学顾问安德鲁·荻贝尔及其同事的计算，大约有价值1万亿美元的股票被套在英国和美国的集团公司里，只有在这些集团公司分解后，这些巨大的价值才会释放出来。安德鲁·获贝尔及其同事认为把这些大集团公司分解成一些主营业务集中的公司将会极大地提高公司的业绩和股东的财富。他们认为投资者通过以下投资战略可以从集团公司的分解中获利：

- 在集团公司分解之前就进行投机：投资者要找出那些可能会分解的集团公司，在其他投资者大量投资之前以及在集团公司正式宣布分解之前，投资于这些集团公司。
- 尽量避免投资于那些可能会分解的公司：该策略与前一个投资策略截然相反。由于主营业务集中的公司的业绩一般会比那些主营业务模糊的公司好，因此这一投资策略要求投资者尽量避免投资于那些可能会分解的公司，而是要投资于那些主营业务集中的公司。
- 广泛投资于那些分解后的公司：由于分解会释放价值，因此集团公司在宣布分解之后，应立即投资于那些分解出来的新公司。
- 有选择地投资于某个分解出来的新公司：找出那些分解后价值增加最多的新公司。这些公司很可能后来被另一个主业集中的公司收购。

参考文献

印刷版

- David Sadtler, Andrew Campbell and Richard Koch, Breakup: When Large Companies are Worth More Dead than Alive (Capstone Publishing/ Free Press, 1997)

- Bruce Wasserstein, Big Deal: The Battle for Control of America's Leading Corporations (Warner Books, 1998)

在线

- www.sternsewart.com——该网站提供由 Don Chew 编辑的 the Journal of Applied Corporate Finance (应用公司财务杂志), 并提供了公司重组方面的最新研究动向和著作

第五章

经济预测

几乎每一个金融服务公司都非常注重经济预测。经济预测通常是组织管理严密的投资程序的一个组成部分。一个组织管理严密的投资程序首先要了解经济和货币政策的有关情况，接着要研究那些目前最兴旺的行业，然后是详细研究有关公司的情况，最后才是选择相应的股票。组织管理严密的投资程序可能包括一整套的技术分析，它能够及时提供技术上的支持。有时候，金融服务公司甚至会在研究宏观经济之前，先来分析一下社会状况和政治状况（参见“政治和投资”一章）。

经济预测是由经济模型衍生而来的，通常它是预测一国经济总量或全球经济总量的，但是有些时候，它也可以预测经济中的某一变量，如某一行业、地区、甚至是某种产品或某类公司的经济变量。经济预测的基本方法是根据历史数据简单地推断某一经济变量的将来值。为了了解引起某一经济变量变化的因素，并且为了能够在预测中充分考虑到这些因素的影响，可以采用复杂一些的经济预测模型。复杂的模型需要了解经济发展的历史情况和经济原则。但是即便采用了复杂的模型，预测也不是纯粹的科学。虽然人们常常嘲笑经济家预测的准确性，但是预测仍然是一种十分流行的职业。

学术机构、智囊团、政府、中央银行和一些国际组织如经济合作与发展组织（OECD）和国际货币基金组织（IMF）等，常常会发布它们对宏观经济的预测。在预测中，它们所采用的模型在某种程度上可以不必每天都能迅速产生有用的数据。但是在投资界中，却要求预测要及早，同时预测的频率也要很高。由于决策制定者往往希望能够迅速得到针对他们所面临的问题的预测结果，因此上述机构（如国际货币基金组织等）预测的局限性就在于它们不能提供短期内的预测，例如下个月利率会发生什么变化等等。

许多金融市场模型的预测结果在本质上是与人们希望它可以为他们及其客户带来收益的愿望相符合的。但是与此同时，投资经济学家为了营销自己，往往倾向于维持他们的公众形象，许多媒体常常会请他们对最近的宏观经济发展状况发表自己的看法。他们对经济数据的解释可能会提供一些市场进一步发展的线索，虽然在更多的情况下，他们是解释为什么市场会是这样的反应。因为他们对经济的看法、对市场的态度各不相同，因此他们对许多指标的含义也有不同的意见，有些持积极态度，有些则持消极态度。

《经济学家》杂志每个月都会召集一些金融预测家来预测世界各国经济发展趋势，并根据这些金融预测家的平均预测，计算出各国实际国内生产总值（GDP）的增长水平、消费物价指数、通货膨胀率以及经常项目的盈亏情况。有些金融服务机构能够提供更专业化的服务，如《经济学调研》（Consensus Economics）每个月调查 300 多个经济学家，提供私人部门平均预测的详细资料。

经济预测大师：彼得·伯恩斯坦

市场对及早性、经常性预测的要求很强烈，许多华尔街和CITY(英国金融中心)的经济学家和其他的经济预测家们都作出了很好的成绩，埃贝·琼斯·菲克翰、斯蒂芬·罗奇和爱德华·海曼就是其中之一。大多数从事预测的投资经济学家都很擅于研究市场状况，他们仔细收集了大量的有用数据，偶尔也会富有创造性地把经济中的噪声与经济信号分开，例如爱德华·亚德尼，德国银行证券的首席经济学家，就把他的网站变成了网上聊天室。如果你想得到相关的数据和图表，亚德尼的网站是一个不错的选择。在他的网站中，有一个部分全都是他的评论，那些拥有特殊密码的客户可以获得这部分信息，但是其中大部分的信息都是公开的。

彼得·伯恩斯坦是一位杰出的经济预测大师，同时他还是一位杰出的经济评论家。他长大后继承了父亲在纽约的一家名为伯恩斯坦麦克考利（Bernstein MacCauley）的投资公司。他是《投资组合管理》杂志的第一任编辑(该杂志是美国著名的投资杂志，它是由吉伯特凯珀阑创办的)。伯恩斯坦获得过许多殊荣，其中之一就是由投资管理业的行业组织，投资管理和研究协会，授予的最高奖。

伯恩斯坦本人既是投资实业界人士，又是学术界人士。他编写了《经济和投资组合战略》时事快讯，来验证和发布他的经济分析。写作是他的一项重要工作，他著有两本书，一本书是关于风险的历史，一本书是关于资本的观点是如何出现在华尔街的，这两本书是20世纪90年代的商业热卖书之一。

伯恩斯坦还是一位出色的学者,他收集了关于经济预测的所有观点,尤其是与他相反的观点。例如,他在1998年2月中旬的一篇文章中讨论了一些美国股票市场上股票几个异常活跃的案例,他强调了美国的股票市场十分依赖于美联储所进行的经济管理。伯恩斯坦由此得出结论,即“股票投资是一种风险很高的投资,因此应该进行相应的管理”。他的这一分析与他在1997年11月发表的观点大致相同,可以说他领导着整个潮流。一旦发现自己的观点有误,伯恩斯坦很快就会承认错误,并解释是什么使他误入歧途的,他还是一个非常幽默的人,例如他开玩笑地说是市场误入歧途,市场没有按照他的预见行事。

相反的观点

金融分析家是专业的预测家,但是为了预测投资,他们为什么要研究经济这个传统的滞后指标呢?经济过程中的投资数据一般都是随机的(如果考虑到收集数据的成本时,情况更是如此)。既然如此,我们为什么还要研究经济呢?

人们常常认为经济预测是十分有意义的。但是如果你相信资产的价格反映了它未来现金流的预期话,那么你就很难根据历史数据来预测未来。但是现在的经济预测就是根据历史数据来预测未来的。具有讽刺意味的是,平均来说,经济预测会预测出3个萧条,而实际上只有一个实际发生。因此预测也被称为沉闷的科学(dismal science)。

金融时报(Financial Times)的经济专栏作家萨缪尔·布瑞

坦先生对经济预测的看法是:“经济预测家的黄金法则是:预测那些已经发生的事,下结论时要非常谨慎。通过预测我们可以更多地了解现在和刚刚发生过的情况，而不是将来的情况。”

人们一般认为严重预测误差的不断发生主要是由于预测所采用的方法和模型太粗糙,数据也不够准确。然而牛津大学经济学教授大卫·亨瑞却认为上述原因并不是造成系统误差的主要原因，而预测期内非预期性变化才是造成系统误差的主要原因。经济预测主要的误差是由于发现错误却不能立即调整而产生的。

亨瑞用火箭科学（rocket science）打了一个比方：现在如果一块石头落向地球，我们可以精确地预测出它的落地时间和落点,而且实际情况通常也与我们的预测相符合。但是如果它撞上了流星，偏离了原来的轨道的话，或者它被流星撞碎的话，预测就会出现严重的失误。但是这种结果并不是表明我们的预测工程或预测方法不当,而且显然也不是说明牛顿的万有引力定律是错误的。

大师的回应

彼得·伯恩斯坦认为：

由于收益和利率都会随着经济状况的变化而相应变化,经济预测是投资过程中的一个重要的组成部分。因此你必须得以某种方式进行预测或应用预测的结果。虽然下一季度国内生产总值(GDP)的预测或者明年股票市盈率的预测可能是错误的,但是我所做的预测（实际上也是爱贝克翰的预测）是为了预测基本的经济环境,如未来的经济是通货膨胀还是通货紧缩，是快速增长还是负增长，以及竞争状况如何等等。了解基本的经济情况对投资者来说是十分有帮助的，投资者可以据此获得很大的长期收益，而不仅仅是眼前的利益。

在本书的前面部分中，我们引用了彼得·伯恩斯坦在1998年12月发表的“经济和投资组合战略”时事快讯中对市场发展历史的介绍。

展　望

由于经济发展会对公司潜在的盈利产生深远的影响，因此预测是金融机构的一项重要工作。尽管前瞻性的经济指标（leading economic indicators）可以揭示未来经济发展的趋势，但是它们却不能预测那些强大的经济实体（如政府）和金融市场可能会对公司的盈利产生什么影响。为了能够在竞争中立于不败之地，公司会更多地考虑金融市场中可能存在的不连续性，建立起更加精确的模型。

一种使预测更有用的方法可能是遵循食品包装等行业所采用的“真实标签”原则。这样我们就能够更准确地描述出我们所采用的预测类型。例如，如果我们运用后测法（backtesting）的话，我们就应确信这就是我们进行预测的，采用的方法也是恰当的。

后测法的一种形式是因素预测法，即过去的因素仍会保持原来的发展方向。后测法的另一种形式是对均值的回归，即认为事物会回到其均值水平。这就好比是扔硬币，如果99次都是正面朝上，那么我们就可以认为下一次也是正面朝上。

另外，我们还可以这样认为，即我们的预测来自于我们自己对事物的洞察力或创造力，并且我们还以这种方式来进行标识，这样人们就知道预测主要是来自于人的思维和创造力。这些预测正确与否，时间长了，人们自然会知道。有些时候，不同的技术如高频率预测就是通过这种方法得出的。预测还有可能来源于新闻以及人们对新闻的反应。这些新闻未必就是内部信息，它们有可能是那些大家都没有注意到的信息。这种预测就是根据信息所做的。

最后，一般来说预测往往是空洞又无意义的。我们往往会在投资中走中庸之道，原因就在于我们不知道除此之外还能做些什么。这种中庸之道的投资方式是完全正确的，但是我们应该明确承认我们是在随大流，这样一来，人们就会明白我们的意思。在大多数情况下，预测也只能是毫无意义的废话，但是在任何时候如果我们正确地说明它，我们就可以让我们的预测看起来会更好一些。

参考文献

印刷版

- Peter L Bernstein，Against the Gods：The Remarkable Story of Risk (John Wiley，1996)
- Peter L Bernstein，Capital Ideas：The Improbable Origins of Modern Wall Street (Free Press，1992)
- Peter L Bernstein's newsletter Economics and Portfolio Strategy
- Reports from Consensus Economics.

在线

- econwpa. wustl. edu/EconFAQ/——Bill Goffe's "Resources for economists on the internet"，互联网上搜索经济信息的一个很好的站点
- www. economics. ox. ac. uk/hendry/Frontpage. htm——该网站载有大卫·亨瑞研究宏观预测的计量经济学模型。
- www. economist. com——《经济学家》的互联网站
- www. ft. com——《金融时报》的互联网站
- www. yardeni. com——爱德华·亚德尼的互联网站

第六章

新 兴 市 场

“新兴市场这个叫法也许不能完全表达出它所代表的希望和信念，”马克·莫比乌斯曾经这样说道，“尽管某些发展中国家的股票市场有时看起来‘还没有浮出水面’，它们总的来说是在不断壮大，不断地向更好的方向发展。”

上述对新兴市场的定义表达出了专著于这一类型股票投资的人们那种典型的乐观情绪。当然，投资者们所关注的这个新热点总是在某个地方，有某些事情那么令人兴奋，特别是有机会能够赚一大笔钱。有些新兴市场上的投资回报甚至于有超过发达国家市场的潜力。

但是，对于投身于新兴市场的投资者来说，同样要面临很多挑战：由于缺乏共同的标准和信息，常常会失败，疲惫的旅行安排，语言问题以及文化上的不信任。而且，正如亚洲金融危机以及相继出现的全球性的经济事件所表明的那样，发展中国家和前共产主义国家的股票和外汇市场很有可能是极不稳定的，这些市场对于国际投资者的情绪和政治经济变化十分敏感。

在新兴市场上投资将会得到相当可观的回报，不是正的，就是负的。但是无论是在国家的层次上，还是在公司的层次上挑选出潜在的获胜者，都相当困难。在跨市场比较公司之间的相对优势时，存在着很多问题：财务报告和会计标准差别很大，而且诸如市盈率这样的指标如果用于国际间比较，是相当不可靠的。各国在处理公司利润时采取不同的会计惯例。

很明显，新兴市场存在着相当大的风险，包括资产流动性差，缺乏透明度以及价格变化剧烈。希望能够在这些市场上一搏的个人投资者应当考虑长期投资或者是要准备承受潜在的风险。他们还应当慎重考虑在他们的投资组合中，把多大比例的资金投入这样的市场是他们所能够承受的。

新兴市场投资大师：马克·莫比乌斯

作为股票投资的一类，新兴市场投资开始于1986年，当时是由国际金融公司(IFC)——世界银行的一家附属机构发起的。大卫·基尔，当时他是国际金融公司资本市场部门的负责人，他说服国际金融公司向几个国家的股票市场投资，在世界银行提供了债务融资的国家中，这些国家是最为强大的，在他的发起下，私人投资者开始进入当时基本上只有公共投资机构参与的领域。基尔所发起的新兴市场基金把它的投资代理权授予了洛杉矶的资本集团，现在这家公司在这些市场上管理着750亿美元的资金。大卫·菲舍尔从早些时候起就一直成功地管理着这家公司。

但是在新兴市场投资管理者中，最具代表性的莫过于坦普利顿新兴市场集团的马克·莫比乌斯。莫比乌斯具有作为一位新兴市场投资大师的强健体魄。现在他已经60岁了，仍然能够以最佳的状态每天工作15小时，每周工作7天。孩提时代生活在美国，1960年起，他就开始以香港为根据地，用一本德国护照旅行。他放眼全球，更关注经济快速发展的地区，例如亚洲，这种地方同时又存在很大的风险，所以对于一位投资者来说，特别具挑战性。

在这种不容易激发起信心的市场上莫比乌斯却是个始终坚定如一的投资者。在估价时，他坚持这样一个原则，那就是股票的价格不能高过从现在起5年内盈利的5倍。当然越便宜对他来说越合算。他是一位基础投资者，他造访那些公司，研究它们的业务情况，但却很少担忧该国家的一些宏观性问题（请参见“价值投资，经济预测和政治与投资”等章节）。既然他的投资技术和其他受过良好教育的分析家没有什么两样，他就不得不去寻找和其他分析家不同的行业，不同的市场。他经常是与众不同的，买那些看起来会继续下跌的股票。这是一种比较老式的原则。

在新兴市场投资方面，莫比乌斯是个常常发表见解的评论家，他写了一本广为大家所接受的书——《莫比乌斯在新兴市场》，书中总结了他成功的关键：

- 辛勤的工作和原则性：你在研究投资上面付出的时间和努力越多，你所获得的知识就越多，你所作出的决策就越明智。
- 整体感：投资者面对很多复杂的信息，要能够简单明了地把这些信息归纳成在一起。
- 创造性：要从多个角度来分析投资，考虑所有会对投资产生正面或负面影响的变量。具有创造性还要求放眼未来，预测当前的商业计划会在将来产生什么样的结果。
- 独立性：在做投资的时候，往往集体作出的决策还不如某个人经过深思熟虑之后作出的决策。
- 敢于冒险：在投资决策的过程中总是要求有一些决策是在

信息不充足的情况下作出的。对于任何一次投资，我们都不可能有充足的时间来了解所有需要了解的情况，即便是有这样的时间，股票投资也会向生物那样，在连续不断地变化着。在投资过程中总是会有这样的时候，必须要作出决策，而且会带来风险。

- 灵活性：对于投资者来说，灵活性非常重要，不要老是选取某种特定类型的资产，老是使用某种股票选择方法。最好的方法就是从热门的股票、行业和方法转移到不热门的股票、行业及方法上去（请参见“逆向投资”一章）。

莫比乌斯还描述了五种核心的投资观念：

- 分散投资：对于单个国家或公司投资风险极大的新兴市场来说，这一点至关重要。全球化投资总是比只在投资者本地市场或某一个市场上投资效果要好。相比只研究一个国家的市场，在整个世界范围内搜索总是能够让投资者找到更多可做的交易，找到更合算的买卖（请参见“全球化投资”一章）。
- 市场时机和投资保持：正如约翰·坦普利顿先生所说，“最佳的投资时机就是你有钱的时候。”换句话说，比起把钱存入银行帐户来说，投资于股票市场是最佳的保值办法。由此推论，不要出售一项投资，除非你发现了更好的投资来替代它。
- 长期观念：通过分析国家和公司的长期增长情况及前景，特别是分析那些不被看好的，不热门的股票，我们就能够有更多的机会获得比别人高的收益。
- 投资平均：如果投资者建立一个计划，从最开始，每隔一定的时间就购买一定数量的某种股票，那么，他就不但会有机会在价格高的时候买进，也会在价格低的时候买进，这样整个平均成本就降下来了。

- 承认市场周期：对世界上任何地方的市场进行研究都会得出这样一个结论：牛市和熊市都是暂时的。很明显，市场的确存在活动周期，包括这样几个阶段：悲观、怀疑、乐观、狂喜、恐慌和沉闷（请参见“狂热、恐慌和崩溃”一章）。投资者就应该预期这种变化，并以此为依据制定计划。

在评估新兴市场投资的时候，莫比乌斯特别强调始终掌握各种影响和偏见的重要性。这些问题在你工作和休闲花时间最多的地方感受最深，你从这些地方获得的信息也最多。出于这种原因，新兴市场的投资者必须不断走访所有那些新兴市场地区和相应的国家，读新闻，研究来自于全世界的报道（然而，这里提供一个相反的观点，目前因特网提供了有关各个新兴市场及相应国家的丰富信息——可能会比到处旅行收集到的信息还要丰富，而且花费的时间和精力还要少得多）。

对于明智的投资决策，莫比乌斯认为，有两方面是必需的：

- 通过在很多国家投资获得的经验和全球观念。
- 通过实地考察获得的更为详尽的知识。

要核对并消化本地及某个特定国家的信息，并与其他的全球数据做比较，并通过这种方法将上述两个方面结合起来，这一点是非常重要的。例如，通过与其他国家中相似的公司做比较，我们可以更加深入透彻地分析某一家公司，这也就意味着能够更好地利用本地所获得的信息，所以，这种类型的分析往往能够获得更有价值的结果，从而能够获得更高的长期回报。

莫比乌斯还归纳了在新兴市场投资过程中通常会遇到的五类风险：

● 政治风险——不稳定，法规，外国投资的限制；

● 金融风险——汇款/汇率控制，货币是否可自由兑换，货币贬值；

● 投资风险——披露，所有权，少数股东文化；

● 交易风险——经纪人，费用，计算机化的程度，结算，监管/证书交换；

● 系统风险——资产流动性，监管力度，透明度，股票交易的运作结构。

相反的观点

莫比乌斯在描述他的投资方法时说其中最重要的一个特点就是“汗水多于灵感”，他本着这种态度进行了一番独立的思考，这种说法绝非偶然。但他的这些方法漏洞何在呢？

能够从一个市场转移到另外一个市场是基于这样一种假设的，那就是在各个市场上的投资以及相应的投资环境是相互没有什么联系的，但是，在当今银行全球化和通信非常发达的情况下，这种条件越来越不存在了。各个市场及在这些市场上的投资越来越同步化了。

在过去的20年中，随着新兴市场投资的迅速增长，在我们的金融系统中全球化特点越来越强。现在有这样一种倒退的迹象，人们又重新开始强调本地和本国家的利益。如果是这样的话，在任何市场上，外国投资都将受到严厉的对待。

例如，现在有些人认为近年来新兴股票市场的快速膨胀似乎不是加速，而是阻碍了那些国家的工业化进程。按照这种观点，尽管股票市场本应算是资本主义最显著的特征，但看似矛盾的是，如果股票市场不在经济中占据统治地位，这些国家的资本主义往往还会更繁荣。发展中国家股票市场价格的那种内在不稳定性和随意性使其难以很好地指导有效的投资分配。来自于海外的资本导致了两个本质上就不稳定的市场之间的相互作用：股票和外汇市场。这种相互作用激起了不良的经济动荡，有可能会加剧宏观经济的不稳定性，减弱经济的长期增长。

新兴市场投资依赖于资金流动性的稳步增长，这样投资者才能够获得用外汇支付的更高回报。当市场具有向上的走势，并且有资金流入时，这种机制是可行的。但如果反之，流动性就很有限了；向外国债权人偿债的能力就会降低，他们的信心将直线下降。

因此，新兴市场投资可能存在一个长期的周期性，而并非一条稳步走向财富的单行线。显然，前十几年的新兴市场投资阶段已经结束。不但资本已经撤出这些市场，投资者的信心也遭到了毁灭，就连资本从发达国家流向贫穷的发展中国家能够获取更高收益的观念也已经过时了。后者在本应需要资金的项目上不希望这些基金参与进来。

本书通篇的主题就是在绝大多数情况下，只有投资者的特点和市场的要求相一致，投资才能获得成功。有这样一句看似过时的老话，“不是投资者挑市场，而是市场挑投资者”，这句话用在新兴市场上比用在其他地方更为准确。而莫比乌斯的风格，他勤奋的工作和坚韧不拔的意志正是新兴市场所需要的。这些市场可能也在经历着一场变化，他呢？

大师的回应

马克·莫比乌斯对2010年的新兴市场作出了如下评论：

当我们1987年开始我们的第一个新兴市场基金的时候，我们不曾想过新兴市场将会有多么重要的意义。毕竟，那个基金只有1亿美元的规模。但这在当时看起来已经是很大的一笔钱了，因为那时我们只有6个市场可以投资：香港，菲律宾，泰国，马来西亚，新加坡和墨西哥。今天，这幅图景已经发生了巨大的变化。我们现在管理着100亿美元，是1987年的100倍，那时只在香港有一个小的机构，现在我们在全世界有10家分支机构，遍及每一个大陆。

更严格地讲，现在对于所有的国家来说，全球化的趋势已经势不可挡。在1987年，绝大多数新兴市场国家都坚持一种闭关的经济框架，对外汇、资金的流入流出、投资的行业等都有一种僵化的限制，而且在整个经济领域内的方方面面都存在着严重的束缚，美其名曰社会主义，共产主义。然而，没过多久，随着共产主义，社会主义，政府主义走向失败，一种新的经济哲学开始占据主导地位。更重要的是，电信和大众传媒（最重要的是电视）领域内不断加速的技术进步开始打破国家间的心理障碍，弱化了政府在人民与市场之间设置障碍的能力（原著观点，译者注）。

这种新的经济哲学认为，私有经济要比国有经济好。它认为应当鼓励外国投资，因为这不仅鼓了那些国家的腰包，同时也带来了新的思想和技术。它认为私有经济部分能够最佳地分配资源，而且资本市场是加速信息流动的最佳途径，因而这样能够最好地把资金分配到刀刃——那些盈利的企业上。但是在这样一条道路上会有兴衰成败，这不仅仅是因为这是人类历史的必然，而且还因为很多新兴市场国家并不情愿接受这种新的经济哲学。在这些国家中，没有现成的机构框架来为所有的市场参与者创造一个公平竞争的舞台。有些情况下，在这些国家可能还没有股票市场，或者即使有，它的流动性也很差。可能没有证券方面的法律法规，即使有，可能也没有能够很好地实施。可能也没有集中股票存放的地方，即使有，也不是所有的公司都可以使用。换句话说，这种市场是不公平的，缺乏效率的，流动性差，透明度低。

接着，我们不妨来看看新兴市场的部分历史。1994年墨西哥经济出现了崩溃，先是债券市场一触即发，接着波及到其他新兴市场。最近，这种“战火”又从泰国燃起，波及了全球。所以我们会在一个硝烟弥漫的新兴市场环境中走入新千年。外汇市场崩溃，股票市场崩溃，债券市场崩溃，还有……政府也垮台了。

面对这样一幅图景，我们能够作出什么样的预测？首先，我们知道并没有出现倒退。全世界信息和资本的流动速度没有减慢，而是加快了。政府不再闭关锁国，因为它们知道这样就会落后。银行只是临时地撤退了，取而代之的是来自跨国公司这一层次的有策略的投资者，还有在大崩溃中显露出来的私人股权基金，他们正急于从很多投资交易中大捞一把。更多，而不是更少的新兴市场在提升它们的资本市场质量，它们将有能力与全球任何股票和债券市场相抗衡。在这一过程中，它们将吸引本国的投资者回到这些市场中来，从前这些投资者为了躲避对投资者不够友好的本国政府，躲避缺乏法律和秩序、充满风险的本国市场而把资金存在了海外。

在新的千年，将会有更多的新兴市场，更大的新兴市场。新兴市场的数量将会从现在的 40 多个变成 80 多个。很少会有新兴市场国家迈入发达国家的行列，因为尽管发达国家发展得慢一些，它们也在不断发展，所以整体的水平提高了。我们在这 10 年中所经历的无数次发展和提高，在下一个 10 年中还会重复出现。因特网这一奇迹能够使得更多的跨国交易成为可能。

也许更为重要的是，欧洲的成功为世界其他地区设立了一个标准，它们都在向着这一目标努力。在非洲，将形成一个新的以南非为核心的南撒哈拉非洲国家货币共同体。在东欧，多数国家将加入欧洲共同体，而且俄罗斯也在朝着这个方向前进。在拉丁美洲，由巴西、阿根廷、智利及其他国家将发起一个新的货币共同体，该共同体随后还将加入由美国、加拿大、墨西哥所组成的北美共同体。在亚洲，首先将会形成一个由东南亚国家所组成的货币共同体。随后中国和日本也将会加入这一共同体。这种发展不仅是因为这是避免过去那种汇率波动的需要，而且世界各国都在朝着一种货币委员会体制靠拢，在这个体制下，汇率被严格地锁定，不允许政府和中央银行调整汇率。另外，互联网商务的广泛传播将要求采用单一货币，简化支付过程。

关于各个新兴市场及它们在整个新兴市场中所处的地位，我认为下列 12 个新兴市场将会占主导地位：印度、中国、印度尼西亚、巴西、墨西哥、阿根廷、南非、尼日利亚、埃及、土耳其、波兰和俄罗斯。

- 印度将会经历一场意想不到的变革。私有化的进程将会加速，而政府在经济中的地位将越来越倾向于做个裁判员，而不是运动员。

- 中国将首先经历一场严重的经济动荡，为了改革银行系统，使其能够对自己的贷款负责，这种动荡是必需的。所有主要国有企业的私有化将会导致大量破产。不过随后将会形成一个暂新的、充满活力的高效开放型经济，中国经济的潜能将是非常巨大的。
- 在印度尼西亚，一个新的多元化政府将会支持一种多样化的分散型经济，这种经济将会超越其过去的经济繁荣。
- 随着整个经济的大量私有化，生产力的迅速提高，巴西将会带领其他拉丁美洲国家走出经济萧条。
- 阿根廷和智利也将会经历同样的现象，而且会超过巴西的繁荣，成为拉丁美洲经济的领头羊。
- 墨西哥同美国的特殊关系意味着，墨西哥经济将会越来越多地并入美国经济，这对两国都是有好处的，特别是对墨西哥。
- 在南非，将会出现由黑人领袖组成的新政府，那里本来就已经有了很好的基础设施，这样再加上有良好的政策，就能够把全国的各个联邦以及其他撒哈拉国家联合起来，形成一个新的经济伙伴关系，合并成为一个整体的资本市场。
- 尼日利亚将会重新回到国际社会中来，它至今仍被人们忽略，但却具有相当大的资本市场潜力。
- 埃及目前正在加速私有化进程，它将会在 2010 年到来的时候结出硕果。从前政府所属的企业将不再是政府财政预算的包袱，它们将会增加生产力，为经济注入新的活力。

- 土耳其将会扩大其资本市场运作范围，不仅包括中东，还将包括中亚的东部。
- 波兰将会成为东欧资本市场中最主要的组成部分。
- 俄罗斯将会大出人们的意料。在努力消除腐败和犯罪的改革背后，也伴随着经济改革，包括更加注重发展资本市场。

总而言之，在未来的几年中，我们会发现这是一个大为改善的新兴市场时代。我们将看到更多的市场，更好的流动性，更完备的规则，更公平的市场和更多的机会。这种新的环境不但会使生活在那些新兴市场国家的人们受益，也会使那些愿意承受新兴市场投资风险的投资者受益。

展　望

新兴市场的现象是否真的像莫比乌斯描述的那样，是自由市场的本质，还是 John Locke 的伟大胜利？也许它的确是美国现代投资管理组合理论的自然结果，即投资的多样化和敢于承受风险，当时已经持续了 10 年的牛市是这种理论产生的背景。在发展中国家看来，私人投资者是在为他们提供无需年利率的资金（我们管它叫普通股，他们管它叫自由资金，因为没有管理的束缚），这种资本比从银行或政府借款更有吸引力。这是恋人之间的约会，十分愉快。现在，他们已经成熟，他们有了下一个年龄段所具有的责任和义务。

在未来最具潜力的国家中，莫比乌斯选择了最大的几个，吸引他的大概是那些国家的国内市场。因为新兴市场国家以出口贸易为目标的第一轮冲锋现在已经结束了。他把重点放在诸如尼日利亚和埃及这样的地方是正确的。如果这些人口极多的国家不这样做，那么，生活在这些国家的人们将无法忍受意识形态和生活水平的巨大差异，这样看来，他的观点是正确的。

但是在我们到达2010年之前，我们必须先治愈90年代的创伤。从1997年7月的亚洲金融危机开始，新兴市场的经济总量已经下降了50%。这场危机由亚洲而起，但却在俄罗斯表现的最为突出，它的经济总量下降了大约为90%，差不多和世界上人口第4的国家——印度尼西亚相当。而且拉丁美洲也开始面临巨大的压力。

我们不妨想想沼气田里或煤矿里的火，它们的共同之处是火在地下并且有缓慢燃烧的热源，每隔一定时间就会烧到地面上来，这时必须得扑灭。消防队员赶来用水或灭火器扑救，火看上去是灭了，然而6个月以后，火会再次燃烧起来。

这就是当今新兴市场的情况。在印度尼西亚、韩国、泰国、马来西亚、巴西、俄罗斯和墨西哥，一个接一个地着起火来，情况都一样。这是人们对低风险投资模式的选择，是人们对可靠的回报的选择。是人们对自由市场过度繁荣所带来的灾难的逃避。我们必须得想办法对付地下的火源，而不只是扑灭烧到地面上来的火焰。

每一个新兴市场国家在解决自己问题的时候，都认为自己的情况很独特。但实际上，它们的问题很相似。为了重建经济，在当前这个资金充足的时期，大多数新兴市场国家都借了大量的外债。投资者们也曾在新兴市场上投入了资金，而现在他们打算把这些资金抽出来，投到收益更高的市场上去。或者即使不能得到更高的收益，他们也有可能将资金抽出来，因为新兴市场的吸引力已经远不如比 5 年以前了。这是个全球性的问题，不止是印度尼西亚、俄罗斯和拉丁美洲的问题。

这一切是怎么回事儿?民族主义抬头加上经济政策紧缩对新兴市场来说是一剂副作用极大的猛药。银行系统改革意味着银行必须要承认不良贷款。国际间联系的增强则意味着，当世界某个地方发生了什么事情，其他地方的人们都能够感觉得到。这并不是说我们每个人肯定都会有一些很好的机会，除非你每小时都看新闻。不过，我们正在为最终解决问题创造条件。尽管上述这些问题有些还尚未出现，但我们已经完全能够感觉到早期的剧烈滑坡。

与此同时，在这些国家仍处在混乱之中，这进一步激起了民族主义情绪，使得这些国家在国际社会上越来越孤立，然而，此时它们更需要发达国家的，特别是美国的支持。

在这一点上，中国可能与其他国家不同，它同美国之间有很大的贸易顺差，有充足的外汇储备，很有可能跳出这个阶段，从而成为具有统治地位的新兴市场。莫比乌斯认为中国经济必须进行结构性的调整，这一观点是正确的。不过，中国的目标似乎是在该地区占据统治地位，甚至有可能会成为下一个超级大国。中国是该地区乃至全世界范围内的一支重要力量，而且中国当前——以及下一个 10 年——的领导集团都具有很强的领导能力。我们应当密切关注中国的变化。

同时，美国本身也越来越像是一个新兴市场。就像大多数新兴市场那样，它的生存完全依赖于海外资金的流入。储蓄增长率为负数，仅靠自身的实力无法清算债务，债务不断增加，所有这些都是新兴市场的特征。而且它还是一个超买的新兴市场，使得市场在过去的18年中基本上都处于一种极度繁荣的状态。

不仅如此，美国还是一个把自己的金融责任推卸给世界其他国家的新兴市场。向其他国家借美元对美国是有利的，但是美元攥在外国人的手中对美国是有害的，因为外国人可以为了满足他们自己的需求而卖出美元。作为一个新兴市场，我们还不清楚美国是否符合国际货币基金组织（IMF）关于借款的要求，这听起来很奇怪是吧，它给出了所谓最安全的限度。

参考文献

印刷版

- Mark Mobius, Mobius on Emerging Market（Second edition, Financial Times Pitman Publishing, 1996）

在线

- www.capgroup.com——资本集团的互联网站
- www.emgmkts.com——一个有关新兴市场研究的互联网站
- www.deanlebaron.com——本书合著者之一——迪恩的互联网站

第七章

金融工程

从本质上讲，金融工程是金融领域中金融产品和程序的创新，即它是指发展新型的金融工具和金融程序，从而为股东、发起人或者中介机构增加价值。在New Palgrave金融词典中，约翰·费纳逖列出了许多种金融创新(从可调整利率的优先股到零息票可转换债券)，这些金融创新可以分为三种主要的类型：证券创新、金融程序创新以及对公司财务问题的创新方案。

运用几种基本的技术，就可以实施上述这些金融创新，例如增加或者降低风险（例如通过期权、期货或者其他衍生金融证券等等，参见“风险管理”一章)，集中风险（参见“共同基金”一章)，互换现金流（参见“利率互换”一章)，分割现金流（例如本息分开的债券)，以及期限调整，即将长期债务转换为短期债务，或者是将短期债务转换为长期债务。但是从使市场更有效、更完全的角度上讲，真正意义的金融创新是指设计出一种新型证券或新型程序，这种新证券或新程序必须能够使发起人或投资者去实现某些他们以前做不到的事情。

费纳逖提出了10种激发金融工程的动力，包括风险管理、税收优势、减少代理和发行成本、符合监管的要求或者逃避监管、利率和汇率的变化、科技的进步、会计上的考虑、学术研究。

金融工程的出现也受到华尔街的影响，20世纪90年代早期和中期，华尔街意识到需要一种新型的毕业生教育。金融机构希望招收那种数学功底深厚，受过金融教育，以前从事过多种程序开发工作的人。大学根据这种需求设立了金融工程学科，它同时也得益于冷战结束后市场减少了对物理专业学生的需求。

金融工程大师：安德鲁·罗

只有在麻省理工大学(MIT)，你才会发现金融工程这门学科的发展历史。曾经有一段时间斯隆管理学院实际上并没有被麻省理工大学所接受，尽管当时斯隆管理学院的毕业生在市场上是最抢手的。但是在那些认为科学才是主流，经济是旁门左道的教师看来，商业教育还达不到阿尔佛瑞德·斯隆（斯隆管理学院的赞助人）的期望。

现在情况发生了很大的变化。金融学已经越来越高深了，现在在证券定价、风险管理和商业战略中运用高深的数学已经是司空见惯了。安德鲁·罗教授就是金融工程领域的代表人物。他是一名优秀的学者，与本书介绍的其他投资大师一样，他也是一边做学问，一边经商。他的研究成果十分卓著，常常与他人联合在金融杂志、金融经济学杂志、数量经济杂志、金融研究周刊等世界著名经济期刊上发表文章。他的许多书还是许多教授和业界人士的参考书。

在金融经济学的飞速发展中，涌现了一批优秀的年轻教师，他们现在都是大学的终身教授。大约在10年前，他们满脑子是那些从基本的有效市场假说中产生的研究观点，金融经济学的发展，使他们进入了下一个阶段，即第二阶段，证明这些理论，并把它们应用到评价投资组合战略和风险管理中。他们向学生们展现了怎样用现在的方法来进行投资。这些学生将会成为机构中的新星。这些年轻的教师中许多人都获得了那时几乎没有其他的经费来源。1989 年安德鲁·罗就也获得了 Batterymarch Fellowship 的研究经费，他是那一批人中的佼佼者。

罗的研究范围包括了当前金融学的研究范围，他的论文常常是金融领域中最深奥、研究最彻底的。他是一位深受学生尊敬的老师，他相信自己的研究很有价值。他除了负担沉重的教学工作之外，还承担着 MIT 金融工程实验室主任的重任，实际上他是金融工程实验室的创建者。但是他仍然挤出时间通过项目咨询的方式来帮助、引导一些投资公司，积极培养年轻一代。

他与人合作出版了金融经济学的第一本教科书。1999 年初，他还出版了一本名为《华尔街的非随机行走》(A Non-Random Walk Down Wall Street) 的书，在这本书中他提出了与波顿麦克尔同名著作截然相反的观点（参见“市场有效性”一章）。罗的研究表明在股票收益中存在一些可以短期预测的成分，积极管理者有可能找到这其中的规律，并且能够利用它来战胜市场。

金融工程是投资获得优异业绩的关键。罗用一家制药公司的超常盈利来进行类比。这家公司参与新型药品的研制工作，它通过在生物化学技术上取得突破，获得了超常盈利。类似地，即便在高效率的金融市场中，公司也可以由于取得了金融技术的突破，从而获得超常收益。当然金融行业的进入壁垒一般很低，竞争也是十分激烈的，并且大多数金融技术都不能取得专利，因此金融创新的盈利期是相当短暂的。

显然战胜一个高效率的市场是非常困难的，但是罗认为这也不是完全没有可能。为获得优异的业绩，积极管理者可以利用以下资源：

- 在描述市场时，是否有更好的数学模型？
- 是否有更精确的统计方法？
- 在市场上是否有更及时的数据？因为在市场上，一个微小的延迟都可能会造成天壤之别。

罗认为：

这些资源都是十分有用的。如果能够更好地理解积极管理者增加投资价值的原因，而不仅仅是关注他以前的业绩，那么持续获得较高的投资回报的机会就会大大提高。

相反的观点

与金融工程相对立的观点包括传统的有效市场观点，这种观点反对对投资组合进行积极的管理，如比尔夏普积极投资管理的算术（参见“积极的投资组合管理”一章）。即便有可能战胜市场，过去的业绩也不应该是衡量投资经理的唯一条件，积极投资组合管理战略的风险与消极投资组合管理的风险也大不相同（参见“指数投资”一章）。这些风险不一定都能随着时间而相互抵消，投资者对风险的承受能力也应该是选择投资战略的一个重要部分。

另一个相反的观点是反对定量投资，反对定量投资所采用的后测法和数据挖掘技术（参见“定量投资”一章）。投资理论是曲线向前发展的，它存在许多跳跃。通常是在人们对长时期的熊市失望之后，新理论的出现更正了以往市场下跌时所暴露的缺陷，并促进了新观念的应用。

现在金融工程的应用看起来是十分连贯的,几乎没有什么功不破的难题。这是因为人们花了几十年的时间来重新确认市场和投资组合理论。但是我们也不应该满足于这种仅仅以十几年的数据为基础而建立的理论。我们也不应该认为投资组合理论包含了全部的投资知识。为了应用投资组合理论,将会出现新的理论和新的工程,但是它们应该有不同的名字,而不是现在的金融工程。

最后一点,计算机和金融技术发展(以及长期牛市市场)所带来的一个结果是电子交易的惊人增长。它所带来的积极一面是,一些尖端的金融机构在20年中发展的金融工具现在个人投资者也可以使用。但是与大多数技术一样,这些金融技术是非常高深的,一般人很难了解怎样才能正确地使用这些工具。虽然对于个人投资者来说,交易成本已经大大下降了,但是遭受损失的可能性也大大增加了。

大师的回应

安德鲁·罗认为:

现在是金融工程最激动人心的时代。虽然金融工程仅仅是在10年前才创立的,但是现在它却已经迎来了激动人心的时刻。尽管最近金融市场很动荡,或者可能恰恰是因为如此,然而数量方法已经成为投资中不可缺少的部分,甚至那些最顽固的基础投资经理也是这么认为的。事实上,基础投资、技术投资和定量投资这三者之间的界限已经越来越模糊了,现在的金融工程已经包含了金融决策这三种方法。

金融工程的流行可以归因于三个因素。第一是金融系统越来越复杂，这显然是经济增长和发展的结果。随着经济的增长和发展，市场参与者的数量，各种金融交易的数量，金融交易的总金额和所涉及的风险也增加了。并且由于金融系统复杂性的提高，金融技术的发展必须要紧紧跟上金融系统的发展。

第二个因素是金融市场数量模型中的一些突破。在过去的30年中，一些著名的金融经济学家做出了巨大的贡献，例如布莱克、考克斯、李恩特、麦克维兹、默顿、墨迪格里安尼、米勒、罗丝、萨缪尔逊、舒尔斯和夏普等等，他们奠定了现代数量金融分析的基础。

第三个因素是同时期出现的计算机技术中的一些突破，包括硬件、软件、数据收集和组织等。如果没有这些突破，那么30年来所发展的大多数金融技术可能只是理论上的，也许这些金融杂志至今还在大学图书馆的地下室里堆着，无人问津呢。低价位的微机以及可机读的实时数据和历史数据改变了整个金融市场的运作方式，结果是导致整个金融业的革命：计算机网络取代了人际关系网；现在重要的是你懂什么，而不是你认识谁；现在哈佛大学和耶鲁大学的毕业生们突然发现他们不如麻省理工大学和加州大学的毕业生抢手。简而言之，世界变化太快了。

当然，这并不是说技术会取代人类的思维。与其他成功的技术一样，通过扩大人类的能力，金融技术也会取得成功。借助金融技术我们可以有效地完成以往的工作，这些工作现在可以自动进行，这就使我们从繁重琐碎的任务中解脱出来。但是这也表明将来几十年中金融工程所面临的最大挑战不是改进现有的技术，而是用计算机来模拟人的思维，如恐惧、贪婪以及决策制定中的其他情感因素，而这在现在的条件下是不可能做到的。最近认知科学、神经生物学和计算机科学的发展可能为解决这些迫在眉睫的问题提供了一些线索。

从这方面来看，金融工程目前的发展同其他工程学科的形成阶段没什么两样：应用推动着技术的发展，然而学科的研究和发展综合了所有不同的方法。尽管目前一些处在学科前沿的数学与统计学方法似乎看起来与金融界毫不相干。但是我可以肯定如果它们能够被证明是有价值的话，那么它们就会很快被纳入金融实践的主流中。

与其他人相比，亨瑞·马克维兹更能雄辩地说明这点。亨瑞·马克维兹是现代投资组合理论之父，他也是1990年诺贝尔经济学奖的获得者之一。在他的获奖发言中，他讲述了他在博士毕业前夕的经历："当我在芝加哥大学经济系进行博士论文答辩时，米顿·弗理德曼教授认为投资组合理论不属于经济学，因为我的论文不是经济学方面的，所以他们不会授与我经济学博士的学位。我想他是半开玩笑的，因为评委并没经过太长时间的讨论就同意授与我经济学博士学位了。关于这点，我现在的看法是：当我博士论文答辩时，投资组合理论不属于经济学的范畴，但是现在投资组合已经属于经济学的研究范畴了。"

展　望

安德鲁·罗的研究成果是在股票市场中存在可预测的收益。他的这一结论为买低卖高的逆市投资战略提供了理论支持(参见"逆向投资"一章)，但是他不相信那些利用人的"不理智"、以行为金融和人类认知心理倾向为基础的投资战略（参见“投资心理”一章）。

金融工程更接近于工程而不是传统的金融学。近期金融工程开始建立一些协会，但是一般来说这些协会并不知道该做些什么。目前，取得专利权成为一个大问题。专利法最近的一些改动和解释，以及一些鼓励大学更多地申请专利的举措，导致了新专利的激增。有一些专利是属于金融工程领域的，但是人们却不清楚可以受到哪些保护。显然金融专利将会影响市场的效率以及金融创新的速度。

金融工程也会影响银行业。金融创新与电子技术的结合使得期限转换已经不再是必需的了。将短期存款转变为长期贷款，这本是银行的主要职能，但是现在经济实体，如个人、家庭和企业，已经不再需要这种服务了。他们的资产和负债在期限上是相互匹配的：短期资产与短期负债相匹配，长期资产和长期负债相匹配。因此，正如金融时报的彼得·马丁所说的“传统的银行业正日趋衰退。但是这需要一个相当长的时间，它的成本也是很高的。”

金融工程对市场创新有什么影响呢？在过去的20年中，金融创新的发展是十分迅猛的，但是为什么市场创新却如此缓慢呢？我们早就知道该做什么，即应该使用电子化的手段将全球市场整合成一个整体；像纽约股票市场一样公开专家的著作，公开股票交易；记录并公开公司与分析家之间的问答。事实上，我们本可以更进一步，鼓励内部人交易。把内部人的聪明才智引入到市场中来，而不是阻止这种交易，等着让少数不法之徒从中获利。我们本可以这样做的，只需要认定少数内部人，让他们进行交易即可。所有这些以及更多的事情本来是可以立即就完成的。

参 考 文 献

印刷版

- John Campbell, Andrew Lo and Craig Mackinlay, The Econometrics of Financial Markets (Princeton University Press, 1997)
- Andrew Lo and Craig Mackenlay, A Non-Random Walk Down Wall Street (Princeton University Press, 1999)
- Burton Malkiel, A Random Walk Down Wall Street: Including a Life-Cycle Guide to Personal Investing (Seventh edition, WW Norton, 1999)
- Peter Newman, Murray Milgate and John Eatwell, The New Palgrave Dictionary of Money and Finance (Stockton Press, 1992)

在线

- Linux. agsm. ucla. edu/dir/——金融经济学家的国际字典
- Web. mit. edu/lfe/——WWW 金融工程实验室的互联网站

第八章

固 定 收 益

固定收益证券，即债券，通常被认为是一种十分安全的投资方式，它的风险要小于股票投资的风险。没有人会担心美国政府的偿债能力，因此美国政府发行的国库券就成为债券市场上一个十分重要的组成部分。然而在实践中，投资于债券市场可能也会损失惨重。因为债券的风险要比股票更容易确定，因此更容易得到放大。如果自认为十分了解固定收益证券的性质，就很可能会负债过高，杠杆率过高，从而导致破产，例如 1998 年夏末，长期资本管理基金（LTCM）的破产案例就生动地说明了这一点。

债券是一种债务工具，它是政府、公司和银行为筹集资金而发行的一种证券。债券一般支付固定利率的利息（被称为息票），通常是 6 个月付息一次。债券有固定的面值，在某一固定的时点上(债券到期日)由债券发行人将债券本金支付给债券的持有人。有些债券（如折扣率很高的债券和零息票债券）所支付的利息很少或者是根本不支付利息，持有这类债券的投资者所获得的回报是很高的折扣，即未来可以获得可观的资本利得。

马歇尔理维斯在《说谎者的纸牌游戏》(Liar’s Poker）一书中讲述了 20 世纪 80 年代他在所罗门公司担任债券交易员的经历。他认为债券投资需要了解债券的价格和利率之间的关系。简而言之，债券价格和利率是反向关系：当利率上升时，债券的价格就会下跌；而当利率下降时，债券的价格就会上升。这是因为债券所支付的固定收益等于票面利息，即固定收益等于债券的本金乘以票面利率，而债券的市场价格却是用当前的市场利率来计算的。因此如果市场利率上升，那么对于投资者来说，新发行债券的吸引力就比原有的债券大。由于票面利息是固定的，因此为了获得与新发行的债券相等的回报率，原有债券的价格必须下降。

在大多数发达的国家中(除美国之外)，政府在本国内发行的债券一般都是固定收益投资者的投资组合中的主要成分。但是随着全球市场的开放，近年来固定收益投资者选择的范围也大大地扩大了。现在债券市场不仅包括发展中国家和转轨国家的政府债券（参见“新兴市场”一章），还包括许多其他的债务工具，如公司债券、垃圾债券、本息分开的债券（stripped）、抵押债券、可转换债券等等。在美国，国库券市场的规模已经远小于抵押债券市场和公司债券市场。

信用质量已经成为固定收益投资的一个关键问题，例如新兴市场的债券和公司债券通常要比美国政府债券的风险高一些，它们与美国政府债券之间存在一个风险溢价，因此它们的收益率也要比美国政府债券的收益率高。收益率的高低也反应了债券发行人的信誉和违约的风险。一般来说，债券的风险溢价越高，收益率也就越高，这就反应出债券发行人的信誉可能不是很高，相应地它的违约风险可能却是很高的。有些时候，债券（包括一级债券、房地产债券以及垃圾债券）可能不值一文。在这种情况下，由于投资者对流动性和质量较好，如果发行人的信用等级不是最高等级的话，它是很难甚至不可能以发行债券的方式来筹集资金的。

在固定收益投资中，利率和信用风险是两个非常关键的因素，但是最重要的因素可能却是预期的通货膨胀率。通货膨胀率会降低债券（除指数债券外）的价格和收益率。此外，由于货币当局为了降低通货膨胀率或者是为了保护弱势的货币时，一般会紧缩银根，因此当通货膨胀率很高时或者是人们预期通货膨胀率很高时，常常会伴随着很高的利率（参见“外汇”和“国际货币”两章)。这就使得人们倾向于持有现金，从而降低了债券的回报。

收益率曲线可以比较不同期限债券的收益率，同时也能描述一国银根的松紧状况。一般来说，长期债券的利率要比短期债券高，这是因为长期债券的通货膨胀风险也相对较高。收益率曲线能够反应利率和通货膨胀率的预期走势。当短期利率高于长期利率时，收益率曲线就倒过来了。

对于积极的债券投资者来说，关注未来预期利率和通货膨胀率的变化是至关重要的。能够反应预期利率和预期通货膨胀率变化的指标是经济状况、财政和货币政策的框架（参见“经济预测”和“政治与投资”两章)。由于经济的强劲增长可能会引发通货膨胀，因此在经济衰退时，债券市场就十分活跃。此外，那些降低经济增长势态，降低通货膨胀的财政政策也会促进债券市场的发展。

实际上，债券交易者逐渐能够有效地阻止政府实施那些提高通货膨胀率的政策（因为这些政策也会相应地提高利率，从而使债券价格下降)。当政府实施上述政策时，它们可能从债券市场上抽回资金，因此他们也被称作债券市场的“义务警员”。美国总统顾问詹姆斯·卡威利斯曾经作过一段著名的评论，他说“我过去常常设想如果有来世的话，我希望能够当总统或者是当教皇，但是现在我倒希望能够成为债券市场：你可以去威胁任何人。”

斯荻文·敏斯在他的《投资艺术》一书中对债券投资作了一个非常恰当的比喻。他认为：

投资于债券市场需要在同一时间关注许多事情。这就好像开汽车一样。开车时要求脚踩着油门，手握着方向盘，眼睛要看着前方。而在债券市场投资需要一方面注意利率，一方面注意债券发行人将来的偿债能力，一方面注意通货膨胀率。

固定收益大师：安德鲁·卡特

彼得·伯恩斯坦在考察了固定收益投资的发展历史之后，曾经说：“如果说积极的固定收益投资管理不是由安迪(安德鲁·卡特的昵称)创立的，那么至少他也是最早的实践者之一。”也许近30年来固定收益投资实践的变化最能概括投资管理的发展过程了。

经典的投资是指为企业经营提供资金，一般来说它是指股权投资。而借款，不管是短期借款还是长期借款，其还本付息则常常是与某一特定项目相对应的。

从最早对债券有了最基本的了解之后，我们对债券的认识经历了很长一段时间。现在固定收益类的投资工具与某一特定项目已经没有太大的关系了，相反它们却与股权有关。例如，投资者都预期债券发行人会以发行新债来偿还旧债，因此债券的质量可以衡量新投资代替老投资的可能性,同时它也可以衡量公司所经营的项目的盈利性。

20世纪50年代和60年代，债券一般是由机构投资者来购买的,并且它还是机构投资者投资组合的主要部分。这些机构投资者往往一直持有债券直到债券到期。这些机构投资者可能偶尔改变一下它们对债券质量的偏好,聘请评级机构来检察一下债券的质量和相关的协议,但是它们对债券组合最根本的调整几乎全部是通过选择新债券的方式来实现的。这是一个缓慢而又谨慎的过程。债券的预期回报可能就是债券到期时全部的利息再加上本金。在机构投资者的帐户上，许多固定收益投资组合是以面值或是以买入债券的价格来记帐的,并不根据债券市场价值的波动而进行调整。由于在债券到期之前,机构投资者一般不会卖出债券,因此对于机构投资者来说,确定债券市场价值的波动是否是由于利率或是发债人信誉的变化而产生的并不重要。

此时积极的固定收益管理出现了。大约在20世纪60年代后期股市牛市和70年代中期股市崩溃时，安迪·卡特和其他少数投资者开始认识到债券能够提供互换的机会。通过研究一种债券的性质,就可能发现另一种可以与之相媲美但是价格却很低廉的投资工具。在认识到这点之后，他们发现如果与那些缺乏这种洞察力的投资者进行交易，那么就能获得可观的收益。于是就产生了债券交易和债券资本利得。

安迪·卡特看起来像一位暴躁阴沉的苏格兰人,经常扎着蝴蝶领结。他完全沉浸在固定收益的积极管理中。卡特和父亲一样都是Loomis School的优等生，他在该校以他父亲的名义捐赠了一幢学生公寓楼。

1964年卡特在Irving信托公司开始了他的投资生涯。但是他对积极固定收益管理的研究却是在哈佛大学的赞助下于60年代中期开始的。当时利率开始急剧上升，这样他就有机会证明积极固定收益管理能够比以往那种买入并一直持有的方式更有活力。

卡特将积极的债券管理策略介绍给波士顿的一家新公司，Thorndike，Doran，Paine & Lewis，他也于1972年开始进行积极的债券管理。在这两个地方，他集聚了一些优秀的机构客户，这些机构希望而且乐于接受一种全新的债券管理模式，并且愿意为该种服务支付与股权类似的费用，即对于机构客户来说，没有固定的管理费，他们支付的费用取决于投资组合的业绩。他收到了众多客户的委托。现在他是纽约一家债券管理公司Hyperion的首席执行官。

现在，固定收益管理是最数量化的投资原则。它结合了风险管理中广泛应用的复杂推导和先进的统计技术（参见“定量投资”和“风险管理”两章）。但是，长期资本管理基金则采取了极端的积极管理措施，并因此而倒闭。安迪也因为开创了积极固定收益管理而得到人们的赞誉或责难。

相反的观点

债券投资的一个主要缺点是债券的长期业绩不如股票。沃顿商学院（Wharton的金融学是全美国金融专业的第一名）的金融学教授詹瑞密·斯翟尔集中反应了这一传统的观点。他认为股票才是最佳的投资工具。斯翟尔做了如下的计算：如果投资者在

1802年将1美元投资于美国一些具有代表性的股票中，那么在剔除通货膨胀因素后（在这段时间内由于通货膨胀的影响，1美元的价值将减少到7美分），到1997年他的财产将为559000美元。而如果他把1美元投资于长期政府债券、短期国库券或黄金的话，那么在剔除通货膨胀的因素后，1997年他将分别得到803美元、275美元和0.84美元。

所以尽管人们一般认为债券的风险要小于股票，但是在剔除通货膨胀因素后，在19世纪和20世纪的大部分时间内，债券的实际风险要比股票高。斯翟尔估计200年来股票的实际年收益率为7%，而债券的年收益率为3.5%，短期国库券的年收益率仅为2.9%。此外，持有股票的时间越长，它的优越性就越大，风险也会随之下降，例如在一年中股票的业绩在60%的时间内超过债券和票据；在5年中股票的业绩在70%的时间内超过债券和票据；在10年中股票的业绩在80%的时间内超过债券和票据；在20年中股票的业绩在90%时间内超过债券和票据。

债券的信用风险是债券投资的另一个缺陷，尤其是在牛市市场中，投资者愿意接受风险时，市场倾向于降低风险溢价。而当市场由于坏消息而波动时，风险溢价就会提高。典型的例子就是1994年12月的墨西哥比索贬值和1998年8月俄罗斯债务违约及卢布贬值。1998年俄罗斯债务违约导致了该国国家债务信用质量的下降，扩大了风险溢价。而1998年夏末美国长期资本管理基金的破产就是由于上述原因。

赞成债券投资的传统观点认为债券不仅能够提供当前的收益，而且它还能在某种程度上为投资者提供稳定的现金流。人们通常会认为投资期限越短，能够承受的风险越低（承受风险能力越低)，那么投资组合中债券所占的比重就应该越高。但是真的需要对投资组合中的债券进行积极管理吗？研究表明专业预测人员很难用实例反驳那种预期未来利率等于现行利率的观点，并且在考虑到管理费用之后，债券基金的业绩可能还不如简单的消极投资管理战略呢！

积极固定收益管理是否是管理者为增加管理费(而不是增加投资组合的收益)而设下的骗局呢？显然，债券市场通常被认为是十分有效率的，投资者会十分仔细地研究管理费用，那么在理想的情况下，如果有可能的话，应该可以完全没有管理费。例如，当 30 年期公司债券和 30 年期国债的收益率之差不到 1%时，就很难检验积极的固定收益投资管理是如何增加收益的。

由于许多案例表明债券市场并不是透明的，因此对于个人投资者来说，在债券市场上进行交易是十分困难的。尽管美国国债市场上的买卖差价很小(因为美国国债市场的流动性很高)，但是公司债券和外国债券的买卖差价却可高达 5%～6%。这是由于债券交易通常是柜台交易，而没有真正的交易市场，投资者要进行交易必须依靠债券经纪人。经纪人往往会向债券买方报出较高的价格，而向卖方报出较低的价格，扩大买卖价差并从中获利。

大师的回应

安迪·卡特曾说过：

我常常很迷惑为什么人们好像认识不到美国政府才是历史上最大的骗子。我们从来都没向独立战争中的勇士支付过报酬，我们给予他们的并却不是一个国家。另一个例子是：在过去的 35

年中，美国政府使美元贬值了至少7倍（更可能是10倍），这就使政府无偿吞噬了所有固定收益投资者的大部分投资。

还有一个奇怪的现象是股票的长期回报额是债券的好几倍，但是其年回报率大约仅是债券年回报率的两倍。这一事实表明债券是一种较差的长期投资方式，投资者应该对债券投资进行仔细的管理。有些人卖出了债券，并且因为债券是个骗局，所以投资者才更需要帮助。

那种认为当30年期国债与30年期公司债券的利差不到1%时，积极管理就不能增加收益的观点是不正确的。投资者可能花费15个基本点的成本来雇佣一个管理者，就能达到上述目标。在我的大部分投资生涯中，利差是不到1%的，但是我能为客户争取一个非常重要的地位。从1969年开始，在剔除通货膨胀因素后，我的客户每年都享有大约7%的实际回报。1969年我第一次决定与债券市场协作而不是与之对抗，这是因为有史以来第一次债券的未来回报率等于股票过去的名义回报率。债券市场上有一些公开上市的债券基金，这些债券基金能够长期保持良好的业绩，例如PIMCO，Stardish，Ayer & Loomis，Sayes等。

最后一点，我认为投资者可能过于看重长期资本管理基金破产的事件了，实际上长期资本管理基金并不具有代表性。它是对冲基金（一种杠杆率很高的基金），并不是固定收益管理公司。

展　望

尽管事实上固定收益管理的确不同于对冲基金，但是从美国证券交易委员会（SEC）的监管角度来看，这两者并没有很大的不同，原因在于美国证券交易委员会的监管更像是字面监管而不是审查投资规则。目前对冲基金所采用的理论和实践与大多数先进的固定收益投资者相同，因此积极债券管理的发展与长期资本管理基金之间存在直接的联系。长期资本管理基金虽然是一个极端的例子，投资者却对这一模型的信心过高，并且大部分债券和衍生工具的管理者在市场上同时采用相同的模型（由于他们接受的是同样的教育，采用的也是同样的数据库），这就会出问题。

虽然从历史上看，股票的回报率要大大高于债券，但是进行固定收益投资仍然有很好的理由。虽然投资产品的广告都必须说明过去的业绩并不能确保将来的业绩，但是由于目前股票市场的低靡降低了它的吸引力，并且将来可能发生通货紧缩而不是通货膨胀，因此现在许多人认为在以后几年中债券的业绩会超过股票。

事实上，近几年来，固定收益市场发展良好。当前股票市场波动剧烈，在新兴市场上出现了崩溃，但是美国的债券市场却在稳步发展壮大。目前世界经济有着不同寻常的特征：其一是倒置的收益率曲线，即长期利率低于短期利率；其二是投资者对质量偏好的提高，质量偏好的溢价不断扩大。历史上，1981 年（高通货膨胀时期）和 1990 年（通货膨胀率下降但是仍然是正的）也满足这两个条件。另一段持续满足这两个条件的时期是在一个世纪之前，当时正处于通货紧缩的阶段。

人们一般都认为美国的经济状况和欧洲的经济状况都比较良好，通货膨胀也比较适度。但是美国经济和欧洲经济可能是混合型的经济，某些指标处于通货膨胀（主要是工资和奖金），而另一些指标则是通货紧缩（主要是原材料价格和商品价格）。我们预测今后会出现以下两种情况:要么来自发展中国家的竞争使工资价格下降,要么通货紧缩的压力(目前发展中国家正承受着巨大的通货紧缩的压力)将会传递到发达国家。通货紧缩的现实再加上相对较高的实际利率,债券的吸引力会越来越大。

在欧洲货币一体化的进程中,由于欧元债券市场的扩展,欧洲的债券市场也会十分活跃。11 个欧元区国家的新的政府债券将会以欧元发行,同时也会刺激更多的公司债券以欧元发行,市场的透明度、流动性和效率也会有很大的提高。欧元的固定收益市场可能越来越接近美国的债券市场。

挑战那些还没有人挑战过的规则是十分有价值的。最广为人们所接受的一个假设是假设美国政府的短期债务是无风险的,并且其他所有投资工具的收益率都是以此为基础的。但是事实果真如此吗?实际情况也不总是这样,由于美国政府的负债几乎是永久性的,并且一定会以发行新债的方式来偿还旧债,那么当债权人(现在美国国债的债权人常常是外国债权人)的资金另有用途时,情况又会怎样呢?目前,美国国库券最大的持有人是日本人,我们不难想象这些日本人的资金可能另有用途。如果这些国库券的持有人从国债市场撤回资金的话,那么这种无风险证券的风险就很高了。

参 考 文 献

印刷版

- Michael Lewis, Liar's Poker: Rising Through the Wreckage of Wall Street (WW Norton, 1989)
- Steven Mintz, Dana Dakin, Thomas Willison and An-

drew Tobias, Beyond Wall Street: The Art of Investing (John Wiley, 1998)

- Jeremy Siegel, Stocks for the Long Run: The definitive Guide to Financial Market Returns and Long-term Investment Strategies (McGraw-Hill, 1998).

在线

- www.investinginbonds.com——债券市场协会(Bond Market Association)的互联网站,该网站上载有许多关于固定收益投资的有用资料

第九章

外 汇

外汇（英文简称为forex或FX）市场是全球金融市场的核心部分，是全天24小时连续运作的市场。外汇市场的参与者有商业银行、中央银行、对冲基金和外汇经纪人。外汇市场上各种货币之间的波动常常是非常剧烈的。许多投资者，尤其是美国投资者往往会忽视汇率的变动，只有少数受过严格训练的金融分析家才能对外汇市场的详细情况进行分析。但是忽视汇率变动却是错误的。1997年亚洲金融危机以及在此之后相当长的一段时间内外汇市场的变化，生动地揭示出外汇能够引起众多的经济行为。外汇市场是非常巨大的，它也是在不断发展的，它对经济的影响力也越来越大。

国际清算银行（即全球中央银行的中央银行）的数据表明，1998年4月全球外汇市场的日平均交易额接近15000亿美元，比3年前43个国家的外汇交易额高26%，交易一方使用美元支付的占整个外汇交易的87%。世界三大金融中心伦敦、纽约、东京的外汇交易量几乎占全球外汇交易的三分之一。1995～1998年中伦敦市场的外汇交易已经从1995年的4640亿美元上升到1998年的6370亿美元，虽然伦敦外汇市场交易量的增长小于纽约外汇市场，但是它的日平均交易量仍然超过纽约外汇市场和东京外汇市场的总和。

纽约股票交易市场(NYSE)的日平均交易量为200亿美元，美国短期国债的日平均交易量大约是纽约股票市场交易量的10倍，即2000亿美元，而目前全球外汇市场的日平均交易量为15000亿美元，是美国短期国债市场日均交易量的7.5倍，是美国纽约股票交易市场日均交易量的75倍。外汇市场的交易量远远超过任何一个国家所拥有的外汇储备的规模。投资者决不应该忽视外汇市场，不仅因为外汇市场规模巨大，它对经济的预测能力，而且因为外汇市场的发展潜力也是十分巨大的。

过去，实际的经济交易控制着不同货币之间的相对价格。由于大多数货币的流动是为了进行贸易结算，并且由于商品和资本是以相同的速度在国与国之间流动，因此实际的经济交易与货币流动之间存在着均衡。但是现在则常常存在众多超前和滞后的现象。虽然在名义上，外汇市场的存在有利于开展国际贸易，但是实际上外汇市场上巨大的交易量主要是投机造成的。因为金融资本的流动是贸易流动的几倍，并且因为金融资本的流动几乎是瞬时的，因此现在外汇市场往往决定着国际贸易，例如如果一个国家的汇率下降，就有利于本国商品的出口，反之则相反。可以说外汇市场决定着一国的经济。

外汇投资大师：李察德·奥利森

在收音机和电话问世以前，市场信息是通过邮寄、骑马，甚至是由信鸽来传递的。了解某一市场信息的投资者能向其他市场发出买卖指令。投资者获得成功的原因往往是因为他能快速传递市场消息。

在当前的全球经济环境下，速度仍然是制胜的关键因素，但是此时速度却不是以天或以小时来计量的，而是以纳秒（千分之一微秒）来计量的。外汇交易部门是分散的，个人尤其是头脑敏捷、反应快的年轻人能够根据自己的判断制定大量的决策。在外汇市场主要交易机构中经营自营业务的员工一般都不会超过35岁，他们的红利可能不少于几百万美元，他们为了获得个人利益，是非常愿意冒险的。

外汇市场每天的交易量达15000亿美元，一天24小时连续运作，信息在迅速地传递着，因此外汇市场能够吸引大量的投机活动是不足为奇的。此外，速度的价值以及立即抓住所有市场信息的能力也吸引着学术界来建立新的模型。其中最杰出的模型就是Olsen and Associates（O&A）的李察德·奥利森。O&A公司是苏黎士一家从事高频率数据处理的公司，本书的作者之一迪恩·利巴朗就持有这家公司的股份。

参观O&A公司就像参观硅谷一样。奥利森穿着十分随便，常常是一件T恤和一条牛仔裤。但是在会见客户时，他会扎领带。办公室外还停放着几辆自行车，有几条狗在四处溜达，而它们的主人则在电脑前聚精会神地工作着。公司通常是用英语与客户交谈。在这里人们采用的研究工具是数学、经济学以及其他一些学科。这里的人有一个共同的特征，即他们都相当的聪明。

奥利森和他的同事非常善于采集和分析高频率数据，他们采用非常先进的数学方法来预测汇率的走势。高频率数据是指每一秒钟的数据，预测是指一个小时甚至可能是一周的预测，高频率预测的价值会随着信息的广泛传播而急剧下降。

相反的观点

虽然奥利森他们很聪明，但是有些时候他们的方法也会失效。与其他比较简单的数据挖掘方法和历史数据方法一样：当汇率的运动符合一定的趋势时，O&A 公司的方法很有效；但是当汇率运动没有趋势性并且外汇交易有较高的交易成本时，O&A 公司的方法也会失效。但是当趋势发生变化时，O&A 能够发现这一变化但是却不能区分它是重大的变化还是微小的变化。

但是与其他人相比，O&A 公司的这个工作小组更能模拟汇率实际运动的情况。当有新的理论出现时，他们总能及早意识到。

关于现在的外汇市场，社会上普遍存在一种相反的观点，即由于每天电子货币在全球范围内大量流动，一个敏锐的交易员能使一国货币当局碰壁。交易员的红利通常是交易利润的一部分，一般都会达数千万美元。外汇交易的风险是由外汇交易机构来承担的，交易员不承担外汇交易风险，但是他们却享有一部分的投机收益，因此它们的实际风险和收益是不对称的。企图减少本国货币汇率波动的中央银行，可能只能动用几十亿美元的资金，但是一个一般的外汇交易员就能动用这一数目的资金。在这种情况下，中央银行企图影响本国货币汇率的做法就像是在高速公路上骑自行车一样。

在 20 世纪 90 年代一连串新兴市场的货币危机中，外汇交易的规模起了很大的作用。一旦政府不能控制每日巨额的外汇流动，就有可能使本国货币在一夜之间崩溃，例如 1997～1998 年的泰国、印度尼西亚和俄罗斯。由于投资者对这些国家的经济失去了信心，他们就会抽回资本或者停止向这些国家继续注入资本，这就使得这些国家的货币面临着巨大的抛售压力。为了保持汇率，政府会极力购买本国货币，但是这种做法往往不能满足卖出者的需求。当政府停止买入本国的货币时，供求的力量就使得泰铢、印尼盾和卢布的价值狂跌，加剧了这些国家的信用危机，并且使这些国家的经济出现了萧条。

现在一些评论家建议向外汇交易征税，例如诺贝尔经济学奖的获得者詹姆斯·托宾就认为在浮动汇率制度下，自由资本市场会激发短期投机行为，从而“对某一行业和整个经济造成极大的危害”。为了阻止投机行为，避免经济灾难，他建议对外汇交易征收 0.50%的税。这项税收被人们称为托宾税。

托宾税主要是基于以下三个原因：第一是外汇交易的量太大了，大约是全球国际贸易的 50～100 倍；第二个原因与第一个原因密切相关，它能减少汇率的波动性，从而能够提高一国经济决策制定者的独立性；第三个原因是人们认为目前对金融领域征税太少了。

大师的回应

李察德·奥利森认为：

为什么我们把研究的重点放在外汇市场上？研究外汇市场就像研究核反应堆一样，可以在高能量阶段研究它的具体过程。在这种情况下，很容易就能从市场的随机运动中鉴别出金融市场的驱动力。

人们一般认识不到外汇市场在支持投资全球化过程中的重

要性。与国际贸易相比，国与国之间的投资增长十分迅速。外汇市场迎合了一些国际投资者希望在较短的时间内卖出国外资产的需求。虽然外汇市场不断发展扩大，但是它的发展还不能完全适应国际投资机构的要求。

在过去的6年中，电子交易体系的引入极大地提高了外汇市场的交易速度。许多评论家都忽视了它所带来的副作用。与货币乘数类似，还有一个市场流动性乘数。如果交易体系的效率提高了，那么交易的结算速度也会有所提高，这就使得市场的流动性比以前大大地提高了。

我的观点是目前的外汇市场还是太小了，不能满足全球性金融机构的需求。结果将会是价格的非常规运动，例如1998年10月7日这一天，日元兑美元的汇率就波动了20%。

欧元的启动会使情况更加恶化。我认为应该把欧元看作是欧洲国家合并的兆头。欧洲将成为一个整体，与美国相抗衡。在世界上将会出现两大经济实体：欧洲和美国。这就要求外汇市场要具有很高的流动性。不幸的是欧元兑美元的新汇率还没有足够的流动性，不能吸收美元与欧元之间的大规模资本流动。

阿玛塔·森教授于1998年获得了诺贝尔经济学奖，他详尽地解释了饥饿并不是由于缺乏食物，而是由于食物分配体系缺乏效率。金融市场也面临着同样的问题，即基础经济的发展是良好的，但是分配系统即金融市场，尤其是外汇市场以及银行的资产负债状况则存在很多的问题。

展 望

对某些货币的攻击已经成为目前全球经济的一个普遍特征。但是发动攻击的确切时间却是很难预测的。李察德·奥利森开发了全球金融预警系统，这个系统能够预测下一次金融危机爆发的时间，就像某些机器能够告诉病人下一次心脏病发作的时间一样。

奥利森认为：

我们研究了十几年的数据，已经比较了解什么能真正使市场的功能充分发挥出来。此外最重要的是市场各种参与者（即造市者，中、长期投资者）是如何相互影响的，建立一个良好的市场需要满足什么要求，以及什么会导致市场崩溃等等。

显然，金融监管当局和投机者都对全球金融预警系统非常感兴趣。

决定一种货币价值的核心因素是一国经济的实际情况，尤其是国际收支中经常项目是否能平衡。如果经常项目有盈余，也就是一个国家的出口大于进口时，那么外国的购买者为获得该国的商品就需要获得该国的货币，这样就增加了该国的外汇储备，提高了该国货币的汇率。相反地，如果一个国家经常项目有赤字，这意味着该国为获得外国的商品就需要卖出本国货币买入外国货币。如果经常项目连续出现赤字，尤其是如果同时该国外汇储备水平很低时，就会出现问题。

一国货币的价值也受该国通货膨胀率和国内利率水平的影响。高利率、低通货膨胀率会增加该国货币和资产的吸引力。因此，如果一国提高利率水平而其他国家利率保持不变时，由于资金会涌入该国，因此提高利率相应地也会提高本国货币的价值。但是如果该国经济的基本状况不佳时，那么提高国内利率的作用是非常有限的。

两国的通货膨胀率、利率及国际收支的状况能够决定两国货币汇率的中期变动情况。但是决定短期汇率的主要因素则是市场心理。有些时候汇率的变化可能是由市场情绪引起的。投机者可能由于某国货币的汇率高估而卖出该国货币，或者仅仅是由于要获得投机收益而卖出该国货币的，例如1992～1993年在欧洲货币体系的崩溃中以及1997～1998年亚洲和俄罗斯的经济危机中就是上述原因促成的。

当一国的基础经济发生了一个微小的震荡，同时该国企业和银行业系统存在固有的缺陷时，就会引发投机者对该国的货币进行攻击。该国系统缺陷的一个方面就是某些经济主体在该国经济中所进行的延期对冲行为的结果。这些投机主体的对冲行为越多，对其他追随者的激励就越大。这就会产生鞭打效应(whiplash effect)，这就使一国货币潜在的逐渐贬值变成了该国货币体系的迅速崩溃。换句话说，对一国货币的投机行为会加速危机的爆发，而如果当投机者相信该国货币没有危险时，他们就不会对该国货币进行攻击，这也就是说对某货币的攻击是自我实现的(self-fulfilling)。

激发货币攻击所需的经济震荡并不大。这就使得预测非常困难。但是我们却可以从中得出一些结论，尤其是经济系统中原来就有某些缺陷，这些缺陷会阻止央行通过提高利率的方式来保护该国的货币。缺陷可能本身并不是致命的(尽管当情况恶化时，它会变成致命的缺陷），因此在经济系统中存在缺陷是投机攻击的必要条件，而不是充分条件。

自我实现的货币攻击可能会影响到任何一个实施固定汇率制度同时又允许资本自由流动的国家，这类国家出于完全安全和肯定会被攻击之间的中间区域中。最近的研究表明，与那些最近经历过货币危机的国家有密切联系的国家很可能会受到投机攻击，在外汇市场上，这种传染的现象已经越来越多了。

参 考 文 献

在线

- www.forex-cmc.co.uk——Forex Watch 互联网站，该网站有大量货币运动的图表以及相应的技术分析
- www.olsen.ch 和 www.oanda.com——O&A 公司的互联网站

第十章

全球化投资

“不要把所有的鸡蛋都放在一个篮子里。”目前投资多样化的原则已经被广大的投资者所接受。人们一般认为投资多样化就是投资范围要包括一定数量的资产、行业或公司，即一个充分多样化的投资组合要包括不同行业的股票（也要有现金、债券等等），这些股票回报率的变动不是同样，并且不同证券或资产回报率之间的相关性越低，整个投资组合的价值波动就越低。

然而在不同国家的证券或其他资产中进行多样化投资却不是很常见。但是由于许多国家的市场常常是高度不相关的，因此这种多样化投资的方式似乎应该可以极大地降低风险，同时也能提高投资回报。从某种程度上看，投资者如果在那些高度发达的市场上购买与本国市场不相关的外国股票，那么在理论上应该能够降低整个股票组合的风险，同时也能增加整个股票组合的价值。

因此，全球化投资首先是指资产在股票、债券、现金及其他投资工具之间进行分配；其次就是指在全球市场上进行投资。资产分配者通过在不同资产之间进行多样化投资而得利；国际投资者则通过在不同国家的资产之间进行多样化投资而得利。在不同国家进行投资多样化有一个关键的因素，即上述国家经济的一体化程度。这对于理解不同市场的同向运动是十分重要的，即不同市场的变动越接近，全球投资多样化的优势就越少。

1998年的全球数据表明不同地区之间的经济相差甚大。MSCI世界指数（MSCI World Index）上升了19.7%，但是只有两个地区超过了这一数字——欧洲上升了26.5%，北美上升了27.1%。对于新兴市场来说，各个地区的差异更大：韩国最高为137.5%，而俄罗斯最低一下降了83.2%（参见“新兴市场”一章）。即便是在某一地区的发达国家之间，差距也是很惊人的：芬兰为119.1%，而挪威则下降了31.2%。这一巨大的地区经济差异就大大地加强了全球投资组合战略的重要性。平均来说，如果资产分配战略能够正确预计这些差异的话，也是能够增加很大的价值的。

全球化投资能够提供证券对冲（即证券套期）和货币对冲（即货币套期）。一般来说，投资者不会把这两者分割开（参见“外汇”一章）。几乎所有的学术研究都表明应该明确地处理货币对冲（即货币套期）的问题，不应该把它混合在全球资本分配中。货币对冲成本很高，并且会增加风险，认识到这一点是十分重要的。例如，在1998年的亚洲金融风暴中，货币对冲导致了亚洲大部分国家的货币急剧贬值，股市也崩溃了。

全球化投资大师：盖瑞·布瑞森

盖瑞·布瑞森是资产分配技术的积极倡导者，同时他也是全球化投资的先锋。1974年，当时布瑞森合伙企业（当时第一芝加哥公司的一个部门）是第一批进行海外投资的公司。1989年布瑞森对这个部门进行了管理者收购(由管理者发起的收购),后来该公司又被瑞士银行公司收购。瑞士银行后来与瑞士联合银行合并,布瑞森此时实际控制着超过3000亿美元的资产,他使得布瑞森合伙企业成为世界上最大的资金管理公司之一。布瑞森与耶鲁大学的金融学教授罗杰·爱波特森合有一本书,该书主要介绍了资产分类、投资理论和国际投资等方面的内容。

瑞士银行收购布瑞森合伙企业可能是因为它对该企业的资金管理业务十分感兴趣,但是最可能的原因是瑞士银行认为这个合伙企业能够把北美的投资技术引进瑞士银行的各个分支机构。在美国有些司空见惯的概念,如业绩考核、激励报酬机制、定量投资工具以及对冲保值等等,在欧洲还并不常见(参见“业绩考核”、“定量投资”和“风险管理”这三章)。最初芝加哥总部与瑞士之间的关系相当松散,双方通过加密的电话会议来进行培训和协调。但是现在芝加哥总部与瑞士之间在风险管理和严格内控等方面已经建立了紧密的联系。

布瑞森积极参与投资管理业的行会(即投资管理与研究协会AIMR及其研究机构),努力推进投资管理向专业化方向发展。他提倡小幅度稳步地改进各项标准,也积极提倡在资产分配中要进行小的改变。他的投资风格与瑞士投资风格相一致,一般不会发现很大的波动。

由于市场或资产的等级大约决定了90%的收益,因此布瑞森主张投资决策应该首先考虑市场或资产的等级。其次,关键是要考察整个投资组合的风险,而不是单个资产的风险。一个良好的资产分配方案应该包括不同等级的资产,各种资产的分配应遵循以下原则:即在不增加风险的同时能够增加收益,或是在不降低收益的前提下能够减少风险。

世界变得越来越小,因此投资组合包括的范围也应该越来越广。布瑞森认为:

有些投资者认为由于自己是美国人,因此就只投资于美国的资产,这种观点是十分短浅的。大量的研究表明这种做法实际上是减少了投资机会。投资者对全球化投资考虑得越多,他获得成功的机会就会越大。

布瑞森的全球化资产分配战略有四个基本原则:

- 在全球范围内进行考虑;
- 不同资产的价值不能同时上升或同时下降;
- 放眼于长期;
- 对投资组合进行监管,并根据投资环境的改变相应地调整资产的分配。

布瑞森认为在较短的时期内,对大多数投资者来说讨论欧洲基金在欧洲各国之间的资产分配方案就像讨论一家美国基金在50个洲之间的相对风险一样会令他感到诧异的。在他的头脑中,国家因素与公司因素相比是微乎其微的。

相反的观点

如果全球化投资比只投资于一个市场优越的话,那么为什么有许多投资者在他们的投资组合中持有过量的本国股票呢?即使是老练的机构投资者,如养老基金和保险公司也倾向于集中四分之三的资金投资于本国的股票,这种现象被称为"本国倾向(home bias)"。在某一特定的时期内,不同国家市场业绩之间的巨大差异表明通过在不同国家之间充分进行多样化投资，就可以更有效地增加收益和降低风险。

现在关于“本国倾向”有许多种解释，其中包括国际货币基金组织（IMF）官员的解释。国际货币基金组织认为“本国倾向”在很大程度上是由于不利的汇率变化会带来的大量风险，这种风险不能通过一般的对冲技术来抵消掉。造成货币风险的原因是十分复杂的，可能是由于不同市场的监管环境不同；投资者担心有些国家可能会施加资本控制；也许是由于国际贸易的税收，或者仅仅是因为投资者不想花时间和金钱来持有和研究多样化的国际投资组合。

上述推理源于这样一种观点，即认为国际投资多样化的好处仅仅是由于不同股票市场的重点行业也是不同的。例如，20 世纪 80 年代，英国进行的私有化表明公共事业是伦敦市场的一个非常重要的组成部分，该行业在伦敦市场上的重要性要高于它在其他市场的重要性（参见“一级市场发行”一章）。类似地，在瑞士投资市场上，投资者过于看好银行股票，而在瑞典的投资市场上，投资者很看好基础行业。这就表明全球化投资只不过是另外增加了一些行业风险。

但是机构投资者的“本国倾向”则可能是由于政府对于养老基金和保险公司持有某一国家的资产做了种种限制，也可能是基金管理者业绩的评估方式所造成的。一般来说，是根据本国市场指数来衡量基金管理者的业绩的。即使消极指数投资不是他们的主要投资战略，这些基金管理者也倾向于持有相当一部分股票指数的成分股（参见“指数投资”一章）。此外，即便是要进行多样化投资时，基金管理者也常常会聘用行业分析家而不是国家分析家来选择海外投资对象。

有证据表明全球市场之间的相关性可能越来越强，但是日本可能是个例外。对于七国集团的其他成员国来说，各国中央银行的协调合作以及信息的快速传播会使各国市场趋于稳定。从表面上看，市场稳定性的提高有利于全球经济的发展，但是在另一方面它却减少了全球投资多样化的好处。

例如，随着欧元的启动，欧洲国家之间的联系会越来越紧密，这种日趋紧密的联系会激励美国投资者在欧洲市场进行多样化投资。与此同时，这也可能会加强不同欧洲国家股票市场的联系，从而减少了投资者在欧洲市场内部进行多样化投资的动力。

展　望

最近的调查表明美国人更倾向于投资本地区的贝尔运营公司，而不太愿意投资到其他地区的贝尔运营公司。但是本地区的贝尔运营公司却不见得比其他 7 个贝尔运营公司好。这一调查结果表明投资者的心理需要是一个十分重要的因素，投资者需要对他所投资的企业十分放心。这种现象可能与行为金融学中所描述的赠与效果（endowment effect）有关，即人们认为他们已经拥有的物品价值很高，然而如果他们要购买同样的物品时，他们愿意支付的价格却要低一些（参见“投资者心理”一章）。

如果人们习惯于只投资他们所熟悉的股票的话，那么他们就可能失去大量的国际投资机会，而只是持有次优的多样化投资组合。我们不难想象，即便在那些文化高度融合的欧洲国家，投资者的这种心理也是十分明显的。这种心理倾向就能够解释为什么在欧洲也很少有跨国证券投资,此外它还表明即便在欧元流通之后，欧洲证券组合的国际化过程也是一个十分缓慢的过程。

另一方面,欧洲同一化的潜在发展以及广大投资者逐渐把欧洲统一起来考虑的倾向(这种倾向可能随着欧元的流通而越来越强烈)会使欧洲投资者逐渐愿意持有欧洲其他国家的股票。欧洲的“本国倾向”可能会因此而逐渐减弱。

当然“本国倾向”不适用于那些有钱、有能力、有时间研究全球股票市场投资机会的个人全球化投资者。“本国倾向”和市场的低相关性可能会随着时间的流失、随着全球经济联系越来越紧密、随着投资者对海外市场投资的信心越来越大,而逐渐减少。但是在这一过程中，某些投资者可能会借此机会建立全球投资战略，长久地立于不败之地。

现在在互联网上,投资者可以获得大量关于全球投资机会的信息。他可以获得全球任何一个地方的信息。通常这些信息是很便宜的，常常是免费的。用户可以自由支配时间、信息的深度以及从哪些资源获得信息等等。互联网是公开的，任何人都可以进入，从中获得有用的知识，向他人提供某种技术等等。与其他金融中心相比，那些通过卫星连接的金融中心不具有优越。电子邮件、电视会议和互联网使得工作的形式在时间和空间上有了很大的不同。现在只要支付一定的费用，个人用户在他或她自己的互联网站点上就可以使用电子邮件、电视会议以及互联网信息等等。地理位置已经越来越不重要了。例如，如果从美国到南非旅游,可能总共需要三个星期的时间:用一个星期的时间进行准备，在南非游览一个星期，回来还要一个星期的时间来进行休整。这种实地旅游方式与在互联网上游览一天相比，在时间上差别很大。在互联网上几个小时之内，我们能获得多少关于南非的信息呢？这些信息可能是不同的，但是在很短的时间内，却能获得大量的信息。通过互联网你能够了解当地的文化等很多方面的情况，你能获得大量关于南非的信息。

投资管理的著名发烧友比尔·盖茨曾经说过："任何人如果不能立即接触互联网或 web 的话，是很容易被时代淘汰的。"比尔·盖茨的上述说法对投资分析家和个人投资者尤其重要。对于那些致力于提高投资技术的人来说，要保持领先，要使用当前最好的工具，互联网是必不可少的。

参 考 文 献

印刷版

- Stephen Eckett，Investing Online：Dealing in Global Markets on the Internet（Financial Times Pitman Publishing，1997）
- Roger Ibbotson and Gary Brinson，Global Investing：The Professional's Guide to the World Capital Markets（McGraw-Hill，1993）

在线

- www.global-investor.com——Stephen Eckett's 的互联网站，该网站含有大量对全球投资者有用的链接

第十一章

成长性投资

成长性投资是两种经典的投资类型之一。人们对成长性投资有许多不同的定义，对于成长性公司与成长性股票之间关系的认识也有一些模糊。成长性投资通常是强调投资要具有成长性。它与价值投资不同，价值投资主要是依靠定量分析方法（请参考本书中价值投资的相关章节），而成长性投资则常常是对不同类型的公司进行定性分析，并从中找出那些能够飞速成长、业绩优异的公司。

成长性股票投资的概念产生于 20 世纪 30 年代大萧条时期的美国。它假设以往收入与利润发展良好的公司将来也会有良好的增长势头，并且这些公司的成长速度要高于股票现行市价中已经考虑到的成长速度。T·罗·普莱斯在 30 年代首先建立了成长性股票的定价原则，其主要观点是：

成长性股票是指那些能够长期保持收入增长的企业所发行的股票，并且经过仔细的研究，这些企业在将来也能保持持续的增长。

为了获取资本增值，成长性股票的投资者需要预知公司未来的收益、成长速度或该公司股票的市场人气指标等等。在某些时期（例如 60 年代末、70 年代初，以及 90 年代后期），成长性股票的投资者都获得了丰厚的回报。从某种意义上说，产生这些丰厚的回报的原因是成长性股票投资者的增加，而并非因为投资者定价方式的改变。

人们一般都认为增值的股票都具有成长的特性。几乎所有管理得当的上市公司(在商业出版物中经常出现的公司)，在某些时间段内，它们的股票都有着异常良好的业绩。我们可以通过“后视镜”看到成长性股票的未来。

成长性投资大师：彼得·吕奇

彼得·吕奇 (Peter Lynch) 是投资领域的著名人士。自 1977 年他接管富达-麦哲伦基金 (Fidelity's Magellan) 以来，麦哲伦基金在 13 年中增长了 27 倍。他管理着一个非常庞大的证券组合，在这个证券组合中至少有 14000 种股票，并且每年他都会对整个证券组合进行更新。即便在萧条的市场状况下，他也反对投资于债券或者是直接持有现金的作法。当市场状况不佳时，他提倡投资者持有那些波动性小的优质股票。

吕奇的基本观点是：通过采取以下的策略个人投资者能够先华尔街一步发现优秀的股票，即通过综合运用个人智慧、反射理论和市场规则，保持坚定的决心，普通的投资者也能发现丰厚的投资机会。他的主要观点是人们日常享用的产品和服务常常是由优秀的公司提供的。投资者通过对这些公司进行仔细的研究，观察它们的股价是否与公司业绩相匹配，就有机会获得丰厚的投资回报。

评论家们把股票投资战略简单地概括为“买你喜欢的股票，

投资于你了解的公司”。而吕奇则认为：

一位优秀的股票投资者之所以优秀是因为他热爱投资的过程：从成千上万家上市公司中选择投资对象；仔细研究它的资产负债表；了解公司的运营情况、经营细节，以及整个行业的有关情况；调查公司如何看待其客户以及客户又是如何看待公司。吕奇认为这种方法是发现优秀公司的唯一途径。

基金管理者可能会被迫持有许多种股票，而个人投资者则可以拥有少数几支股票。也就是说个人投资者可以有选择的进行投资，投资于那些他们了解并且生产优秀产品的公司或者是那些极具增长潜力的公司。投资者可以一直等到公司在几个领域或市场中取得成功后再购买它的股票。

如果某位个人投资者的投资组合中含有 5～10 支高收益的股票，那么其中一支股票就可能给他带来 10 倍、20 倍甚至 50 倍的收益。只要你把资金投资于几支这样的股票，你就能获得高额的回报。

在《价值》杂志他的专栏中，吕奇向个人投资者提出以下建议：

首先找出自己的优势，结合下面的原则把自身的优势应用到投资实践中去。

- 对于所拥有的每一支股票，你都应该记录它的历史价格，你要关注公司的新发展，密切注意公司的盈利水平。要了解公司股票价格的变动是由于公司具有成长性，还是因为股票价格的周期性变动，亦或是由于价值规律在起作用？公司股票价格表现是好还是坏都是有原因的。你应该确信自己很清楚公司股票价格变动的原因。

- 关注事实，而不是关注预测。
- 问问自己：如果你做了正确的选择，那么你的盈利是多少；如果你选择失误，你的损失又是多少？你的风险回报率至少应该大于3。
- 在投资之前，应仔细研究一下公司的资产负债表，检查公司的财务状况是否良好。
- 不要买期权，不要投资于期货等含有保证金的交易上。如果你投资于期权，在期权到期时如果你时运不佳的话，你将一无所有；如果你投资于期货等含有保证金的交易上，市场上一个微小的变化就可能把你踢出局。
- 当几位投资者同时购买同一家公司的股票时，对你来说，这是一个积极的买入信号。
- 一般来说，投资者可以同时管理5～10家公司的股票，但是没人能够强迫你购买任一支股票。因此如果你想买几支股票，就买几支股票；如果你一支也不想买，那就干脆别买。
- 要有耐心。例如在我的股票中，那些最有价值的股票往往是在购买后的第3年到第4年才产生最大的回报。一些股票甚至长达10年才产生最大的回报。
- 要提早购买，但是也不能太早。我常常把投资于成长性公司看作是打一场棒球。投资者应该尽量在“第三局中加入”，因为此时公司的发展状况已经比较明朗了。如果你在局势尚未明朗时就购买了股票，你就会承担许多不必要的风险。成长性投资的“第三局”与“第七局”（指获得10～50倍收益的时期）之间的时间间隔很长（在某些情况下甚至长达 10～15 年)。但是如果你在“最后一局”才买入公司的股票，就可能太迟了。

- 不要贪图便宜而购买某些价位很低的股票，只有当你确信公司的基本经营状况不断好转时，才能购买它们的股票。
- 长线投资往往会适得其反或一无所获。
- 如果你购买股票是为了获得红利，那么你应该投资于那些即便在经济萧条时也会从盈利中拿出一部分利润来分红的公司。
- 调查 10 家公司，你就可能会发现一家公司有着美好的发展前景，并且其股票价格也相对较低。如果你调查 50 家公司，你就可能发现 5 家这样的公司。

相反的观点

有这样一种观点，即认为股权投资与成长性投资密不可分，认为股票投资的目标就是成长性投资。这种认识实际上把成长与升值这两个不同的概念混淆了。并且人们可能会不由自主地就把过去的成长与将来的升值联系起来，但是实际上它们是不同的。

本书“狂热、恐慌和崩溃”一章中所介绍的投资大师马克·法布尔指出，有两个原因可以解释为什么那些被人们非常看好的股票（也就是成长性股票）最终往往会令人大失所望。

首先新市场的成长速度和获利水平往往强差人意。其次，当某一行业取得巨大的成功时，就会吸引许多竞争者涉足这一领域，这样一来行业领先者的成长速度就会放慢，利润也会下降。投资于这些老牌龙头股很可能会遭受损失。

当然了，当成长性股票的成长速度开始下降时，当成长的动力枯竭时，失败的代价将是十分高昂的。一旦某支成长性股票的价格开始下跌，它就失去了对投资者的吸引力，后续的投资者就会转移目标，这样一来就会迫使它的价格进一步下跌，最终它的价格会越来越低。在这种情况下，公司业绩的下滑就会对其股票价格产生极大的影响（股票价格可能会狂泻）。最后，如果成长性股票不能实现公司最初的承诺（即获得飞速成长）的话，投资者就会大失所望，那时这些股票就会成为潜在的价值股票（价值投资的对象）。

在一些成长性行业中，从来就没有成长性股票，这是由于竞争过于激烈以至于没有人能够从中获利。40多年前，《哈佛商业周刊》曾发表了彼得·伯恩斯坦的一篇文章，在文中他对成长性股票和成长性公司做了重要的区分：

成长性股票是一种让人又喜又忧的投资类型。令人奇怪的是，它与成长性公司几乎没有关系。事实上，成长性股票这个词是毫无意义的；只有后见之明才能鉴别出成长性股票，实际上成长性股票就是一支价格不断攀升的股票。但是成长性公司的概念是指最富有创造性、最有想象力的公司，并且如果它们股票的市盈率也是合理的话，那么随着公司赢利水平的不断上升，公司股票的价格也会不断攀升的。

尽管彼得·吕奇热衷于成长性公司，但是令人难以置信的是，他一直都尽量避免投资于高科技领域，而这一领域中的某些股票恰恰是在90年代获得了高额的回报（参见“互联网投资”一章）。他的投资领域也仅限于美国的股票市场。当然，作为一种股权投资的特有类型，对成长性公司的投资也只是出现在成熟的市场经济中(即市场经济高度发达的国家)。在其他国家中,股票是否具有成长性也是选择股票的一个重要考虑因素(参见“新兴市场”和“全球化投资”两章)。

展　望

典型的成长性投资是在70年代初期牛市市场的one-decision时期。它是指对于大多数经营管理良好的公司来说,投资者预期公司的每股盈利呈线性增长。投资者很看重公司的可预测增长,这就使得公司能够很容易地以较低的成本筹集资金。相应地,它所要求的投资回报率也要高于平均资本回报率,这样一来也会带来更高的每股收益。正确的投资战略是购买好公司的股票,并一直持有它们。

90年代后期的指数基金也有同样的影响,尽管它们并不全都是选择绩优股(参见“指数投资”和“共同基金”两章),但是它们在指数中却占有很大的权重。70年代的one-decision现象和90年代指数投资的狂潮却具有以下的共同之处:有少数极具投资价值的公司,它们的历史并不能反映其将来的发展。指数投资者与one-decision投资者一样,都应该一直持有上述公司的股票。

Grantham, Mayo, Van Oterloo & Co. LLC公司的杰瑞米·格瑞萨姆认为:

从历史上看,美国股票市场上,股票投资者为了舒心(如稳定性、信息、规模、舆论、市场控制权、品牌)支付了很高的成本。从历史上看,股票投资者为了刺激(如公司的成长性、盈利性、管理者的管理技巧、技术改革、周期性和波动性）支付的成本也很高。

为舒心和刺激支付的成本过多，例如像成长性股票管理者那样，并不一定是愚蠢的，客户也希望他们如此做。当价值投资的管理者做出了错误的决策时（这是肯定会出现的），他更容易被解雇，而如果当成长性投资的管理者做了错误的决策时，他的处境会比价值投资管理者要好得多。此外，有关数据表明最佳的成长性投资管理者所增加的价值要大于最佳的价值投资管理者，这可能是因为对于成长性股票来说基本变量和价格更具有动态特性。

最后，对于具有增长潜力的公司和成长性股票来说，除财务因素外还需具备哪些条件才能获得成功呢？而破产企业又有哪些特征呢？我们认为决定企业成败的因素有三个，如果公司有热情活力、真实性和整体合力，那么它就会成功。相反地，如果公司既平庸又自大、还自我封闭，那么小到公司、大到国家都会因此而失败。

参考文献

印刷版

- Peter Bernstein, "Growth Companies versus Growth Stocks", Harvard Business Review, 1956
- Peter Lynch with John Rothchild, Beating the Street
- Peter Lynch with John Rothchild, Learn to Earn: A Beginner's Guide to the Basics of Investing and Business
- Peter Lynch with John Rothchild, One Up on Wall Street: How to Use What You Already Know to Make

Money in the Market

在线

- www. worth. com——Worth 杂志的互联网站，其中包括彼得·吕奇所主持栏目的资料。

第十二章

对冲基金

1997年8月马来西亚外汇市场和股票市场遭受重创之后，马来西亚总理马哈蒂尔曾指责对冲基金，尤其是乔治·索罗斯旗下的对冲基金，是全球经济的强盗。即便1998年夏末约翰·麦瑞维瑟旗下的长期资本管理基金（简称LTCM，它是由华尔街14家银行和证券公司领导的）的解散以及国际社会对它36亿美元的援助也没能为对冲基金挽回声誉。但是到底什么是对冲基金呢？

典型的对冲基金是指将不超过100个个人投资者和机构投资者的资金汇集起来，统一由一个基金管理者或一个基金管理小组来领导。对冲基金的名字来源于它能够通过买卖衍生证券或从事卖空业务（至少在理论上是如此）来对冲风险头寸和降低风险，而大多数其他类型的机构投资者则不能开展上述业务。虽然最初对冲基金的目的是最小化风险，但是如今对冲基金对冲风险的作用已经不是它最重要的功能了。

在一般情况下，为了逃避监管以及逃避标准会计报表的诸多要求，对冲基金往往在一些免税的国家注册，如开曼群岛等等，这样它就可以自由地从事买进、卖空业务，它的负债甚至可以达到其实收资本的20倍以上，例如长期资本管理基金的借款就是其资本的50倍。此外,对冲基金还可以从事高风险的金融业务。对冲基金一般追求的是绝对回报而不是相对回报,它是以赚钱为目的,而不是以击败某一经济指标为目的的。

对冲基金与其他基金的一个本质区别在于它们采取不同的激励机制。对冲基金管理者的薪金是根据他们的业绩来发放的。一般来说,对冲基金管理者的薪金可以分为两个部分,一是固定管理费,它只占总薪金的一小部分;其余的是按照基金盈利的一定比例来发放的,一般是15%～20%(长期资本管理基金则为25%),这部分薪金要远高于固定管理费,它占总薪金的一大部分。

另外,有一些对冲基金是由许多独立的资产管理者来经营的,他们的投资战略也各不相同。一般来说对冲基金对投资者和金融监管者只做最低限度的披露,大多数对冲基金的管理者都认为他们比其他人更能理解市场规则。金融风险管理咨询公司(Consultancy Financial Risk Management)采用高盛公司(Goldman Sachs)的综合分析法将对冲基金分为四种主要的类型。

第一种是宏观对冲基金(macro-fund),典型的例子就是索罗斯旗下的量子基金。这类对冲基金主要参与技术性交易,对外汇、商品价格、股票、债券、衍生工具或其他资产未来的价格变动进行投机性交易。这类基金最广为人知的交易是它们对汇率变动所进行的投机交易,通常它会卖空那些经济政策有问题、维系联系汇率(盯住汇率)制度能力较弱的国家的货币(参见“卖空”一章)。在所有的对冲基金中,宏观对冲基金业绩的波动最大,并且它们与传统交易的相关性也很低。

第二种是市场中性对冲基金（market-neutral fund）或相对价值对冲基金(relative value fund),长期资本管理基金就是这种类型的基金。由于此类基金的收益并不依赖于市场运动的方向，因此它的风险也相对较低。它不是通过市场涨跌来获利，而是通过套利技术来寻找市场上暂时性的价格失衡来获利的,即寻找那些风险相近然而价格却又明显偏低的资产,它们认为上述资产的价格将会回到正常的水平上。例如，长期资本管理基金就认为新兴市场与美国资产市场之间的差价将逐渐减少,公司债券与美国国库券之间的差价也将逐渐减少。当然，后来的事实表明未来的价格不受历史价格的影响，并且由于亚洲金融危机的影响，差价陡增，长期资本管理基金一下子就陷入了困境。

第三种是事件导向型对冲基金（event-driven fund)，这类对冲基金投资于那些由现实事件或预期事件而产生的套利机会中，如投资于兼并收购、重组、股票回购和破产等等事件中。例如在兼并收购中，由于它们认为如果兼并成功的话，那么兼并公司和被兼并公司的股票价格将会趋于一致,因此该类基金常常会买卖兼并公司和被兼并公司的股票。

第四种是混合期限战略对冲基金（长-短期限战略基金：long-short strategy fund)，这类基金既投资于长期股权或长期债权，又投资于短期股权或短期债权，以此种方式来降低市场风险，并且能够将基金的业绩与其所投资的资产的业绩相分离。

从广义上讲，这四种对冲基金都不提供报告，因此很难预测它们下一步将采取何种动作。对冲基金协会（Hedge Fund Association）1998 年的有关数字表明目前共有 4000～5000 家基金，它们经营的总资产超过了 2500 亿美元，然而根据 TASS 公司（一家业绩考核公司)的报告，目前只有3000家基金，但是它认为这些基金经营的总资产却超过了3000亿美元。长期资本管理基金的经验表明，总资产往往并不能代表基金短期的可用资金，为了进行杠杆收购，基金常常会借入大量的债务。

对冲基金大师：乔治·索罗斯

第二次世界大战后，一批精力旺盛的年轻人从铁幕（指阻隔人们思想和信息的无形障碍)中逃离出来。索罗斯就是其中之一，他用一种欧洲人的哲学观念来理解市场。他没有受过经济学或会计方面的专业训练，而是以一种哲学和文学的方法来预测整个市场，他的成功也许正是因为如此。他旗下的头号基金——量子基金，为了灵活起见，在美国本土之外的地区注册，他会大量的买进或卖出外汇、衍生金融产品、新兴市场的金融产品、债券、私人市场产品等等。对于他这种人来说，搏击市场只是在玩游戏。必要时，他会运用杠杆融资来放大他的收益。金融市场的变化是十分剧烈的，但是他的业绩却是十分杰出的。

最近，他开始著书立说，阐述自己的投资风格，包括各种新闻以及他的交易心理，但是却从不讨论他的交易头寸。他在关于反射理论的著作，金融炼金术（The Alchemy of Finance）中详细阐述了他的投资方法。事实上，量子基金的名字就源自海森伯格的不确定性原理，即人们不能预测亚原子粒子的运动。

但是，索罗斯的主要投资技术是：要做游击的投资者，要乐于去开发任何市场，仔细深入地研究市场，坚持自己的投资风格，然后要悄悄地撤回资金。他认为按照上述方法，在大多数情况下都能赢利。1992年，他成功地迫使英镑退出欧盟固定汇率制度，使量子基金在一天内就获利10亿美元，他也因此而被誉为“打败英格兰银行的人”。

乔治·索罗斯是一个性格完整的人。此外，他还是一个公众人物，人们称他为精明的金融家、哲学家、现代的罗宾汉。他进行了大量的慈善活动，尤其是在前苏联地区。在前苏联除了两个大国之外，他的索罗斯基金投资最多。索罗斯自称目前他一半以上的时间是在花钱。因此他的一生在不断变化，他被称为“私人政治家（private statesman）”。

然而1998年索罗斯遭受了一些严重的挫折。他写的一本关于全球资本主义的新书并不畅销，量子基金被迫重组，此外8月份他在给金融时报的信中讨论了俄罗斯经济的混乱状况，这似乎导致了俄罗斯债务违约和卢布的贬值。莫斯科时报指出索罗斯发表了最令其尴尬的言论“俄罗斯金融市场的危机不是因为我的言行而产生的。我们并不想让卢布贬值。实际上如果卢布贬值会伤及我们的投资组合。”但是，这一切都太迟了，反射理论不仅给其创始人索罗斯开了一个残酷的玩笑，也对卢布开了一个残酷的玩笑。

相反的观点

关于对冲基金，里维斯·凯罗和乔治·奥维尔却持有相反的观点。同样的一句话，不同的人有不同的理解，例如持有市场中性头寸可以导致基金破产；长期资金完全是由少量的短期资金杠杆作用而形成的；对冲意味着持有风险头寸等等。有些时候，投资者甚至不知道他们所投资的基金会采取何种策略。例如，长期资本管理基金就禁止投资者询问它的投资策略，显然是因为害怕投资者会把它的秘密投资策略泄漏给它的竞争对手。

此外，当对冲基金运营十分良好时，投资者也经常搞不清楚该对冲基金的高额回报是由投资决策产生的，还是由基金借贷产生的，或是投机产生的。显然，如果投机是有风险的话，并且如果结果不出意外的话，基金会赚很多钱；但是如果投机是相对安全的话，如果赌金很小，那么利润是也微乎其微的，只有在赌金很大时，利润才有可能很高。

对冲基金往往声称它们是套利者而不是投机者，但是它们普遍又承认目前套利的机会是少之又少的，例如 1998 年初长期资本管理基金向投资者返还资金时，也声称缺少套利机会。因此它们一旦发现了套利机会，所下的赌注是非常巨大的。然而一旦出了意外，就需要足够的资金或信用额度。当然，基金越富有越强大，它影响市场的能力就越强，也就常常会自己去实现它的预言。正如索罗斯那样，如果拥有 20 亿美元，那么就可以轻易地驾驭市场，能够游刃有余与市场和政府周旋。

实际上，少数对冲基金能获得很高的收益，但是当它举债过高时，它又是极其危险的，它会对整个金融系统造成很大的危害，它们的交易策略会使那些无力处理大量卖空本国货币或股票的国家或金融市场产生混乱。业界人士对对冲基金的真实影响也存在一些争议，但是无可争议的是，对冲基金在许多市场上（包括新兴市场、高收益债券市场、抵押市场、衍生证券市场上），是非常有威力的，并且它们往往起着决定性作用。长期资本管理基金事件表明人们对基金的倒闭和清算是很恐慌的，它将导致全球市场的衰落。

索罗斯在他1998年出版的一本书中从某种程度上也证明了这一观点。他在书中论述了市场是非常强大的，它能够破坏一个国家；市场已经让人们觉得恐惧了，它能够迅速地从绝大多数国家中撤回资金。索罗斯呼吁对市场进行更多的国际管制，可能应以世界中央银行或者是它的代理机构来担保贷款(麻省理工学院的经济学教授保尔·克鲁格曼也曾发表过类似的观点)。索罗斯就曾说过“在我再次投机之前，请阻止我。”

克鲁格曼在Slate杂志上发表的一篇文章中，对长期资本管理基金事件进行了分析。他研究了对冲基金的报酬条款是否有可能会激励基金管理者涉足高风险的投资。一般来说，对冲基金的管理者只分享基金升值所带来的收益，却不承担基金亏损的损失。他指出如果有人借给你1万亿美元，同时他还给你所买入股票的看跌期权，那么由于你总是能够宣布破产然后溜之大吉，这就好比是你有权把这些资产以固定的价格卖出去，而不必考虑市场的变化，因此他认为最大化期权价值的合理方法就是把资金投资于那些风险最高、波动性最大的资产上，原因就是如果你赢了，你就会获得极大的收益；如果你输了，你仅仅是给别人留下了不好的印象，丢失了自己的那部分投资罢了。

展望

对冲基金以及它们对风险的偏好依然吸引着众多的投资者，这可能反应了牛市的最后几个阶段，此时人们对风险的态度转变成两个对立的观点：将来的风险会变小；与此同时投资者对风险的偏好却不断增加。但是在1998年对冲基金的业绩有所下滑，将来的处境可能会继续恶化，而全球金融监管可能会加强等等，这一切都表明高额回报的时代已经一去不返了。

但是，值得注意的是，Cramer，Berkowitz & Co公司的詹姆斯·克瑞姆（该公司的发起人之一，公司的主席之一，他同时还是在线金融出版物The Street. com的重要编辑。）自诩是"致力于向投资者提供及时、深入的报告，向市场和媒体引入责任和义务"。这个网站是互联网上关于投资的一个十分有趣的站点。

参考文献

印刷版

- George Soros，The Alchemy of Finance：Reading the Mind of the Market（John Wiley，1994）
- George Soros，The Crisis of Global Capitalism：Open Society Endangered（Public Affairs，1998）
- George Soros，Opening the Soviet System / Underwriting Democracy
- George Soros，Soros on Soros：Staying Ahead of the Curve（John Wiley，1995）

在线

- Web. mit. edu/krugman/www——保尔·克鲁格曼的互联网站（他在Slate杂志上的相关文章在www. slate. com上）
- www. soros. org——索罗斯基金的互联网站
- www. thestreet. com——詹姆斯·克瑞姆的在线金融出版物

第十三章

指数投资

指数投资是以获得某一特定市场的基准回报为目的的投资行为。指数投资经理或市场追随者的目的是复制目标指数，即通过持有目标指数所含的全部证券，而复制目标指数，但是对于那些很大的指数来说，是通过持有其中具有代表性的证券来复制指数的。传统的积极投资管理是指为了战胜市场，将把全部资金都投资于单一的股票或行业中。而指数投资方式往往被认为是一种消极的投资方式，它强调的是投资多样化，减少交易活动和交易成本。

指数投资作为一种投资方式，在近20年中已经得到了广泛的认可，它是出自于关于市场和投资经理的理论研究。事实上，指数投资首先是金融学者们通过实证研究提出的观点之一。他们指出由于费用因素起作用，平均水平投资经理的经营成果可能会低于平均水平。我们可以找出一些经营业绩高于平均水平的投资经理，并且只要他们的业绩高于平均水平，就交给他们更多的资产让他们代为经营，只有当他们的经营业绩也低于平均水平时，才停止这种资产委托经营的行为。实际上这种体制是一个陷井。指数帐户的价格是由所有的投资经理制定的。因此，从某种意义上讲，它也是最容易被人操纵的。

指数投资看起来是十分模糊的。对于标准普尔指数来说，进入指数的股票是由标准普尔的委员会无记名选出来的；对于其他指数来说，也是如此。在指数中各种股票的权重是由它们的市场价格来确定的，而市场价格又是市场上所有参与者的买卖行为来共同决定。指数投资的管理相对比较简单，这是由于只有当每月月底指数成分调整时，指数投资才需要进行相应的调整交易。

20 世纪 60 年代股票市场牛市的后期，机械式的平均投资观点已经破灭了。但是在 20 世纪 70 年代中期，当市场发生剧变，老牌绩优股票衰落而新星不断迭起时，机械式的平均投资又开始盛行了。挑战积极好胜的投资经理的一个最好方法是把他们的业绩与某一机械式的平均投资相比较。机械式的平均投资是不需要很高的成本，而积极投资管理的成本却是很高的，如果它们的业绩相当，那么显然是前者更好一些。

指数投资大师

指数投资的早期倡导者是 Wells Fargo、美国国民银行和 Batterymarch。为了超过竞争对手，它们都对指数投资做了微小的改动；它们都有一两位来自学术界的指数投资倡导者；它们都持有一小部分美国的大型养老基金。但是，令人惊讶的是，大学的捐赠基金（这些捐赠基金往往是由成功的校友经营的，而不是由学校的教师经营的）早期却没有参与指数投资。

指数投资被人们接受的时机是十分关键的。在 1973～1974 年中美国股票市场几乎下跌了 50%，自那时起几年前那些还无人问津的新观点开始被人们接受。由于事实已经证明了在市场下跌时，坚持传统观念的代价是十分高昂的，因此那些与它们对立的观念就很容易被人们接受了。为了让市场保持一些希望和人气，每一个市场阶段都产生了与之相适应的新战略。正是在这个恰当的时机产生了指数投资。

Wells Fargo 赞同投资于全部的标准普尔 500 股票指数，但是为了谨慎起见，它把一小部分股票给排除在外了。美国国民银行拥有一种复杂的抽样技术，它可以减低交易成本，而交易成本恰恰极可能是某些指数基金业绩不佳的原因。Batterymarch 认为指数投资者应该忽略不同月份样本误差的波动，因为这种波动在一定时间内会相互抵销。因此它只买了最大的 250 种股票，这些股票占标准普尔 500 股票指数总额的 90%。Batterymarch 也试图推进这样一种观点，即它的目标是以较低的成本来复制任何指数，而不仅仅是复制标准普尔股票指数。

最初客户对指数投资的结果十分满意，因为那时它们的业绩完全可以与积极投资管理的业绩相媲美，甚至直到一些小股票刚刚开始在那种新型的以定量投资为导向的市场中领先时，也是如此。数 10 亿的资金都采取了指数投资策略。在此期间，积极投资经理与消极投资经理之间的争论从来就没有停止过。人们往往把指数投资者错误地称为消极投资管理，而事实上，他们却是积极投资的倡导者。几乎在每一次分析家会议上都少不了这种争论。由于指数投资者的数量很少，而积极投资管理经理却很多，因此指数投资者的力量是十分单薄的。但是他们却执着而热情地宣扬着他们的观点。越来越多的人们开始站到了他们这边。

投资者会议总是十分盛行的，它们通常在一些迷人的风景胜地召开，讨论的题目又是非常有争议的，非正式的交谈常常集中在该买哪支股票上，此外通常它们还是一个很好的择业市场。这类会议实在太多了，讲演者的日程安排得非常紧凑，以至于其他的组织者想插空都很困难。指数投资显然成为这类会议上的热门话题。

这些主要的指数公司也花费大量的时间在这类投资会议上一争高下。最通常的形式是指数投资者与积极投资经理之间进行争论。其中一对辩论对手是已故罗杰缪瑞（他以前曾经是哥伦比亚大学和 CREFF 的教授）与本书作者之一迪恩·利巴朗。他们两人经常碰面，并且常常为对方的新观点而由衷的感到高兴。有一次，由于他们已经厌倦了自己这种不断重复的角色，于是就相互转变了立场。

缪瑞的主要观点是投资者可以超过平均水平，并且他以前的一些学生也正是这么做的。另外，如果每个人都进行消极投资的话，将会威胁资本主义体系。利巴朗提出了一个很容易站得住脚的观点（在当时似乎是非常容易的），即两种投资都做一点。他用许多图表、历史价格和交易价格等等来证明他的观点。虽然对于大多数人来说，指数投资似乎不大正确，但为什么不能稍做尝试呢？

1975 年 5 月起向经纪人支付的费用由以往的固定交易费用改为双方协商的交易费用，这一举措更使得人们有理由选择指数投资。既然指数投资无须为调查研究支付所谓的软货币（对于投资经理而言，软货币是其他人的钱，而硬货币则是投资者的），这样一来就立即降低了佣金的支出。事实也是如此，佣金常常能降到以前的 25％。后来，对于指数投资者来说，佣金率能够降低到零，当指数投资者能够为经纪人提供可供其以更高的价格买卖给其他顾客的商品时，佣金率甚至可以低于零。

最后，在机构投资者层次上，指数投资成为一种业绩跟踪游戏。每个月将投资经理的业绩与指数投资的业绩相比较，并以这种方式来评估投资经理的水平。如果指数委员会做出了一项愚蠢的决策，如把一支交易量很小的股票引入指数中，那么此时指数投资者要么就得在自己的投资组合中加入该种股票，要么就要面临一种风险，即等待指数委员会改变决策，这可能就成为积极管理方式，它的成本也是很高的。从这点我们可以看出指数投资是缺乏灵活性的。

为了使基金的实际收益接近理论收益，基金会尽可能地把许多费用排除在外，并且由于所有的指数投资无论规模大小均采用类似的操作，因此规模大也没有什么坏处。于是指数基金的规模也越来越大了。

相反的观点

指数投资最初来源于市场有效性的概念（参见“市场有效性”一章）。但是只有在投资者研究了他能够获得的所有信息，同时股票的价格能够反映所有公开信息时，市场才是有效率的。这就表明随着指数投资市场份额的提高，机构投资者聘请的分析家就会越来越少，市场的效率就会降低，这就使得积极投资经理有机会超过市场的平均水平，获得比指数投资者更好的业绩。

当然，也常常有一些采用积极投资管理的基金，它们的业绩在较长的一段时期内超过指数基金。但是这是因为它们的运气好呢，还是因为它们确实拥有较高的技术呢？概率研究表明，一些投资经理能够在很长的一段时期后提供卓越的投资回报。但是也有一些投资经理，他们真正具有杰出的能力，能够长时间获得高额回报。现在选择积极投资管理基金的问题是如何事先找出那些能够长期提供高额回报的投资经理。

从表面上看，所有股票指数基金的总回报应该是相近的。但是由于各指数基金的费用大不相同，因此它们的总回报也大不相同。指数基金的费用率（即成本占资产的比率）一般是0.2%～0.6%，而积极投资管理基金的平均费用率为1.3%。由于许多指数基金是在最近几年才开始运营的，因此那些高成本的指数基金通常进行辩解，把原因归为由于指数基金存在很高的初始费用。一些指数投资经理私下承认高费用的原因是基金认为它们能够实施高费用而不受处罚。

指数投资的另一个潜在问题与公司治理有关。当投资者没有适当的途径来表示他们对公司行为的不满时，代理表决权慢慢成为一个问题。

指数基金的优点部分是由于在牛市市场中100%地投资于股票，即由于不断有公司进入指数，有公司又被从指数中扣除，因此要买入那些价格上涨的股票，而卖出那些价格下跌的股票。由于市场追随者把资金全部投资于股票，而不是在股票、债券和现金之间进行分配，因此实际上这种买涨的作法会在牛市市场中抬高市场。由于大多数股票投资基金保留一部分现金储备，一般约占净资产的5%～10%，因此在20世纪80年代、20世纪90年代的牛市市场中，它们的业绩不如指数基金。

当然，当市场下跌时，人们往往认为指数投资基金的下跌程度要高于那些保留现金储备的基金。但是它们却可能会传播安全幻觉。在平稳的市场或熊市市场中采用股票选择的方法效果可能会好一些。这也是积极投资管理的理由之一。

最近，牛津大学赛得商学院的董事，约翰·凯指出某些指数根本就不能代表它们本地的经济状况。

当你购买指数时，实际上你是买入了一种特殊的公司或行业的股票。当前金融服务公司、制药公司和电信公司几乎占 FT-SE 市场的一半。但是这些公司还不到整个英国经济的 10%。

消极投资并不是最小化风险(除非你最小化的风险是那些与指数不匹配的风险)，对于许多基金管理者和信托公司来说，这可能是正确的。但是虽然最小化风险可能是资金管理者的目标，但是却绝不是，也不应该是资金供给者的目标。资金供给者关心的是绝对的风险和收益，而不是相对的风险和收益。最小化风险可以通过多样化投资来获得。但是一个由英国大型上市公司股票所组成的投资组合就不应再进行多样化了，这是因为这些公司都是资本市场和行业的领导者。现在这类投资组合（不必进行投资多样化的组合）是由一组类似的公司组成的，它们具有相似的管理类型、相似的企业目标和相似的战略，并且这些公司越来越集中于三个或四个全球性的行业中。

展　　望

当前，指数投资可能占美国机构投资者总股权的 20%。现在的指数投资是投资于一系列的指数，如新兴市场指数、工业指数以及其他证券指数等等。令人惊讶的是目前指数投资的比例却并不大。阻碍指数投资增长的一个原因可能是指数投资的代理问题，积极投资管理的代理问题不如指数投资那么多，一些人认为指数投资客户所承担的投资选择责任可能比积极投资经理的大。此外，如果股票市场持续下跌的话，指数投资本身的特点也会制约它的增长。

当与其他金融服务（如业绩考核、保管和管理、公司治理监控等等服务）相结合时，指数投资的效果就会非常好（参见“业绩评估”和“公司治理”两章）。因此，指数投资的管理成本常常是与那些大型综合性银行所提供的客户化服务紧密联系在一起的。

指数投资，作为一种投资战略已经应用于很多投资类型中了。它为投资者提供了一个能够充分、有效地进行多样化投资的方式。尽管如此，许多积极管理基金提供的特色投资哲学和战略仍然会吸引许多的投资者（参见“积极投资组合管理”一章）。一个折中的方法可能是同时投资于股票和债券中，并把主要的资金投资在指数基金中。在指数投资之外，为了在较长的时间内增加投资的业绩，投资者可以选择符合自己想法的积极投资管理基金来管理他的增量投资。

参考文献

印刷版

- Peter L Bernstein，Capital Ideas：The Improbable Origins of Modern Wall Street (Free Press，1992) ——该书含有指数投资的最新学术发展以及业内人士的实践经验

在线

- www.stanford.edu/~wfsharpe——诺贝尔奖获得者比尔

　·夏普的互联网站

● www. vanguard. com——Vanguard Group 公司的互联网站，该网站为个人投资者推荐优秀的指数基金

第十四章

一级市场发行

在众多的投资领域中最吸引人的领域似乎就是一级市场发行（股票首次公开发行，Initial Public Offerings，简称 IPOs）。在一级市场上购买新股有许多好处，尤其是在股市牛市中更是如此。它的诱人之处在于新股不仅能为投资者带来可观的短期回报，同时也能把投资者引入令人心动的新公司和新行业。由于 20 世纪 80 年代早期，全世界范围内国有企业私有化的潮流已经成为股票一级市场发行的又一源泉，这就使得投资者有机会以较低的价格涉足一些大型的企业，而且往往是全球经济的核心部门的重点企业。

一级市场发行的目标是为发行者获得最高的价值，同时也要确保股票在二级市场上能有一个良好的开端。新股的发行价格通常是固定的，是由发行者来设定的，通常等于未来预期利润的一定倍数。此外，除美国以外的国家，如英国，还可以采用标购（tender offer）的方式，即事先不设定发行价格，而是由市场供求来决定新股的价格。

发行价格固定的新股，常常会被低估，这就为投资者提供了一个机会，购买新股的投资者往往会预期股票在二级市场上市后价格会飚升。如果投资者以发行价格购买新股，并且在新股上市流通后卖出，当即就能获得可观的收益，回报率一般是5%～15%，但是新股在发行的过程中波动性是很大的。新股认购往往是超额认购，由发起人来决定股票的分配方案：可以通过抽签的方式，或者是通过按比例分配的方式，或者是给予某些投资者一定优待的方式，一般来说最受发起人欢迎的方式是将股票出售给私人投资者。股票分配方案因国而异，在某些国家，如美国，具有随意性；而在其他的国家则是按照认购额来平均分配的。

80年代和90年代在英国的私有化过程中，新股的价格被极大地低估了，有些时候还伴有一些鼓励私人投资者的政策，在股票分配上甚至在价格上歧视机构投资者。从投资者回报、政府收益以及公司业绩改善的角度来看，这些在私有化浪潮中发行的股票是非常成功的。显而易见，受到英国私有化进程的激励，世界上其他国家的政府也逐渐开始把本国的国有企业改组为上市公司，虽然更多的可能是受到公司上市后的业绩的激励，而不仅仅是因为一级市场发行所募集的资金。

与私有化类似，私营部门的企业在一级市场上发行新股往往被看成是简单、迅速致富的途径，但是对于每10个成功的案例来说，往往都会有一个失败或严重失误的例子。事实上，对美国股票市场的研究表明在1988年5月至1998年7月间发行的5000多个新股中，大约有近1/3的股票目前已经不再交易，有44%的股票市场价格低于发行价格。

因此，私人投资者必须常常保持警惕，要仔细研究股票的招股说明书、公司的资产负债表及投资损益的有关情况。购买新股实际上是有很高风险的，它不适用于那些心理脆弱的人。目前经营状况良好或者是处于热门行业的公司在将来可能却需要格外注意。

投资者也应该意识到在新股发行期间，利益冲突以及潜在的种种矛盾是普遍存在的。显然在一级市场上发行新股是为了发行者的利益，而不是购买者，一级市场发行旨在从市场上获得尽可能多的资金。事实上，一些研究表明在一级市场上购买新股通常并不是一种很好的投资方式，它常常会使市场长期处于低糜的阶段。在某种程度上，这可能是由于公司在近几年中忙于准备财务数据、承销商大肆宣传、销售人员超卖股票等原因造成的。上述行为常常发生在股票市场牛市的后期。

一级市场发行分析的大师：爱斡·维尔奇

金融学教授爱斡·维尔奇在他的网站上链接了大量关于一级市场发行的资料。他的一个显著特点就是他评价了新股发行短期价格低估和长期业绩低下这两个相互联系的现象。维尔奇首先注意到新股在一级市场发行时价格一般低估了10%，即投资者从新股上市后的价格与其发行价格的差价中获得的回报一般为10%，这一回报一般要比股票日平均收益率要高。维尔奇对这一现象进行了研究，并提出了以下几个原因：

- 当投资者在认购新股时，如果新股价格高估，一般他就能买到他所要求的数量，此时投资者实际上是遭受了损失。但是当新股价格被低估时，只有在极少数情况下，投资者才能买到他所要求的数量，特别是在如果他不是承销商所偏爱的顾客情况下，更是如此。因此，投资者一般不愿意以“公允价格”来认购新股。为了使投资者认购新股，发行者往往会设定一个较低的发行价格。由于股票在二级市场上的流通价格往往要大大高于它在一级市场的发行价格，这样就使得在一级市场上认购新股看起来有利可图，但是一般的投资者却并不能从中获利。

- 由于发行者希望日后还能顺利地从投资者那里募集资金，因此他们往往倾向于向投资者让利。投资者也会记住他们曾经从认购新股中获得了不少的收益。
- 价格低估需要掌握投资者潜在兴趣等方面的信息。只有承销商以较低的价格向投资者销售股票时，投资者在认购过程中才会把他们的偏好信息反馈给承销商。
- 如果失去了一个重要的投资者，那么可能会失去所有的投资者。因此为了确保吸引第一个投资者，最好是低估新股的发行价格。
- 对于发行者来说，还存在一个代理问题，即由于承销商往往乐于做容易的事情而不喜欢做难的事情，尤其是当新股的发行价格很高时，就会使销售新股比较困难。因此为了使承销商能够较为容易地销售新股，发行者往往会低估新股的发行价格。

对于那些进行短期投资(例如新股上市流通后不久就将股票卖出)的机构投资者来说，如果它们可以以发行价格来认购新股，那么它们就能从新股的一级市场发行中获取利润，这有点像是对机构投资者前期支持的快速回报。从长期来说，购买新股并不是一种诱人的投资方式。大部分证据表明从总体上说，新股的市场表现并不理想，在发行后的3～5年的时间内，它们的业绩通常比同类公司低30％～50％。逖姆·卢夫阮和翟·瑞德也进行了类似的研究，并得出了相应的结论，验证了一级市场发行得业绩其实并不理想。

怎么来解释一级市场发行长期业绩不佳的状况呢？维尔奇提出了两个著名的解释，第一个解释就是公司的管理者要比市场聪明，他们善于把握时机，利用那些价格高估的股票。第二个解释是管理者操纵着公司的收益、历史情况以及公司将来的预测情况等等，他们可以为股票一级市场的发行进行包装。虽然分析家建议投资者应该检查一下公司的有关数据，然而在新股的发行过程中，这些分析家的报酬却是由公司来支付的。

相反的观点

在《智慧投资者》一书中，本杰明·葛瑞汉姆认为在新股发行的背后存在某种特殊的销售技巧，它需要某种程度的销售阻力。经纪人在促销新股的过程中，往往会获得两倍到三倍的佣金，经纪人所在的公司也会因为它的发行建议、融资架构、定价以及它对后市的支持而获得可观的费用收入。

几乎所有的经纪公司都会推进自己的一级市场发行工作，而且它们常常是十分主动的。但是在后市支持中，经纪公司向那些买入股票的客户所提供的建议往往却是不全面的。几乎没有任何证据能够表明发行公司向买入新股的客户提供投资建议，即便类似的建议是经过批准的。如果分析家忘记了这点，反而提出与之相反的建议，那么他就得另谋高就了。

研究表明费用控制是决定长期投资回报的一个重要因素。尽管费用是一个非常重要的因素，但是在市场高涨期间，人们却往往会忽略它，只有当市场处于下跌阶段时，它才会引起人们的注意。与二级市场相比，一级市场发行的费用尤其高。如果考虑到全部承销费和服务费的话，那么一级市场的发行费用一般占股票发行价格的5%～10%。高额的销售费用是激励销售人员推进新股发行的一个因素，同时整个发行费用还必须包括法律、会计以及其他相关的费用。

虽然伴随着英国私有化的成功经验，全球性的私有化看似十分诱人，但是作为一种全球投资方式的海外一级市场发行却十分复杂。不仅是因为国与国之间在会计实务及清算协定上有所不同，股票发行者的身份和声誉各不相同，连招股说明书所采用的语言也很不相同，此外还包括非居民是否能够认购某些股票，以及在超额认购的情况下处理认购申请的程序上差别也很大。例如，如果当一支德国的股票被超额认购时，那么对于那些非欧元区的投资者来说，他们在买入或卖出欧元时，将会面临大量的汇兑损失。在许多国家中，投资者很难得到认购股票所需要的全部信息，此外也很难找到积极参与海外一级市场发行业务的经纪人。

在那些不成熟的市场上，新股发行和私有化改制可能会引发额外的矛盾。证券经纪业和银行业可能是联合在一起的，投资银行为了赢得一级市场发行业务，不得不向客户提供某些临时性的融资。有时银行与经纪公司的联合可能会导致某些顶级投资银行的倒闭，例如香港的百富勤公司（香港一家投资银行，在亚洲金融危机中被收购）。该公司为印度尼西亚出租车公司提供了价值2.5亿美元贷款的保证，百富勤公司的保证责任一直持续到出租车公司可以发行股票为止。就在百富勤公司的贷款担保及计划为出租车公司发行股票期间，印度尼西亚发生了货币危机，百富勤公司由此也发生了债务危机。

不难理解当美国的银行重返股票一级市场时，也会产生类似的问题。在大萧条时代后，银行业和证券业实行了分业经营，但是现在为了迎合国际竞争的需要，银行业和证券业又走到一起来了。打个比方，如果高盛公司（美国一家著名的投资银行）也向英国电信公司的一级市场发行提供类似的担保，那么高盛公司也快倒闭了。

大师的回应

爱翰·维尔奇认为：

除非你是像菲德里逖那样的专业人士，否则投资于一级市场上发行的新股是非常危险的。个人投资者如果与经纪人没有特别好的关系最好不要投资于一级市场，也不要投资于那些在3～5年前才刚刚发行过新股的公司，因为一旦涉及到钱，再好的关系也只是过眼云烟。

这些建议都是针对个人投资者的。与其他的公司不同，初次发行股票的公司可以调整公司以前年度的财务报表，它们往往会用财务报表来表明公司具有快速成长的能力。此外，发行者也可以管理公司财务报表中的收益（由于控制收益是一个不太友好的词汇，它暗含着非法行为的意思，因此在这里我把发行者的这种行为称为管理公司的收益）。事实上，有25%～50%的一级市场发行中，发行者都在报表中夸大了公司的收益，这就使得在新股发行后的3～5年的时间中，公司的业绩要比市场上同类公司低

40%～50%。一个普通的投资者对这些是无能为力的。

在股票市场上，你会发现只有极少数股票的业绩比新股的业绩差。既然如此，那么为什么个人投资者还会把大量的资金投资于一级市场呢？我想可能是出于以下两个原因。

- 首先，有些投资者自认为能够从众多的股票中辨别出“微软类”的公司（指业绩良好的公司）和类似“Digital Research”的公司（Digital 公司现在被康柏公司收购，在这里指业绩不佳的公司）。不幸地是，对于每一个“微软”和“戴尔”这样的公司来说，就有数百个失败的公司。正如前面所说的，不加区分地投资于所有的一级市场上发行的新股并不是一个很好的决策。我的建议是：不必因为邻居炫耀他在微软公司一级市场发行时就投资于该公司而产生嫉妒情绪，他可能没有告诉你他的许多失败经历和重大损失。
- 第二，许多表现最差的一级市场发行的新股往往会被推介给那些最脆弱的投资者，例如寡妇、孤儿和信托基金等等。他们的经纪人向他们推介什么，他们就会购买和持有什么。我的建议是：千万别成为脆弱的投资者。

大多数我所认识的金融学教授（我认识数百位金融学教授）都会同意投资新手应该把资金投入到那些既有债券指数又有股票指数的基金中。事实上，大多数金融学教授他们自己也是如此投资的，即便他们花了大量的时间来研究哪些公司是好的投资对象，哪些公司不是。

目前的一级市场以及二级市场已经与以前的情况大不相同了。与互联网有关的公司其市场价值直线飚升。大多数互联网公司是在最近两年上市的，它们的业绩大大超过了我的预期。现在在互联网行业内似乎有许多公司看起来更像微软类的公司。

但是我仍然坚持自己的观点，我也想知道互联网投资者是否在玩着“音乐椅”（musical chairs）游戏（在这个游戏中最后一个投资者将会倾家荡产）。尽管我承认我自己也希望能够像那些投机于互联网并已经获利数百万美元的朋友那样，但是我还是认为笑到最后的才是真正的赢家。

展　望

研究表明，在市场很高时发行的新股要比市场处于平均水平或市场低迷时发行的新股要多得多。一级市场发行似乎是股市牛市的一个特征，它是一个进攻性的市场战略，并且常常是不落流俗的，尽管有些人认为一级市场发行在更多的情况是继承了市场的发展趋势，而不是预测市场将会下跌。

但是，为什么在1998年夏末市场下跌时，高盛公司决定要取消原定的一级市场发行业务呢？因为那时市场已经不再支持那些价格高于其实际价值的股票了。但是对于任何一个在一级市场上发行的新股来说，这意味着按照以前的计划，新股的发行价格要高于其实际价值，意味着由于过分自信和过量销售，投资者已经失去了自制力。

因此，投资者应该对一级市场发行持怀疑的态度。一个简单的交易法则是如果在认购资金结算的第一天股票的销售价格开始低于其发行价格的话，你就应该停止买入该种股票。此外如果你不能以发行价格来购买股票的话，也是十分不利的。

否则的话，你的精神和金钱都会受到一定的损失。因为投资者是在尽可能多的了解公司及其股票价格信息的基础上制定投资决策的，所以买入新股与买入现有上市公司的股票应该是没有什么区别的。由于股票的供给通常会超过需求，因此投资者在投资的过程中可以精挑细选。

一级市场发行将来会在互联网上进行么？通过互联网发行的新股能否让个人投资者以一个合理的价格更方便地买入新股？电子交易的增长速度是传统交易的几倍甚至几十倍，但是当电子交易经纪人能够战胜传统的交易方式（即那种把常规的卖方集团与电子商务专家相结合的方式）时，电子化的一级市场发行的增长将会更大。与此同时，在美国也有一些监管上的障碍，它要求新股发行必须符合“蓝天法”（美国证券业的监管法律）的监管，即必须按照每一个州的要求，一个州一个州的发行，而不是全国性的发行，并且还必须发布书面的招股说明书。实际上与计算机上的实时信息相比，招股说明书中的信息显然已经“过时”了。

现在的电子化一级市场发行看起来似乎更像用计算机来进行的常规发行，它们只是旧体制为迎合电子商务时代的一个很小改进，它仍然保留着通常代理商的价格结构。但是当市场要求降低成本时，当政府监管部门能够利用计算机设计出先进的监管框架时，当那些高水平的发行者要求对他们的一级市场发行采用最好的技术时，我们将会迎来全球电子化一级市场发行的时代，它的市场是开放的，信息披露是充分的，并且能够实时提供公司发行成本及所筹资金细节情况的信息。

参 考 文 献

印刷版

- Benjamin Graham, The Intelligent Investor: A Book of Practical Counsel (Reprinted by HarperCollins, 1985)
- Tim Loughran and Jay Ritter, "The New Issues Puzzle", Journal of Finance, March 1995.

在线

- Linux. agsm. ucla. edu/ipo——爱斡·维尔奇关于一级市场发行的有关资料以及其他相关站点的链接
- www. sec. gov——美国证券交易委员会的互联网站，它包括 EDGAR 数据库中最近发行和即将发行的新股的详细资料
- www. ipocentral. com——另一家一级市场发行信息的互联网站

第十五章

国际货币

目前在制定投资决策中考虑整个世界经济的形势已经越来越重要了。随着国与国之间贸易、资本流动的界限日益削弱，全球性的商品、劳务和资本流动已经使各国经济之间的依存度越来越高了。全世界每天的货币流动量大约是全球 4 个月的贸易总量。一个国家的长期融资计划可能被一些四处寻找市场弱点的贪婪交易者所破坏。此外在货币的统一流动下，以往信贷和国内中央银行建立起的无懈可击的防护层也已经倒塌了。

在这种情况下，政府和中央银行已经不可能仅仅在本国的范围内执行货币政策了，与国际组织如国际货币基金组织以及七国集团的政策合作已经越来越重要了。无庸置疑的是世界某一地区的危机最终将影响到其他地区。从个人角度来看，政府和银行应该采取某种措施。但是它们应该采取何种措施呢？目前社会各界对此有不同的看法，但是有一点大家达成了共识，即应该建立一个全新的委员会或会议集团。

全球化和自由化的趋势已经极大地改变了中央银行为实现其主要政策目标而采用的方式。市场的力量越来越强大：它管理着相应的政策；它指引着市场参与者绕过监管上的限制，自由行动。这意味着中央银行必须与市场各方协调工作，而不是与市场各方相对立。保持较低的通货膨胀需要政府能够有效地利用市场预期来支持它的决策。此外，稳健有效的监管应该包括管理相应的激励机制。

在货币政策中，以往各国都是在通货膨胀率与失业率之间进行权衡，找出适合本国国情的目标，然而目前各国所关注的目标是达到价格的稳定，并以此来促进经济的可持续增长。此外货币政策的中介目标也发生了改变。实践证明，货币目标区和联系汇率政策（盯住汇率政策）已经不能适应经济的发展了，现在越来越多的国家开始采用汇率浮动目标区政策，并以政策制定过程中的透明度以及中央银行行动的独立性作为实现本国货币中介目标的保障。

随着一些机构投资者的破产以及某些国家金融体制中出现的严重问题，目前金融稳定性已经普遍受到各国的重视。目前区分不同类型的金融活动或者是对不同的机构实行不同的监管已经变得越来越难以实现了。金融系统的稳定性要求各个金融机构都能正确地理解和管理它们各自的风险，并且能够保持充足的资本来抗御风险。

在过去的25年中，国际货币体系发生了很大的改变。第二次世界大战后建立的布雷顿森林体系是以政府为导向的，即由布雷顿森林体系来规定一国货币兑美元的汇率和该国货币汇率波动的界限，在国际货币基金组织的监督下，由各国来干预外汇市场，以维持货币汇率波动的界限。而目前的国际货币体系是以市场为导向的，主要国家普遍实行浮动汇率制度，汇率的波动是由市场来决定的，汇率的调整也是通过市场来进行的。中央银行的任务是监督市场各方的运作是否高效和维护市场的稳定。这就意味着宏观经济政策和法令要具有稳定性和可持续性，宏观经济政策旨在确保资本流动的方向和密度的改变不会影响整个金融系统的稳定性。

利率、通货膨胀率及汇率的变动可以通过国际货币体系来传递，它们对所有的投资都有举足轻重的影响。然而在世纪之交，它们的重要性是通过全球性危机而为世人所知的。这次危机产生于1997年的夏天，最初只是在亚洲产生了地区性的金融危机，到1998年夏天则发展成全球性的金融危机，它扩散到俄罗斯，并引发俄罗斯的债务违约和卢布的贬值，此外它还威胁到拉丁美洲的国家。在此期间，世界第二大经济强国日本也进入了经济萧条期，并且似乎也复苏无力。

尽管由于美国的联邦储备委员会相应地降低了利率，危机似乎中止，然而全球性危机依然潜伏在我们的周围。美国似乎也不可能长期保持“全球萧条中唯一一个繁荣”的国家。在这个越来越不稳定的新体系中，快速抓住市场就能获得巨额的利润。

国际货币的大师：马丁·芭尼斯

马丁·芭尼斯有一项非常艰巨的工作。他从托尼·波克的手中接过《银行信用分析》这本国际货币研究快讯的主编职位。做波克的接班人并不是一件简单的工作，波克的成就甚至超过了快讯创始人哈弥尔顿·波顿。芭尼斯必须保持平衡的心态，一般来说他有点保守，完全依照客户的心愿。他的工作方法十分老道，现在这本被人称为BCA（银行信用分析英文名称的缩写）的月刊上一直都载有他的人物邮票。

芭尼斯是一位非常严谨的苏格兰人。但是当他谈到金融和国际经济时，他会讲得非常生动有趣。他认为金融市场是一个充满神奇色彩的世界。他的工作是对全球金融进行研究，并由此创作出相应的著作。他在工作中充满了智慧，数字是他表达思想的语言。如果给他一堆数据，他会做出一系列的图表，他可能一直会追溯到50年前的数据，他会用这些图表将当时的情况与现在情况进行比较，并以此说明市场的发展情况。

在市场上长期一般是指一周或长于假期的时间，而芭尼斯却是个真正的长期分析家。因此他对市场实时交易剖析的要求感到十分棘手。他的研究工具虽然不算很好，但却是十分适用于经济周期的分析，例如他最擅长的分析工具是长期波动动态分析(long-wave dynamics)，一般周期大约是60年。但是他也能通过某种方式来满足市场的需求。他和波克及其他同事拓宽了BCA的发行范围，现在BCA的内容涉及每一个发达市场，大多数发展中市场和所有的金融工具。如果你要在一本投资曲线走势日报和BCA之间进行选择的话，你最好选择芭尼斯的BCA。因为它不仅能够告诉你你现在正处于“投资图”(investment map)的哪个位置，而且更重要的是它还能告诉你你现在持有的是哪一张“投资图”。

芭尼斯的研究和著作涉及的面很广，包括与投资者相关的各个领域。在过去的几年中，他著有大量关于新技术、长期波动周期、低通货膨胀对金融市场的含义以及公司盈利趋势分析等诸多方面的著作。例如，在BCA1999年展望中，他论述了自己关于目前变幻莫测的国际经济形势的观点：

全球经济所面临的关键问题是供给过量，而不是金融体系是脆弱的。供给过量的重要特征是资本回报率日趋下降以及贸易商品价格的下降，这就造成了通货紧缩，而通货紧缩对公司盈利是十分不利的。世界经济还有其他几个不平衡的因素。美国的个人储蓄率为负，经常帐户存在大量的赤字，股票市场价格高估，风险很高(极端高估的股票市场存在着巨大的风险)。而在日本情况则恰恰相反，日本的问题在于储蓄过度和经常帐户的大量黑字(黑字代表盈余)。

芭尼斯认为当前这个金融时代可能会在新千年结束。在BCA1998 年 10 月刊上，他写到：

目前美国债券市场和股票市场的综合回报率达到了 1982 年牛市以来的最高值，在整个经济中，金融资本巨额扩张。这个不同寻常的金融时代快要结束了。随着金融业的回报率回落到正常的水平，它将会在金融服务业中引发一场重大的合并。由于对冲基金以及其他货币管理者致力于保持两位数的回报率(而世界经济的平均回报率是一位数的，即回报率低于 10%)，因此金融业回报率的回落是不断调整变化的。

相反的观点

在歌剧“三便士”中有一句歌词是“钱能使整个世界运转起来”，事实上的确如此。但是货币理论常常被人们误解。许多人认为货币是一样东西，是一个常数，是资本等等。他们忘记了货币并不是一样东西。它是一项承诺，是诸多承诺链中的一环。如果承诺链中任何一环断开了，并且如果它既不能被某些更有力的承诺所代替，也不能被承诺链中的其他部分所代替，那么承诺链中所有的承诺都会破灭。从全球范围来看，货币在不断缩小，并且它缩小的幅度是十分惊人的，这是因为我们对整个承诺链是否能继续保持持怀疑态度。

只有当人们证明某些旧思想的谬误时，才会屏弃它。国际货币体系的许多基础前提也已经向人们发出了类似的反馈信号，即这些基础并不都是十分合理的。尽管在研究全球经济的过程中，我们已经做了大量的工作，花费了大量的资金，但是我们的了解依然很少。从广义上讲，我们在研究那些旧的、过时的教训。接受挑战，运用复杂性（complexity）来发现新的观点是十分有益的。当我们运用复杂性（complexity）原则时，我们就有可能（仅仅是有可能）更好地理解这个日新月异的世界。

例如，国际货币基金组织关于发展的传统观点是指健全的政策（包括紧缩的货币政策、平衡的财政预算政策和灵活的劳动市场）将吸引资本流入，促进出口以及促进非通货膨胀型经济增长（指不是由于通货膨胀，造成价格上升，国内生产总值［价值量］的上升，从而带来虚假的经济增长，非通货膨胀型经济增长的含义是保持经济增长同时通货膨胀率维持在一个较低的水平）。事实上，国际货币基金组织所做的大部分工作是向各国提供宏观经济政策建议，促进各国微观经济改革。与之相反，复杂性（complexity）的观点则认为各国经济在本质上不一定相同，经济增长可以有许多表现形式，例如在中国经济增长表现为内需的增长，而在危机之前亚洲四小龙国家，经济增长则表现为出口的增长。

关于一部分发展中国家货币汇率的问题，有一种观点是某些因素如民主、人权、保护环境等等是这些国家长期保持较低汇率的原因。这一建议（即采用民主、人权、保护环境等政策，从而长期保持较低的汇率)很可能对二战后期那些遭受战争破坏的地区发展当地的市场很有帮助,并且它为这些地区带来了大量的资金。但是这也有可能是由于发展是必要的,而不管成本有多大。二战之后,在麦克阿瑟将军领导下的日本以及在皮诺柴特领导下的智利却没有丝毫的民主特征。根据复杂性(complexity)原则,我们提出的建议是经济政策必须要适应时代的要求。

俄罗斯金融危机带给人们深刻的教训。现在人们已经把国际货币基金组织看作是当国家发生支付危机时全球最终的贷款人,尽管在布雷顿森林体系时国际货币基金组织的这种作用并没有被明确规定。俄罗斯金融危机也表明在全球范围内国际货币基金组织已经不再有效。由于美国国会以及其他一些国家拒绝向国际货币基金组织提供资金,目前国际货币基金组织已经资金匮乏,它已经无法阻止危机从亚洲发展到日本后来又发展到俄罗斯,有可能还会牵扯到中国、东欧,甚至到美国。这种体系目前已经崩溃了,人们似乎不可能在同一时间内既修补这个体系又不断的打破它。营建一个全新的"国际金融架构"是一个全球性的问题,它将得到全球性的关注,并且最终会找到全球性的解决方案。

大师的回应

马丁·芭尼斯认为:

考虑到全球市场,我提出一个问题,即亚洲危机是否代表了自由市场体制的失败。有些人认为的确如此。我却不这么认为,我觉得在向更开放的市场迈进时这仅仅是暴露了一些经济中的问题,即市场力量被政府干预、金融政策缺乏透明度等等因素压抑或扭曲。有人可能认为信息技术的发展将迫使政府采取更开放的政策，从而有益于经济的长期发展。也许并不存在中间道路，政府将决定是采取自由市场模式还是采用全封闭的经济模式。在现在这个电子货币、互联网的信息时代，第二种模式将越来越难以执行。

也许它并不是发展自由贸易所必须的新型全球金融架构。资本流动的波动性一向都很大，并且常常会搅乱微观经济的发展。我认为解决上述问题可以通过制定微观政策控制某些类型的短期资本流动来实现。

对于美国经济与其他国家经济之间日益扩大的差距，我们仍然十分震惊。在很长一段的时间内，我觉得欧洲总是误解和低估了美国的实力。与欧洲的议会制相比，它们只注意到美国的政治制度非常混乱，但是它们却没有注意到美国经济的强大力量。它们错误地认为许多新的工作是非常简单的，它们只看到美国的高犯罪率和收入的不平等。但是回顾一下历史，就能知道谁能保持高速的经济增长、较低的失业率、保持预算盈余、在高技术革新领域内保持领先的地位……？显然不是欧洲。

的确，美国也不能在一片萧条中长期保持繁荣，但是美国所拥有的灵活、动态的经济结构将在全球新经济架构中起到越来越重要的作用，在这一点上美国（指美国灵活、动态的经济结构）具有极大的优越性。当世界上其他国家举步维艰时，美国能够保持长期上升的趋势吗？似乎不太可能。我认为全球通货紧缩的压力最终将危及美国的股票市场，将进一步加剧全球的经济萧条。

展望

世界经济似乎正处于罕见的转折点：目前商品价格急剧下降、许多机构无力修正长时间存在的诸多问题、地区控制的加强以及全球化趋势的减弱、金融系统崩溃、货币流通速度急剧下降、政治上缺乏领导、世界大部分地区的财富在逐渐减少。

也许通过研究文化(而不是经济本身)，我们能够发现目前所处的经济周期。一般来说，文化居于经济之前，而不是经济居于文化之前。50年前，在经济发展的过程中产生了许多十分强大的机构：政府是非常强有力的机构，跨国机构也是十分强大的。布雷顿森林体系中各国货币是相互联系的(各国货币普遍都与美元建立固定关系，因此两种货币之间的比价也是固定的)。布雷顿森林体系主要是靠各国中央银行之间的协议来维持的。

25年前，一些机构开始独立起来，一些区域经济集团也得到了很大的发展，这些区域经济集团之间的协调也日益增多。人们开始对各自的未来充满信心，他们越来越需要团结协作、相互学习，而不是划分阶层和独裁专制。

现在，我们又更进一步了。每一个人都想与众不同。科技向人们提供了大量的实现方法，而不仅仅限于传统的相互交流这一种方式。目前人们希望别人根据他们经济收益，而不是他们是否是某一组织或团体的成员来评价他们的价值。这在处于60年向上的经济周期中是一个很正常的阶段。但是，重要的是下一步会怎样？“我们是希望一个安全的网还是一个开放的保护层？”

经济和文化的一个重要转变可能就是从通货膨胀转变为通

货紧缩。在通货膨胀的经济环境下，货币的购买力会持续下降，公众只保留少量的货币以供日常交易之用。对于货币政策来说，货币作为储藏价值的功能并不是最重要的。相反，如果在通货紧缩的环境下，人们更愿意留有货币，人们预计货币的购买力会不断上升。

一旦公众认为可能会发生通货紧缩，中央银行就应该采取措施尽可能地减少公众对通货紧缩的恐慌。人们对通货紧缩的恐慌可能是十分危险的，如果人们开始相信在一段时间内货币的购买力会急剧上升，那么他们就会倾向于持有货币。由于公众储存货币、延迟消费，这就会造成总需求不足和失业率上升，最终会引发通货紧缩。

延迟的通货膨胀是一种货币现象，坚定的中央银行可以控制这种通货膨胀。同样地，中央银行通过充分采取扩张性的货币政策，可以防止通货紧缩。在对付通货紧缩之前，中央银行也许应该考虑如何向公众解释它对付通货紧缩的机制。宣布较低的容忍区间也是十分有帮助的。为了进一步树立中央银行反击通货紧缩的决心和增强公众的信心，它们甚至可能会宣布在反击通货膨胀中可能采取的方案。

马丁·芭尼斯认为：

有趣的是，在1998年日本银行政策委员会的年会上，一名成员直接将日本货币政策的中期目标定为把通货膨胀率提升到1%。尽管许多会员十分关注通货紧缩的风险，但是这项提议还是最终以8票比1票被否决了。这一结果可能并不奇怪，日本银行不愿意支持债务扩张型货币政策，这是由于在过去20年中世界上所有的中央银行都在极力批判上述措施。

最后一个重要的方面是要组建新的最终贷款人。目前许多政府和金融市场都意识到最终贷款人在国际金融中的作用了。布雷顿森林体系几乎就要建立一个国际中央银行，但是由于美国不同意，最终还是放弃了。现在又一次提出了这个需求，甚至连国际货币基金组织的第一任副董事斯戴利·费石也意识到了这一点，他认为国际货币基金组织的目的就是要起最终贷款人的作用。但是国际货币基金组织却没有足够的资金，也没有资金来源，它只能针对每一个具体案件从其主要成员国那里获得资金。国际货币基金组织与世界中央银行相去甚远，而国际清算银行也许可以通过重组建立世界中央银行。不论哪个机构要成为世界中央银行，都需要一段漫长的时间，但是它却是固定国际货币体系的一个重要方式。

参考文献

印刷版

- The Bank Credit Analyst——每月出版一期，在持续评估货币及信用的基础上，分析预测商业发展趋势及主要投资市场的发展趋势

在线

- www.bcapub.com——银行信用分析（Bank Credit Analyst）的互联网站，该网站载有它出版的快讯
- www.stern.nyu.edu/～nroubini/asia/asiahomepage.html——Nouriel Roubini 的互联网站，该网站汇集了有关全球经济危机的重要文献
- www.1-888.com/longwave——该互联网站有大量关于经济长期波动的基本信息

第十六章

互联网投资

投资于互联网和通过互联网进行投资正在成为新的投资前沿。互联网这种新的通信媒体对商业和社会有着巨大的潜在影响，这种影响反映在人们对互联网股票的疯狂投机上，这些股票的价格被炒得极高。很多这种投机是通过在线交易进行的：互联网使得“电子交易员”的出现成为可能，他们利用互联网上丰富的在线信息和在线经纪人很低的交易费用，对股票价格的极短期走势进行预测并交易。

Wilshire 协会计算出互联网股票占了 1998 年美国市场收益的 1/5（该协会管理着 Wilshire5000 指数，这是一个标尺，它涵盖了美国 7400 家公开交易的公司）。而一些著名的互联网公司如雅虎、亚玛逊网站和网景公司当年更是创下了 3～4 位数的年收益率。市场上最热门科技股的家园——纳斯达克，当年也创下了自 1971 年开市以来排名第三的年收益。

由于绝大多数互联网公司还没有真正开始盈利，它们股票的火爆引发了一场关于该如何给它们估价的有趣讨论。传统的工具很难适用于这些股票，因此有这样一种说法，认为这种现象是“给增长的上限定价”。吉姆·赛姆（Jim Seymour）在 TheStreet.com 互联站上提供了这样一个半开玩笑的计算公式：

"这是一个非常深奥的代数问题，可以这样不太精确地表述：动力＋未来＝现在看起来较低的价格。"

一般说来，处于早期快速增长阶段的公司在融资过程中会遇到很多困难。对运营资本的需求，不断增加的费用以及为了吸引融资而作出的乐观预测，都给融资的成长性公司带来了很大的财务压力。但互联网公司却不是这样：公司客户的增长（未必是公司收益的增长）似乎就已经给公司股票的发行带来了机会（请参见"一级市场发行"一章）。这样公司就有机会为其收益增长的前景定价——为增长的上限定价——即使是在还不能证明这种增长将会产生收益或者在能够估计出毛利以前。

到1999年初，投资者对互联网股票似乎有点不惜血本，这引起了美联储主席阿兰·格林斯潘的注意，他告诫人们要警惕这种"博彩心理"。同时，他也承认投资者对于互联网股票的热情也不无道理：

潜在市场的规模是如此之巨大，以至于为了获得这些虚无缥缈的潜力，你会使用大量不同的投资工具。毫无疑问有些这类小公司将会取得成功。但绝大多数几乎注定要失败。

对于证券业自身来说，互联网使得投资过程更加民主化了，因为它使很多人都能够访问到甚至是最详尽的数据，从而为个人投资者提供了一个公平竞争的舞台。有很多免费的互联网站提供实时的股票报价，一些聊天室则提供了各种论坛，来讨论那些在华尔街并不热门的股票。现在我们可以通过一些途径来获得关于公司、国家、地区、人民和文化的信息，而只是在很短的时间以前，我们还无法获得这些信息。

高科技投资大师：乔弗瑞·摩尔

技术采用生命周期，是由 Everett Rogers 于 50 年建立起来的一个模型，它描述了技术被消费者接受的过程。它描述了高科技市场经历的五个阶段，即新技术依次被发明者、最初的接纳者、早期的用户群主体、后期的用户群主体、落后者所接纳的过程。断层集团（该集团是一家总部设在加利福尼亚州 San Mateo 的高科技市场策略咨询公司）的主席乔弗瑞·摩尔把这一概念延伸到个人电脑和互联网时代的营销中。他引入了一个很重要的观点，即：在技术周期内的不同阶段之间不存在平滑过渡。他还把这一思想应用于高技术投资当中。

摩尔的第一部著作《跨越鸿沟》，介绍了一种鸿沟理论，认为新技术公司及其产品要想进入盈利的主流市场，必须要跨越这种鸿沟。他给出了调整市场开发和营销沟通策略的指导性原则，以确保产品能够以合理的定位进入市场。该书的续篇《处在旋风当中》，探讨了如何将这种鸿沟之外的高速增长潜力转化为资本的问题，这要求对市场策略进行根本性的转变。

摩尔与保罗·约翰逊（Paul Johnson）和汤姆·吉布拉（Tom Kippola）合著的第三本书《大猩猩的游戏》，结合股票估值方法和前两本书中的市场分析方法，围绕着购买和持有作者所说的那种“大猩猩”公司的股票，给出了一个可靠的投资策略。这本书与一般的成长性投资书籍有所不同（请参见“成长性投资”一章），该书专门探讨高科技公司，特别是那些面向快速增长的大众市场，以产品为导向的公司。摩尔认为，一些高科技公司拥有自己的市场，它们的价值要高于传统的上市公司，通过向这些公司投资，我们可以获得高于平均水平的回报。

摩尔认为，市场接纳某种科技的结局一般是某个公司脱颖而出，变得超级强大，经久不衰。这些公司被称为大猩猩，而成功投资者的要诀就是学会区分“大猩猩”、“黑猩猩”与“猴子”。“大猩猩”是指那些提出标准体系结构的公司，例如操作系统，而“猴子”是指那些提供兼容产品的公司。“黑猩猩”是指那些试图成为“大猩猩”，但其标准体系结构未被市场采纳的公司。

这个游戏的要诀就是，买一堆具有“大猩猩”潜力的公司股票；一旦其中某一个公司变成了“大猩猩”，就卖掉其他公司的股票；并长期持有这些股票，只有当出现了另外一种新技术使得该公司的地位受到严重威胁时，才卖掉该公司的股票。摩尔认为，“大猩猩”公司股票的显著升值与该公司远远超出对手的竞争优势期有着直接的联系。

相反的观点

1958年，玻璃纤维船股票是当时市场上的抢手货，而本书的合著者之一迪恩·利巴朗对这类股票有着极深的研究。那时，玻璃纤维船有完全替代木头船的趋势：它不易损坏，非常轻，不漏水，而且基本不需要维修。此外，对于建造者来说，花费30万美元买一个模子后，每建造一只船的材料成本只需50美元，想造多少就可以造多少。玻璃纤维船符合美国50年的休闲主题；对于制造商来说，它具有高固定成本，低可变成本的特点；总而言之，方方面面都很理想。当然，当时也没有多少玻璃纤维船的股票，名气比较大的主要有Glaspar、Glastron和美国可塑玻璃纤维公司。

现在，互联网股票可能和当时的玻璃纤维船股票类似。同当时的玻璃纤维船相比，现在对于互联网的讨论也同样非常热烈；互联网也同样具有高固定成本、低可变成本的特性，互联网科技也同样令人耳目一新，也同样符合某种时代主题。但是在40年以后的今天，有谁还记得玻璃纤维船股票？而40年甚至于4年以后，今天的互联网股票还会有人记得吗？

与互联网行业具有可比性的另一个较近的例子可能就是90年代中期以前的新兴市场：同样有激动人心的发现，有巨大的增长潜力。需求似乎也是无限的。新兴市场之所以吸引投资者，是因为人们对于它的风险或是最终结果知之甚少。但现在不同了：我们变得越来越成熟，越来越清醒（请参见“新兴市场”一章）。

另一方面，互联网目前所处的阶段相当于亚洲金融危机爆发前几年的新兴市场，人们的热情相当盲目。例如，现在入口互联网站似乎很重要，但如果消费者在购物时能够很容易地进行挑选的话，情形恐怕就会大不相同了。互联网似乎是新兴市场的翻版，它可能会沿着同样的轨迹发展。目前它正处于上升时期。

我们在“狂热，恐慌和崩溃”一章中所介绍的大师马克·法布尔认为，在任何市场繁荣期中，最危险的时刻就是当资金供应者开始掉以轻心，仅仅因为每个人都这么做就轻易地相信他们所投资的资产价值时。一旦监视资产价值的花费过高，而未获得投资的机会成本难以承受时，就会出现前进中的曲折：投资者不再密切关注资产的潜在价值，而是在市场的动力和羊群行为中寻求心安。

真正理解互联网技术的发展趋势是非常困难的，而很多投资者在哄抬互联网股票价格的时候，似乎并没有仔细研究那些公司的收入。实际上，很多投资者似乎都认为，能够在牛市中精选出几支业绩领先的股票，特别是风险很高的高科技股票是投资战绩辉煌的证明。然而一旦市场下挫又会出现什么样的情况呢？在成交量很低的市场中，在线经纪人还能够进行大规模交易吗？

我们在“政治与投资”一章中所提到的大师爱德华·亚德尼也对互联网股票持怀疑态度：他这样写道：

新经济是雅虎经济，一切都好像是无限的，要说有限制，那么这种限制也在网络空间之外。通用汽车和 IBM 都曾经一度在市场上领先。现在互联网股票成为了市场的领先者。在新的理论中，比较互联网站的出发点不是网站收入，而是访问者的人数。作为 yardeni.com 互联网站的管理者，我本应是该理论的支持者。也许我应该考虑上市。然而，尽管我了解互联网，同时我也是个守旧的人。我接受的教育是，股票的价格应该等于公司未来盈利的现值。我认为，从根本上讲，互联网具有通货紧缩的性质，这对于公司的盈利来讲是十分不利的。

展　望

互联网越来越深入我们的日常生活。它在商业、批发、电子商务的零售业务等方面的应用增长最为迅速。对于消费者来说，互联网使得：广告可以针对特定客户来定制，并可以直接投放到真正对某种产品感兴趣的客户那里；购物变得极为方便；货比三家变得更加容易。

智能移动代理或一些被称之为 bot 的程序是一种新的计算

形式，它非常适合于互联网的异构性，将会变得越来越重要。这是一些独立运行的程序，能够为你做一些事情。例如，一个 bot 可以在互联网上的虚拟旅行社那里，按照你对日期、价格范围、旅行种类以及旅程中的其他特点的偏好来搜索机票，无需再请示你。配备有某些协商技巧的 bot 还可以用来商定会议日程安排，参与在线拍卖或在金融市场上进行交易。

使用图书馆进行研究首先依赖于图书馆中的书籍是否排列有序，其次依赖于你利用资源进行研究的技巧——你在获取、整理、摘抄、总结方面的能力如何。现在不是这样了。我们完全有可能让一个 bot 来做这样的研究，它可以不知疲倦地一周工作 168 小时，无需额外的好处。而且从理论上来说；你可以有很多很多 bot——还可以用一个 bot 来控制所有这些 bot。

一旦某人对互联网上的商务和研究驾驭得较为纯熟，就会沉溺于互联网。那时将很难想象再回到用传统生活中会是什么样，比如通过某种比较老的系统查找所需的信息，或是真正走——在美国是开车——到商店去买东西。bot 还会使品牌的重要性消失，在信息缺乏的世界里我们习惯于考虑品牌因素。有了互联网，信息不再缺乏——可能是太多了，品牌和入口站点的作用将会减弱。

另外，随着类似于代理这样的新技术出现，公司想要占据“大猩猩”策略中所要求的那种竞争优势地位越来越困难了，除非该公司是网络的建造者或其客户是同行业的其他公司。而且互联网的开放性将会威胁到公司的利润，哪怕是那些占有很大市场份额的大公司也不例外。这就是我们为什么会热心关注互联网的发展潜力，但却对互联网股票的过高估值持怀疑态度的原因。

因此，是不是可以说互联网对各行业的主要影响就是打乱了原有的利益分配关系，或者说互联网在其中分了一杯羹，它孕育了新的应用？我们可以看到互联网的一些影响：经纪人正在被在线金融服务所取代；网上购物正在神奇般地风行起来，不过它并未给供货商带来更多的利润；邮政行业也正面临着互联网的威胁。我们确实知道某些新兴行业将会出现，但我们还没有真正看到这样的新兴行业究竟是什么。很可能正是因为各个公司进入互联网太容易了，所以谁也赚不到钱。最后，让我们比较一下互联网与当年的印刷机——我们知道当年印刷机曾经使无数的僧侣和抄写员失去了工作。

似乎在线投资将会继续以惊人的速度膨胀，并且大大超出交易员的投机世界。但是它将会对传统的金融服务产生什么影响？例如，华尔街的经纪人们正在面临巨大挑战，他们要对付那些贴现的在线经纪人。

我们在“积极投资组合管理”一章中提到的大师比尔·米勒这样认为：

我认为在线市场就像贴现业务一样——它只是市场的另外一个组成部分，它并不会取代传统的交易或经纪人业务。这有点像电视，以及后来出现的录像带同电影的关系。在线交易者最像传统贴现经纪人的客户，这就是为什么Schwab会在这方面如此成功的原因。自助服务的市场是很大的，在很多行业都有很显著的增长，但是总会有人愿意为服务和建议付钱。这和其他一些互联网应用有很大的不同，比如书籍的零售，边界书店的最佳客户也是亚马逊网站的潜在客户。经纪人的最佳客户——投资于股票并使用保证金的富裕家庭并不是电子交易者的主体，这两类人的构成完全不同。他们可能会在一代人以后融合，但到那时，即使最笨的经纪人也已经能够适应这种变化了。

CBS 市场观察节目中共同基金栏目的编辑保罗·法拉奥(Paul Farrel) 对此有着不同的看法：

华尔街机构就像中世纪的牧师阶层，相信自己具有某种神的权力，某种超人的洞察力，有某种接近市场之神的特权。毫无疑问在线投资革命吓跑了华尔街的恶棍，所以他们憎恨自助投资者，因为这些新一代的投资者是无神论者，他们不依赖于华尔街，而且不相信华尔街有特殊智慧的神话。

他接着谈到：

我们预计，华尔街的经纪人们将会在新千年失去工作，成为这要“感谢”在线投资技术，特别是新的基金超市。到 2000 年，6500 万共同基金投资者中将会有超过 25%的人拥有在线投资帐户。他们将会作为控制市场的关键力量出现，对市场的控制将会由华尔街转移到主干大道，那里的人们只忠实于计算机、互联网和自己内心深处的灵魂。

1998 年 6 月，《连线》杂志创立了一个市场指数，被称为新蓝筹股指数：

……本着道先生无畏的精神，我们创立了《连线》指数。我们的目标是在信息时代完成道琼斯工业指数从前所完成的任务：跟踪建立了新经济的那些公司的增长——不仅是通常的那些高科技股，还包括各种各样运用技术、网络和信息改造世界的企业。

该杂志继续讲道：

在“无形”的成分比例越来越高的经济中，传统的金融工具的效率越来越低。在创立《连线》指数的时候，我们转而寻找那些学习新东西较快的公司——它们已经发掘和利用新的数字化网络世界。它们所具备的基本品质包括：全球主义（利用全球市场和开放系统）；通信（树立品牌和观念共享；联网）；创新（创立和利用新思想；速度和灵活性）；技术（使用新工具以取得最佳效果；适应性）；有战略眼光（懂得如何正确定位，并保持）。

政府则极力希望规范互联网。有些色情材料通过互联网进入了未成年儿童的手中，进入了一些国家（诸如新加坡）的公民手中，而在那里人们认为这是一种冒犯。有些政府试图向电子商务征税。而其他的国家（例如美国政府）似乎认为互联网高速公路应当用一些一般性的原则来规范。互联网的早期增长似乎是被一些非金钱的目标所驱动的。而现在金钱在网络公司的计划中至关重要，股东期望值很高，政府在制定规则时也打算大捞一把，互联网还会比从前更有用吗？看样子恐怕不会。不过我们也要看到，到目前为止，人们的每一项预测都被打破了——上限被突破了。

参考文献

印刷版

- Stephen Eckett，Investing Online：Dealing in Global Markets on the Internet（Finacial Times Pitman Publishing，1997）
- Geoffrey Moore，Crossing the Chasm：Marketing and Selling Technology Products to Mainstream Customers（HarperBusiness/Capstone Publishing，1995）
- Geoffrey Moore，Inside the Tornado：Marketing Strategies from Silicon Valley's Cutting Edge（HarperBusi-

ness/Capstone Publishing，1995）

- Geoffrey Moore，Paul Johnson and Tom Kippola，The Gorilla Game：An Investor's Guide to Picking Winners in High Technology (HarperBusiness/Capstone Publishing，1995)

在线

- fisher. ecn. bris. ac. uk/staff/ecnv——Nir Vulkan 的互联网站，研究代理技术和电子商务对经济的潜在影响
- stock. wired. com——《连线指数》的互联网站，实时更新
- www. gorillagame，com——本书的互联网站
- www. imagination-engines. com——一个演示 bot 能够做什么的互联网站
- www. thestreet. com——一个好的信息源，含有关于股票市场的有趣文章
- www. yardeni. com——爱德华·亚德尼 (Edyardeni) 的互联网站

第十七章

投资咨询

大多数个人投资者都没有充足的时间、技巧或技术来对众多上市公司和其他资产的价值作出正确的评估。但是所有的个人投资者都需要制定各自的投资决策。因此，许多投资者往往借助外部建议来尽量避免投资的严重失误，提高其投资组合的收益。他们一般向股票经纪人、金融顾问、共同基金管理者等人去寻求帮助。

与此类似，机构投资者，例如养老基金等，也常常借助外部的建议，它们主要是向投资管理公司咨询。另外，这些基金的负责人也在寻求另一种类型的建议，即如何选择基金的管理者。这种要求了解投资管理者客观信息的需求（如人员情况、产品、经营程序、业绩和经营原则），就促进了机构投资咨询业的发展。

现在，机构投资咨询已经不仅仅局限在挑选优秀的基金管理者上。优秀的投资顾问要精通大型基金管理的各个方面，包括资产分配、治理结构、资产等级战略和资产结构等等。

投资咨询大师：乔治·罗塞尔

本书中所介绍的这些投资大师们，一些是研究公司的，一些是研究投资类型的，只有少数人是研究行业的。乔治·罗塞尔就是研究行业的投资大师，他是研究机构投资咨询业的。

养老基金是从20世纪60年代开始进入美国的股权市场，而在此之前它们的投资领域仅仅限于债券市场。第二次世界大战之后，由于人们普遍认为经济会萧条，因此为了在资产保值的同时获得高于存款利率的收益，大多数机构投资者只投资于债券市场。20世纪50年代到60年代，当人们对全球经济恢复信心时，为获取较高的回报，养老基金开始投资于股票市场。

乔治·罗塞尔发现大量的基金都要求咨询公司在它挑选投资管理者的过程中能够提供建议，这种需求是十分巨大的，他迎合了上述需求。他以祖父在华盛顿州 Tacoma 的一家小型共同基金公司为基础，进入了当时美国最大的几家养老基金。当时美国的几家大型养老基金都需要上述咨询服务。他在自己的市场调研中收集了大量的市场信息，并把这些信息广泛地应用到每一家基金的运做中。他具有敏锐的质量意识，能够游刃有余地处理各项工作，并且他还给聘用他的基金负责人带来了信心。

罗塞尔公司的名称源自西北地区一个当时不起眼后来却十分重要的基地。由于他能够提供销售指导，能够进行高层次的公关，此外由于他还有一个拥有一流管理者数据库的研究机构做后盾，罗塞尔逐渐成为养老基金（后来还有捐赠基金）竞先聘请的投资顾问。

罗塞尔几乎可以与任何人一争高下。他甚至可以挤身资金管理领域与那些他所推荐的基金管理者一争高下。事实上，他根据多元化资产等级、多元化投资类型、多元化管理战略的原则（这正是他向众多客户建议的投资原则），建立了一家大型的投资管理公司，并获得了巨大的成功。公司的成长首先应归功于罗塞尔最先提出的建议，即向那些想在美国获得很高回报的外国公司提供咨询服务。

随后其他的咨询公司也进入了这一领域。一些咨询公司向客户提供更加客户化的服务，但是却没有一家咨询公司的规模超过乔治·罗塞尔所领导的罗塞尔公司。罗塞尔对他所负责的每一个项目都赋予极大的工作热情，当他为一家眼镜博物馆筹集资金时，他有全球各个地区的情况。他是战无不胜攻无不克的。当他和妻子决定营建一艘大型游船时，在游船的建造过程中，他无论走到哪儿都带着游船的草图。他们常常抽出时间来现场观看，并向制造商提出许多改进的建议。在他的办公室里有许多登山记事。他十分喜欢挑战，并且总能获胜。

20世纪90年代初，乔治·罗塞尔创建了罗塞尔20：20，这是一个由20名研究新兴市场投资机会的资金管理者和20名机构投资者组成的小组。这个小组专门研究新兴市场的投资机会，小组的成员一般都是公司或基金的主要管理者或是主要投资决策者。每年小组都会对一些有前景的、正在经历经济转轨的国家或地区进行深层次的调研。

在90年代早期到90年代中期新兴市场最繁荣的时期，小组的主要目标是研究投资的可行性，除此之外也有其他的功能。尽管一再警告小组成员互相之间不要进行交易，但是把20个卖家与20个买家放在一起是不可能不发生交易的。乔治·罗塞尔否认他是小组中违反上述警告最严重的人，他说："尽管我没有这么做，但是我也不想反驳。"

旺盛的精力、对需求敏锐的洞察力，满足这些需求的能力以及与众多重要人物接洽的能力，这些可以帮助你开创一个行业。

相反的观点

利益和商业经验之间的矛盾常常是同一个问题的两个方面。在竞争激烈的市场上，当投资顾问们为客户进行咨询时，常常会为自己的方案辩护。他们也会与资金管理者竞争，同时他们也向这些资金管理者提供服务，其中包括市场战略服务。

有一些投资顾问会获得“软货币”报酬（即通常是客户在给投资顾问的佣金中多给一些交易费），但大多数都是“硬货币”报酬（即直接把钱存入投资顾问的帐户或直接把钱存入基金帐户中），“硬货币”的报酬方式大大地减少了经纪成本。几乎所有的投资领域都认可这种报酬方式，但是从本质上讲，它违背了市场寻求最低交易成本的要求。

与此同时，投资顾问扩展了他们的信息基础。从这个角度来看，投资顾问对客户的帮助越来越大，尽管他们常常是先来满足自己的需要，然后才是客户的需要。

投资顾问正试图将整个咨询业从每小时服务收费转变为按产品进行收费。罗塞尔公司在咨询业和基金管理领域中是最具竞争实力的公司。基金常常聘用咨询公司所推荐的管理者，但是它支付的管理费率会稍微低一些。

人们指责一些咨询公司没能充分利用它们所掌握的信息向客户提供更好的建议。公司聘请投资顾问的原因可能是要他来支持公司中某些人的决策，也可能是为了取得某些团体的信任，尤其是取得养老金董事会的信任，这样公司就可以冠冕堂皇地自由行事了。

查尔斯·艾力斯（本书“投资策略”一章中介绍的投资大师）认为：

投资顾问可能对某一行业能起重大的作用，而在其他行业则没有任何效果。在某一行业中可能会存在很大的差别，而在另一个行业中可能却没什么差别。投资顾问可能会加速某些投资管理者积累或损失资产的速度。在资产由大型机构向小型机构再分配的过程中，他们能起很大的作用。投资顾问并不能为客户增加价值，他们也不能证明他们能够选择更好的基金管理者。他们使许多投资者越来越注重数据，但是我却认为他们的目光非常短浅。

他还认为：

在美国科罗拉多州的Vail（科罗拉多州的一个城镇）镇有一个非常有趣的标记，我认为所有的投资者都应该对此加以考虑。这个标记安放在儿童滑雪坡的附近，它上面写着“孩子自己滑一天的需支付15美元，如果大人在旁边看着，需支付20美元，如果大人帮忙，则需支付30美元。”这对投资管理也同样适用。

最近几年，在美国聘请投资咨询公司的外国机构投资者的数量急剧上升。由于世界上许多地区都试图模仿美国的金融架构，于是聘请美国的咨询公司就成为一种捷径。一般来说，外国公司通常会聘请咨询公司在市场营销、业绩考核和公司战略等方面提供建议。这些客户希望得到的是咨询公司为美国管理者服务时所提供的技术。

咨询公司能够提供非常有用的服务，尤其是当公司要求投资顾问提供非常规的服务时。但是，此时对于享有同样信息的投资管理者来说，聘请咨询公司不仅成本高而且风险大，并且还可能会缩短某些投资的盈利时间。

大师的回应

乔治·罗塞尔认为：

从广义上概括投资顾问是非常困难的。在对投资顾问进行分析时，也应与分析投资管理者一样，应该逐一对每一个投资顾问进行分析，逐一评判他们的功过。有些投资顾问能够增加较多的价值。罗塞尔公司能够衡量出基金管理者的业绩，我们的工作会增加客户的价值。那些采用我们建议的客户会享受到由此所带来的杰出业绩。显然，罗塞尔自己的基金也拥有杰出的业绩。

但是为什么有些客户不能从我们的建议中获利呢?这是因为对管理者进行研究只是取得成功的一个要素。有效地执行我们的建议也是同样重要的，但是这一点在有些时候却往往被人们所忽视。根据我们的经验，制定有效及时的决策，以及关注整个投资组合的构造对增加价值是十分关键的。基金的发起人在执行决策过程中的技巧和资源远不如经理的经理（经理的主管）更有效。

我们现在向那些总资产超过10亿美元的客户提供建议，并且能够证明在双方25年的合作中，我们为客户增加了价值。在我们的客户名单中，每年只有不到2%的更迭，这些客户对我们服务的长期认可也说明了我们的确能够为客户增加价值。公司最初的目标，即成为40家美国大型基金的投资顾问，已经于1974年实现。从1974年后，公司每年以24%的速度增长，这个小小的例子就可以说明市场的确需要投资顾问。

咨询业自诞生之日起，就在不断的发展，并且仍会有所改变。

我们的观点是基金公司为了不断发展，或者自己拥有国际专家能够有效地审查公司的发展战略、战略的执行情况以及挑选出优秀的管理者；或者聘请咨询公司来做这些。我们相信越来越多的基金会借助于外部资源来实现上述投资管理的功能。

展望

投资公司能够选择它们的经营指导原则。有些公司试图成为某个或某些领域的领先者。在这种情况下，它们可能会成为领先者，也可能会失败，但是不管结果如何，它们会为自己树立领先者的声誉，并且常常会赢得客户极高的评价。有些公司试图成为本行业最优秀的公司。这通常意味着要模仿别人，对别人的方法加以改进，在改革的过程中采取循序渐进的方式，做大量的市场营销等等。对于机构市场来说，这两种经营原则都是可行的，选择哪种经营原则常常取决于公司领导者的个性，但是无论采取哪种经营原则，都需要大量的资源。

机构如何选择它们的投资经理呢？从本质上讲，有三种类型的投资经理。第一种类型的投资经理，他们的特点是既平庸又骄傲，这种类型的投资经理是最容易被识别出来的，他们很可能会危害公司的利益。幸运的是这种类型的投资经理为数不多，因为如果投资经理的业绩很差的话，他们很快就会被市场淘汰下去的，并且企业也不会再聘用他们。假定有20%的投资经理的业绩比平均水平低一个标准差，那么我们可以忽略这类业绩较差的投资经理。大多数投资者都可以判断投资经理的能力。第二种类型的投资经理是处于中间水平的经理。这种类型的投资经理是最难区分的，他们之间的差别很小。第三种类型的投资经理是水平最高的投资经理，有20%的投资经理的业绩比平均水平高一个标准差。这类投资经理是公司最关心的。

投资顾问常常会建议公司关注三个方面，即人、业绩和过程，简称为3Ps。显然，人是非常重要的因素，因为投资本身就是一个脑力劳动。业绩考核也是十分必要的，因为如果投资经理的业绩低于平均水平，是没有人会聘用他的。过程，即整个程序显然也是十分重要的。但是现在对于大多数机构管理者来说，通过运用标准的工具，他们的投资过程都是一定的。

了解了3Ps，选择工作形式并且制定出决策，结果却常常会令人失望。半数的管理者具有决策失误的记录。投资咨询行业的人员流动性很强，过程控制也越来越严。公司会继续聘请投资经理，直到发现他们的业绩非常不佳时，才会解聘他们。当公司在寻找投资经理时，它们显然不愿意聘请那些业绩不佳的经理。

改进业绩还有两个重要的因素，即另外2Ps，产品和原则，这样就构成了5Ps，后面这两个P才是最重要的，但也是人们考虑最少的。

- 第四个P代表的是产品，公司必须检验产品。公司的产品是什么？市场需要该产品吗？公司能了解它吗？最重要的是它是否有用或者是否会很流行？产品是否健康，是否易于被人们接受？人们往往会忽视产品，但是产品却是十分重要的。它的背后暗含着哲理：人们是如何接受该产品的，产品下一步会有什么发展。投资并不是一成不变的，变化比现状更重要。
- 最后一个P代表了原则，管理者的基本指导思想是什么，是智力挑战、金钱、无私还是自私，自我独裁还是共同管理？在紧急情况下，当管理者必须依靠潜意识来支配时(在关键情况下可能会发生这种情况)，管理者将采取什么措施？管理者此时所下的判断常常不可能根据事实来做判断的。在海军将领培训中，军官们接受的培训是任何由舰长作出的决策都不是以事实为基础的，否则其他低级别的军官就已经做决策了。因此舰长的工作是根据原则作出决策，并且要非常果断。

在挑选投资经理时，也应检验一下他们的工作原则。如果你发现投资经理工作没有原则，就别聘请他。如果你发现投资经理虽然有原则，但是你却不欣赏他的原则，那么就请慢慢地疏远他。如果你发现某个投资经理的原则与你非常一致，并且如果他同时也满足其他 4Ps 的要求时，就应尽力聘请他。

参考文献

在线

- www.rusell.com ——罗塞尔公司的互联网站

第十八章

投 资 策 略

投资策略是一个综合的术语，它是用来描述机构投资者或者是个人投资者管理其投资组合的各种方法总称，它包括：投资目标、资产组合、股票选择以及投资战略等方面。投资策略大师查理·艾力斯在其经典著作中，把投资策略定义为：

投资策略是由现实、消息灵通的客户根据他对市场的长期观察和明确的目标而制定的。它是组建投资组合，经营投资组合的基础。

投资策略的核心是不同的投资者所处的投资形势也是不同的，他们的投资目标也是不同的。因此不论他们是自己投资，还是聘请投资公司来进行投资，他们都应该仔细考虑一下自己的处境，仔细考虑一下自己的投资目标和证券组合的管理方式。一旦他们建立了适当的投资策略，除了根据实际情况作出适当的调整之外，都应该坚持自己的投资策略。

投资策略大师：查理·艾力斯

查理·艾力斯是世界上最能干的投资家之一。他从来没有停止过工作。他常常随身携带着公文包，总是在不停地写着。

艾力斯已经著有12本以上的投资书，每天给投资者写大量的短评，频频向投资者提出建议，他建立并经营着一家投资咨询公司。他总是尽力向他的朋友和同事解释他并没有经营投资咨询公司，也从来没有经营过。公司的员工都是非常优秀的，不需要有人来经营。但是他至少是公司员工的典范，并且事事都少不了他。

Greenwich 联合会的想法是对接受金融服务的用户进行调查，通过调查来了解顾客的需求，顾客在接受金融服务后的看法，哪些公司向他们提供了金融服务等。此外通过上述调查，从数据中提取有用的信息，这些信息对金融服务的提供者来说是非常有说服力的。尽管这种做法与常规的做法有重要的区别，但是也还不算离谱。他们约见了一些高级客户，此次会见组织十分严密，双方讨论的焦点不是数据而是计划。艾力斯让每一个客户都认识到行动是投资环节中非常重要的部分。他的评论能引导投资者的投资行为。

艾力斯方法的重点其实是一种生活方式。在一些文章中，他把网球中的防守性打法与投资组合策略相比较，探讨取胜之道。不过他的网球战略只有防守。这种策略是非常坚苦卓绝的，是一种利用对手弱点的策略。它的取胜之道不是靠一时的猛劲，而是靠持之以恒，从不放松。他从来不让对手有机可乘。

他是一个典型的目标导向型人。艾力斯著有一本关于投资政策的小册子，他宣称在这本90页的书中包含了投资者需要了解的所有内容。在这本小册子中，他细致清楚地介绍了投资者需要了解的全部内容。他确立了每一天、每个月、每一年的目标，时刻激励自己达到或超过这一目标。如果他没有达到目标，在他看来，原因是他在初期对自己的要求不够严格。

本书的作者之一，迪恩·利巴朗写到：

我认为查理是我最亲近的朋友之一。我们一起工作，在很长的一段时间里，我曾经是他的客户。我们一起渡假，一起尝试许多刺激的运动，一起帮助学生，我们也曾都是基金的董事。当我们同时建立各自的公司时，我们相互分享这段激动人心的时光。他从不气馁。

艾力斯的经典著作《投资策略》，于1985年首次出版。在这本书中，他总结了一些机构投资者在投资的过程中应该遵循的基本原则。他的核心观点是目前投资已经变得像失败者的游戏，它就好像是业余网球赛，当你的球落网次数少于对手时，你就获胜了。因此只要你能避免投资失误，你就能领先。他的基本建议是：对股票要进行长期投资。

1998年，艾力斯将这本书为个人投资者进行了相应的整理，命名为《获取失败者游戏的胜利》(Winning the Loser's Game)。在这本书中，他揭穿了某些在投资专业人士中盛行的错误观点，尤其是市场时机的观点（即在低价位买入，最后在最高点附近抛出的观点）。市场时机的观点看起来似乎十分简单，但实际上是无法操作的，这是因为市场变动太快了，在极短的时间内连挑选股票也是十分困难的。取得长期盈利的关键是要理解投资风险，即一般的市场风险和单种股票所特有的风险。股票指数仅有市场风险，而任何想击败市场的投资组合都含有其他的风险（参见“积极投资组合管理”和“指数投资”两章）。

艾力斯认为：

获得长期盈利的最佳方法既不在于股票的选择上，也不在于市场时机的选择上，甚至也不在于改变投资组合战略上。显然，这些方法各有成功人物以及他们的经典故事，但是没几个成功的人士能够长期保持不败，并且他们的经典故事也不完全属实。获得长期成功的方法是要有健全持续的投资策略，即要设定正确的资产组成并且要坚持自己的投资策略。

投资者制定决策有三个层次。大多数投资者认为投资服务是混合型的，是一个不可分割的组合。实际上投资服务也可以分成以下三个部分或层次：

第一：设定投资组合中最佳的股票总值，并将它作为标准值。

第二：股票分配。把股票总值在许多种股票之间进行分配，即在成长性股票与价值股票之间，在资本化程度较高的公司与资本化程度较低的公司之间，在国内股票与国际股票之间进行分配。

第三：积极管理和消极管理。

关于资产组成和股票组成方面的咨询费用并不昂贵，并且几年咨询一次就可以了。例如一位挟资100万美元的投资者每5年或每10年获取一次专家服务，最多只需支付5000美元，总资产达100亿美元的机构投资者可能需要支付25万美元。但是一位拥有100万美元资产的投资者，如果要进行积极管理的话，那么他需要支付的管理费和交易费约在其资产的1%，即1万美元。

具有讽刺意味的是大多数增加投资价值的服务（即投资咨询服务）虽然确有价值，并且费用也不高，但是需求却很少。尽管积极投资组合管理常常并不能真正增加价值，但是它的成本却很高。

相反的观点

投资经理经营着货币，他们在投资过程中一旦发现错误之处就会努力去纠正。为了能够控制投资结果，应该对这些步骤予以监督。但是现实的投资运作果真是这样吗？实际上，现实世界的投资并不是这样。

现实的投资好像是一场交互式的机会游戏，在这场游戏中，我们可以评估其他参与者成功的机会，当我们发现与实际结果有偏差时，我们会利用对手的虚伪或愚蠢来取胜。投资管理以前曾被认为是“一种练习，即在一个机会起决定性作用的系统中（随机系统中），投资者是在脆弱的信息基础上来制定重要决策的。如果你在50%的时间内预测失误，那么你就得重新开始了。”大多数敏感而脆弱的人都不会在这样一个反复无常的市场上从事投资行业。

因此投资策略并非像查理·艾力斯所认为的那样。它是一种稳定成长的制度，按照统一的投资策略，会再现过去的辉煌成果。但是它并不能处理金融风暴，某些偏僻的统计事件以及经济的重大变化。投资策略从本质上讲是不具有灵活性的。由于投资策略在大多数情况下是由委员会制定的，因此它一般不具有弹性，几乎无法适应新的环境。这就决定了由于投资策略采用的是中庸之道，因此不会有特别杰出的成果，但是它在防止常见的投资失误上具有优势。

人们可以和投资大师一起反复讨论他们的投资策略，直到双方达成一致。当实际情形比预期的还要稳定时，稳健的投资策略可以使投资者获得成功。

哈佛商学院在60年代曾经讨论过一个投资案例，即“Vassar College”的案例。Vassar有一个传统的投资策略，该策略曾得到华尔街知名投资人士的首肯。公司按照该投资策略于二战后期买入了大量的债券，当时的利率很低，只有几个百分点。后来利率上升，公司所持有的债券组合的价值大幅下跌，Vassar根据其投资策略又继续买入债券，最后当利率超过10%时，Vassar的投资组合的价值只占其原值的一小部分了。从这个案例中，大家可以看出，投资策略是有成本的。

在90年代后期，投资策略往往倾向于进行长期的股权投资，在市场处于长期牛市时这种投资策略的效果是十分良好的。但是一般人都认为股权投资在较长的时间内会超过其他的投资方式，这最终会导致股票价格上升到一个不合理的水平，最终又会引起股价的下跌。

艾力斯所提出的投资策略不能充分考虑90年代以及下个世纪将出现的新的投资机会吗？在几年前，全球投资、新兴市场、互联网投资（本书有关章节分别对上述内容进行了介绍）简直是无法想象的。

大师的回应

查理·艾力斯认为：

每个人最后都会死，这是无法避免的事实。但是投资者也许过于看重这个问题了。例如，如果你打算死后将大部分财产留给你的孩子，那么对于整个家庭的投资策略来说，合适的投资期限应该是很长的，你最好不要接受诸如“老年人应该投资于债券，因为债券能提供较高的收益，同时也是非常安全的。”之类的投资惯例。

上述观点看起来十分合理，但是对于你的家庭来说，最理想的策略可能是把全部资金投资于股票，这是因为家庭的投资期限是很长的，可能远远超过你的寿命。如果你挚爱的人（你的家庭成员和继承人）或者是你所挚爱的组织（你最喜欢的慈善机构）的寿命可能比你长，那么你应该延长你的投资期限，不仅要包含你的一生，也要包含他们的。

不要仅仅因为你已经到了一定的年龄阶段或者是退休了，就改变你的投资策略。如果你有能力买好画，你是不会因为退休或是已经七老八十而更换你最欣赏的画的。投资也是这样，在情况允许时，你应该保持你的投资策略。

通过对“最后阶段”给予适当的关注（棋类爱好者都知道这是非常重要的），投资者能够在有生之年取得很大的成功。

为了获得最大的价值，投资者应该决定下一步采取什么行动，采取何种投资策略。这同决定怎样储蓄，怎样积累资金，怎样投资一样都是十分重要的。为退休做准备是三个重要的挑战之一。第二个挑战是留给你的挚爱遗产。第三个挑战是回馈社会。

由于货币能够有效地储藏和转移价值，因此如果一个投资者所拥有的财富超过他一生的需要时，就有机会把这部分多余的资金回馈给社会，改变其他人的生活。公众敬仰的投资者是那些施乐行善的投资者，而令人诅咒的投资者则是那些给世界制造灾难的投资者（尽管有时候他们的意图可能是好的）。

展　望

查理·艾力斯认为取得优异的投资成果有三种方法。这三种方法可以帮助投资者考虑如何进行投资。其一是智力型投资，其二是体力型投资，其三是情感型投资。

那些能够深入理解投资本质的人一般采用智力型投资方式，他们能够清楚地预见未来，进行长期投资，最终获得巨大的成功。

大多数人都是采用体力型投资。他们采用各种方式，投入巨大的精力来试图战胜市场。

如果不能进行智力型投资，同时又不愿意进行体力型投资的话，可以采用情感型投资。这种直截了当的方法能够找出适合你的长期投资策略，这种策略能够非常符合你所处的特定环境，并且能够非常符合某一资本市场的实际情况。如果你能够找出这种长期投资策略的话，能够按照它来进行投资，并且能持之以恒的话，你就能取得成功。

一种对艾力斯观点的高科技变通形式可能就是符合客户要求的投资管理组合，在组合中投资者可以根据自己的偏好、心理状态及个性来决定自己的投资组合，它完全是由机器来实现的。这种想法与指数投资的出发点是一样的，此外它还包括自动交易、股票的筛选和投资组合优化、资产分配机制、投资战略分析和风险管理等方面，最后投资者就会得到符合自己个人偏好的投资组合。

是否能以较低的执行成本来建立一个满足个人投资者要求的投资组合呢？15 年前，有一个项目是专门研究这一课题的。解决这个问题存在许多法律限制，但是它们都是可以克服的，此外也存在一些情感限制，需要对投资者进行接触，了解客户的需求，这也是可以完成的。但是这个项目最终没有继续下去。

现在有些人又重新开始对这个问题进行研究，例如有两家公司（诺贝尔奖获得者比尔夏普创建的 Financial Engine 公司、麻省与标准普尔联合建立的 Rational Investors of Peabody 公司）正在进行有关雇员 401（K）退休金帐户自动投资计划的应用研究，但是他们声称他们不是在进行投资管理。也许我们可以参照一下自动制衣模型。Landsend.com 公司可以测量顾客的尺码，顾客可以在屏幕上选择自己喜欢的样式，公司可以根据选好的样式为顾客定做衣服。因为采用这种生产方式，所以 Landsend.com 公司没有存货。服装界已经有了这种客户化的服装定制服务，但是为什么这么久了还没有客户化的投资管理组合呢？

参 考 文 献

印刷版

- The Future of Investment Management——收集了 1998 年 AIMR 的四个研讨会的内容，其中包括查理·艾力斯一篇名为"Lessons from the Warwick and Chateau Chambord"的文章
- Charles Ellis, Investment Policy: How to Win the Loser's Game（Second edition, Irwin Professional Publishing, 1992）
- Charles Ellis, Winning the Loser's Game: Timeless Strategies for Successful Investing (McGraw-Hill, 1998)

- Charles Ellis with James Vertin, The Investor's Anthology: Original Ideas from the Industry's Greatest Minds (John Wiley, 1997)

在线

- www.financialengine.scom——由比尔·夏普创建的Financial Engines的互联网站
- www.landsend.com——该服装企业能够按照客户的要求来定制服装，可以参照它来设计客户化的投资组合
- www.rationalinvestors.com——理性投资者的互联网站

第十九章

投资者心理

是什么引导着投资者的行为？我们所有的人都很容易自认为，自己的投资行为很理智，而其他人却不是这样。但是，诀窍资产管理公司的投资经理 Arnold Wood 却这样说道："如果你坐在牌桌前，看不出今晚谁将会是被愚弄的傻瓜，那么赶紧起身——就是你。"

大多数金融理论都基于这样的前提，即每一位投资者在作出一个投资决策之前，都已经仔细考虑过了他所能够得到的所有信息。但是有很多证据表明事实却并非如此。行为金融学，是一门研究市场中心理因素的学科，它研究人们为什么会买或卖那些股票——甚至还包括人们为什么压根儿就不买股票。这种针对投资者行为的研究有助于解释各种难以用标准理论解释的市场异常现象。这门学科源自学术界，现也开始应用于货币管理领域。

耶鲁大学金融学教授罗伯特·席勒（Robert Shiller）在他的一篇文章中探讨了行为金融学中的一些关键思想（该文章在其个人站点上可以找到），它们包括：

- 预期理论；
- 遗憾理论；
- 滞留现象；

● 反应过激或反应迟钝。

预期理论认为人们对同样一种情形的反应会有所不同，这要取决于该情形是出现在盈利的背景下还是亏损的背景下。一种典型的现象就是，人们对于预期亏损的沮丧程度要超出同等盈利所带来的快乐。对损失的憎恶就意味着，为了防止损失人们愿意冒更大的风险，胜过为了获取利润：即使面对有把握的利润，大多数投资者还是会规避风险；但在面对难以避免的损失时，他们却变得敢于冒险起来。根据相关的“捐款效应”，人们对他们所拥有的某种东西的估价要高于他们打算购买同样的东西愿意出的价格。

遗憾理论涉及人们对自己所作出的错误决策的情绪反应，不论是买了价格下跌的股票，还是没有买以为会下跌但后来却上升的股票。投资者可能会尽力避免卖出下跌了的股票，因为这样可以避免因为作出一个错误的决定而感到遗憾，还可以避免报告损失的尴尬。投资者们会发现从众其实更简单，购买大家都买的股票：如果以后市价格下跌，也可以说这很正常，大家都买了。站到传统智慧的对立面上是非常困难的，因为如果决策错误的话，这样会使我们更容易感到遗憾（请参见“逆向投资”一章）。

滞留现象是指，如果没有更充分的信息，投资者就会把当前的价格当作是合理的价位。例如，在牛市中，每一个新的更高价位都被认为是合理的价格，因为它最接近于最新的价格，而更早以前的数据迅速就变得无关紧要了。人们往往过于看重最近的经验，并会以此为依据外推近期的走势，这种推测往往与长期的均值或几率相差较大。

投资者过于看重最近的消息而忽略其他数据的后果就是对

市场反应过激或反应迟钝。人们往往过于自信。他们常常会在市场上升时过于乐观，在市场下跌时过于悲观。于是乎一旦出现坏消息，价格就会一落千丈；一旦出现好消息，价格就会直线攀升。而且在这种情况下，有可能会导致极端事件的出现（请参见“狂热、恐慌和崩溃”一章）。

有两个心理学理论可以为上面这些有关投资者行为的观点提供依据。第一个理论是罗尼尔·柯曼（Daniel Kahneman）和不久前去世的阿莫斯·托吉（Amos Tversky）（预期理论的合著者）所称为的典型性启发——人们常常会在纯随机序列（例如金融数据）中看出某种模式来。第二个理论称为保守主义理论，它认为尽管人们追赶潮流，但是在那些与他们当前观点相反的新的事实面前，却迟迟不肯改变自己的观点。

行为金融学的观点不仅适用于个人投资者，也同样适用于金融分析家。例如，研究表明职业分析家在预测个别公司的收益增长率时显得相当糟糕。实际上，如果我们忽略分析家的预测而按照公司收益增长率的平均水平来进行预测，结果可能会更加精确。职业分析家们惨败的原因可以用经典行为金融学来解释：他们喜欢人云亦云；他们的预测往往是根据最近的业绩外推得来的，而近期的业绩往往和未来的情况没有太大的联系（请参见“经济预测”一章）。

有证据表明机构投资者同个人投资者的行为方式不同，这一定程度上是由于他们是终极投资者的代理。一些类似于盈利分配方案的补偿机制试图把企业主管的利益和他们的代理（投资组合管理者及其他投资顾问）的利益联系在一起，不过他们之间利益不一致的情况始终存在。例如，即使机会极好，代理可能也不情愿为了客户的利益而冒风险，尽管风险不大，但却是真实存在的，他们不想被炒鱿鱼。

与此相似，代理们趋向于选择那些众所周知的热门股票，因为即使这样做业绩不佳，也不太可能被解雇。股票分析家们的“羊群行为”在一定程度上是由于他们的业绩是通过与同行进行对比来评估的（请参见“业绩评估”一章），不过研究结果的确表明，同年长的分析家相比，年轻的分析家更趋于向大众的观点靠拢——即使大众的观点是错的。这很可能是因为几个明显的失误就足以毁掉从业的声誉。当分析家变得年长而且有一定声望时，他们追求独立的思考路线的风险可能就小得多。

圣·克拉拉大学（Santa Clara）金融学教授米尔·斯特曼（Meir Statman）支持行为金融学理论，他做了这样的评述：

标准的金融学无法解释各种市场异常现象，所以我们很有必要基于行为学的观点重构金融理论。标准金融学的支持者们也不得不承认他们的理论很不适合描述个体的投资行为。于是他们撤退到第二道防线上：市场中个体的投资行为相互作用，达到一种动态的平衡状态，标准金融学理论对于描述这种平衡状态还是适合的。不过，即使这第二道防线也未必能够守得住。资本资产定价模型（CAPM）是一种描述市场平衡状态的理论，标准金融学以此为依据来确定风险和预期收益，但是越来越多的证据却表明，该模型也不完全符合现实情况。

行为金融学大师：理查·泰勒和罗伯特·威士尼

行为金融学中的一些观念已经广为流传，并为很多人所接受，但却很少有人注意到相对较少的行为金融学的研究，尽管这些研究很有质量。这个领域的专家包括柯曼（Kahneman），托吉（Tversky），席勒（Shiller），斯特曼（Statman），还有理查·泰勒和罗伯特·威士尼。实践这一理论的有David Dreman，他认为自己的投资策略“完全基于行为金融学理论”，还有比尔·米勒（Bill Miller），玛森（Mason）（请参见“积极的投资组合管理”一章）和拉塞尔·福勒（Russell Fuller）。

行为金融学仍处在投资组合管理和现代金融理论的外围，可能是由于在行为金融学中还没有和CAPM的模型相对应的东西（该模型是由学术界建立起来的，但在实践中得到了广泛的应用）。不过很多人都相信，投资心理学分析所指出的人类弱点是始终存在的，是可以预测的，这些弱点为我们带来了投资机会。约翰·肯尼斯（John Kenneth）在他的讽刺小说《终身教授》中描述了一位哈佛大学的学者，他在从事这样一个研究课题：我们知道，投资者很容易被乐观的情绪冲昏了头脑，从而行为失控。基于这种观点，他希望能够开发出一种被称做“不理智预期指数”的技术。在现实中这样的概念行得通吗？

从某种意义上说，芝加哥大学金融学教授罗伯特·威士尼相信这一点。他和著名学者约瑟夫·拉肯尼克（Josef Lakonishok）和安德·史利弗（Andre Shleifer）共同创立了LSV资产管理公司，该公司的目标是通过低买高卖的价值投资手段来利用人们行为的不稳定性（请参见“价值投资”一章）。威士尼相信市场异常现象和投资者行为在全球各个市场上都是一样的——不管是发达国家市场还是新兴市场——而价值是一种反应迟钝的行为学现象。通常的情况是，投资者一方面低估了非热门股票的价格，同时另一方面不理智地对迅速成长的公司信心过高。他们不仅喜欢从众，还会因为持有成长性股票而感到快乐和自豪（请参见“成长性投资”一章）。

威士尼相信在要素投资中投资者同样可以对人们的反应迟钝加以利用。例如，他的研究表明，过去半年或一年中回报较高的股票很有可能在未来的半年或一年中也具有较高的回报。这可能就是因为人们对诸如红利的变化和股票的分割信息的反应迟钝。保守主义理论认为在面对不利信息的时候，人们通常能够意识到它，但却行动迟缓。

芝加哥大学商学院行为科学与经济学教授理查·泰勒是一位研究准理智经济学的先驱，他是另一位试图把自己的思想付诸于投资实践的学者。1998年，他同拉塞尔·福勒（Russell Fuller）共同创立了Fuller & Thaler资产管理公司，该公司为养老金和其他机构投资者提供各种基于行为学的投资策略。泰勒意欲在策略研究和营销该公司的投资产品方面起主导作用，做“除了挑选股票以外任何事情”。

泰勒这样描述他公司的投资手法：

我们把由行为偏差所导致的系统性的错误想法转化为资本。投资者的这些错误想法将导致市场对公司未来的收益和利润率建立有偏差的预期值，于是乎，将导致这些公司的股票被错误定价。由于人类的行为变化缓慢，过去的行为偏差所引起的市场低效很有可能会持续下去。

相反的观点

行为金融学将心理学应用于投资管理中，它的最主要批评者就是市场有效假说（EMH）的鼻祖们。例如，我们在市场有效性一章中所提到的大师之一，芝加哥大学金融学教授尤金·法玛（Eugene Fama）认为：

……实践中得来的依据还不充足，他们没有一致的理论，而没有这样的理论，就没有行为金融学。在你找到另外一种能够代替市场有效理论的系统性理论以前，一切都不能算数。

彼得·波兹坦（Peter Bernstein）在其最畅销的书中用了两章的笔墨来论述行为金融学大师们所面对的风险，他把这些人称为“理论警察”，书中的观点虽然没有上面的观点那么轻蔑，但仍然对此持批评态度：

市场的运行并非完全符合经典模型，有很多的证据表明羊群现象的存在——这是行为金融学中的一个概念，认为投资者会不理智地亦步亦趋。尽管理解上述观点十分重要，但我不知道如何才能够依靠这些信息来赚钱。我还是不相信会有人总是能够利用它赚到钱。

麻省理工学院的金融学教授安德鲁·罗（Andrew Lo）同样认为：

……利用个体行为的不理智不可能是一个长久成功的处方。

当然，现在的确还没有一个同 CAPM 相对应行为金融学模型，尽管市场显然不是按照EMH的强式运行的，我们还很难看出如何利用行为学方法来赚钱。也许与其说行为金融学是一种系统的投资方法，还不如说它是一种对待投资的态度：我们可以在遇到潜在的转折点时，用它来检查我们的投资行为，而不是用它来指导日常的投资行为。

大师的回应

理查·泰勒评论道：

至于说到没有行为学中的CAPM，我认为两种理论同样不够完整。我们从法玛（Fama）和他的同事肯尼斯·弗兰斯（Kenneth French）所做的工作中可以知道，看似合理的CAPM模型实际上有误，所以哪一方都没有完整的理论。最近有几篇文章试图建立基于行为学的资产定价理论，尽管这还不够完善，但总比没有要好。

至于我们是否能够靠投资者的不理智来赚钱，我想要问一个类似的问题：你还有别的办法吗？同合理的市场有效理论相一致的唯一投资策略就是指数投资，而我们知道，如果每个人都采用这种方法，市场就不再有效了。我认为，任何存在成功可能性的积极管理策略要么依赖于更好的信息，要么依赖于对其他投资者为什么会估价错误的理解。所有人都觉得长期以来一直很有效的投资策略就是价值投资——买低市盈率(p/e)或市场价格与帐面价值比（p/e）的股票。正如法玛（Fama）和弗兰斯（French）的研究所表明的那样，这一策略在全世界都取得了良好的效果。我把它看做是一种经典的行为学投资策略，这是由本杰明在1930

年首次提出的。时间将会告诉我们，是否其他基于行为学的投资策略会得到更高的长期回报。

泰勒接着对他的思想在实践中的应用做了一番解释：

影响股票定价的行为偏差可以分为两类：非经济行为，例如代理没有把投资组合的预期值放在首位，因为他们首先考虑的是其他行为学因素；启发式偏差，启发式方法是一种直觉推断或经验方法，人们用它来解决复杂问题。但在有些情况下，依赖于启发式方法会导致有偏差或错误的判断。这种偏差会使投资者在评估新的信息或预期公司未来前景时，出现系统性的认识错误。

通过关注导致市场预期值偏差的行为学因素，我们曾经成功地识别出被错误定价的证券，从而为我们的客户创造了高于平均水平的回报。针对导致对信息反应过激或反应迟钝的启发式偏差，我们已经建立了相应的投资策略。由于这两种启发式偏差不相同，相应的策略将定位于不同类型的股票，于是，产生出具有不同特点的投资组合。但是，这两种投资策略都倾向于关注中小规模的公司。

例如，我们的成长性投资组合利用了滞留偏差，这种偏差在特定的条件下，会导致投资者对新的正面信息反应迟钝。于是，市场对于这些公司未来盈利率的预期值将会产生偏差，他们的股票价格往往会偏低。这种策略一般来说选择具有成长性特征的股票。例如，这些股票一般具有高于平均水平的 Beta、p/e、p/b 比率。这种策略所产生的投资组合中，股票的更迭率要高于平均水平。

我们的价值投资组合利用了具有典型性的、显著的启发式偏差。依赖于这样的启发式方法将会导致投资者对于有关公司盈利率的暂时性不利信息产生过激的反应。在这种情况下，市场会简单地根据最近有关该公司的负面消息进行外推，导致对公司前景的预期值出现偏差，从而使得这些股票的价格偏低。这种策略一般来说选择具有价值特征的股票。例如，这些股票通常具有低于平均水平的Beta、p/e、p/b 比率。这种策略所产生的投资组合中，股票的更迭率要低于平均水平。

展 望

对投资者心理的分析对于投资研究和实践的影响越来越显著，这种方法试图暴露和解释现代金融理论的不足：用来定价股票的模型存在一些问题，原有的理论难以解释各种市场异常现象，诸如日历效应。这是投资问题中一个重要的方面，几乎所有的投资者在投资过程中都自觉或不自觉地考虑了这种因素，尽管他们对它有其他不同的提法。乔治·索罗斯（George Soros）的反射原理（请参见“对冲基金”一章），要素投资以及代理理论都指出了传统分析工具在经济与投资分析方面的致命不足。

一些学者，诸如我们的金融工程大师安德鲁·罗（Andrew Lo），正在将行为金融学推向一个涉及生物学的新发展方向。如果我们无法通过纯机械的数字计算得到有用的模型，也许复杂的仿生物功能可以做到。透过一些早期的研究结果，我们已经能够看到成功的希望。

参考文献

印刷版

- Peter L Bernstein，Against the Gods：The Remarkable Story of Risk（John Wiley，1996）
- John Kenneth Galbraith，A Tenured Professor（Houghton Mifflin，1991）
- Robert Shiller，Market Volatility（MIT Press，1990）
- Richard Thaler（ed.），Advances in Behavioral Finance（Russell Sage Foundation，1993）
- Richard Thaler，Quasi Rational Economics（Russell Sage Foundation，1992）
- Richard Thaler，The Winner's Curse：Paradoxes and Anomalies of Economic Life（Princeton University Press，1994）

在线

- www.econ.yale.edu/～shiller/——Robert Shiller 的站点
- www.fullerthaler.com——Fuller and Thaler 资产管理公司的站点
- www.undiscoveredmanagers.com——共同基金管理者的站点，提供有用的行为金融学书籍

第二十章

狂热、恐慌和崩溃

金融市场非常敏感，很容易出现狂热、恐慌和崩溃：资产价格上升到极度高位，仅仅是由于投资者的自信和贪婪，一旦这种自信和贪婪转变为恐惧和失望，市场中证券的价格将会一落千丈。最早对这些现象进行研究的人士之一、19 世纪《经济学家》杂志的编辑——沃尔特·班杰豪（Walter Bagehot）1873 年的著书《伦巴第大街》(Lombard Street，伦敦金融中心——译者注)，为金融市场心理学提供了重要的参考价值：投资者是如何从踌躇满志转为希望渺无的，中央银行如何在某种程度上对欢欣与恐惧的自我毁灭过程采取管制措施。

查而斯·迈凯（Charles Mackey）在其 19 世纪 40 年代所著的《离奇的流行幻觉与大众的疯狂》一书中，讲述了许多市场大混乱的经典故事。关于这些年代中群体心理学和集体狂热的研究，涵盖了众多的市场诡计、疯狂与欺骗，如著名的 1720 年席卷法国的“密西西比阴谋”；同时期给千家万户带来灭顶之灾的英格兰“南海泡沫”事件；以及财富得失系于小小郁金香块茎的荷兰“郁金香狂潮”。

马丁·弗里德森（Martin Fridson）的《大好年头》和经济学家查尔斯·凯德勒伯格（Charles Kindleberger）的《狂热、恐慌和崩溃》描述了更近一些的非常历史事件。凯德勒伯格认为金融狂热与恐慌存在一个一致的模式，可以被监控或调节，而不像商业兴衰循环那样。他指出信用繁荣与破产循环过程的各个不同阶段：

市场常常因为新兴市场、新技术或一些戏剧性的政局变化这样的机遇而繁荣起来，投资者此时开始寻求丰厚的回报；

随后便经历价格上扬尤其是资产价格上扬的喜悦，同时信用泡沫膨胀起来；

在狂热阶段，投资者纷纷将现金转为股票、商品货币、房产或者“郁金香块茎”这类的流动资产，越来越多的人群在没有真正认清所处的形势情况下就走上了求富之路；

接下来，市场停止攀升，曾经大量举债的人们发现他们自身原来奢望太高，这就是会产生意想不到失败的灾难，同时厌恶与失信也随之而来；

最后是自食恐慌的阶段，泡沫也随后破灭。享有财富和信用的人们争先卖出他们先前所买进的而损失又越来越大的资产，现金又变得抢手。

狂热、恐慌和崩溃方面的大师——马克·法布尔

一辆“全副武装”的德国产白色宝马 K1000 型摩托车穿梭于香港市巷。驾车者头盔下面的马尾辨在风中飘逸。这并不是香港警察的着装，而多半是中国传统长袍的服饰。驾车人会驶向香港这块金融腹地岛屿的何方呢？显然，他不是奔向证券交易所大楼，而很可能到中国银行大厦去看看有没有来自大陆方面的新动作。

驾车人在狭窄的停车场泊好车，就直奔一个投资午餐会。说起来，他在那儿可是一位很有声望的演讲者。他就是马克·法布尔 (Marc Faber)，这个自我意识极强的瑞士人。是一位变革艺术品收藏家、经济历史学家和逆向投资者。法布尔可以在香港的斗室里侃侃而谈自基督元年开始的各种价格指数，马来西亚市场上最新的技术术语以及中国国内的形势情况。他的支持者们常常阅读其专栏文章，并接受他“避众求胜”的警告。法布尔在新兴市场中施展其所长之后，带市场发育起来便又投身于尚未开发的非洲市场领地。

当一个人对文化、经济以及技术工具的整体体会有一个非常敏感的心境时，他就具备某些强有力的市场洞察力。对于某些人来说，他们并不赞同法布尔的观点，而对其他人来说，法布尔的观点集锦无疑又为他们指明了投资领域的某些不同层面。

法布尔当然知道，他作为“毁灭博士”的代表常常研究关于狂热、恐慌和崩溃的极端事件。他的《阴暗、繁荣和毁灭报》充斥着对市场心理学的看法，如下面一段关于投机狂热的描述：

在购买的狂潮中，总有一个普遍的冲动通过传染效应参与到投机旋风中去。没有人愿错失机会；公众方面因为只看到利润而看不到风险，“我还能往哪儿投去——这别无选择”；企业方面则因为过高估计其产品需求或者对前景过份乐观；专业投资者方面则是因为他们不愿意失去一个正迅速成长着的市场。

出于短期行为的倾向、指数效应以及把钱流向业绩最佳基金方面的考察，投资者被引导至价格飞速上扬的股票上。因此，人们在狂热市场上听到最多的便是“不入市我们就输不起”或者“不买这个股，我们就输不起”这些翻来覆去的说法。

每一次投资狂热的特点都是投资赌注的建立和不断增多的新事件涌入市场。在狂热的每一个阶段，现金总被认为是最没有吸引力的投资选择。

在投资狂热的最后阶段，企业内部的人士由于认识到了其先前的过高估计而开始出售其公司的股票份额。同样的征兆还有，专业人士提前看跌，于是采取抛售和紧缩的措施。

相反的观点

投资狂热通常的主旋律是投资者对于市场的热情——为新兴经济、网络股票或者其他所下的赌注——而旋即就忘了去考察所买股票与现实的联系，甚至不考虑其时效性问题（请参见“新兴市场”和“互联网投资”两章）。然而，这就说明他们行为荒谬、超越经济学的中心理念吗？或者说有什么解释疯狂市场的合理理由？

在“投资心理学”一章中论及了许多行为金融学的观点，如用自负和寻求依赖可以帮助解释狂热和恐慌现象。例如，市场上扬或者下跌可能是对各种消息的正确反应，但如果是反复无偿而导致紊乱反应，那就可能是由于根本上错误地反应了信息，或者因为忽视了关键的信息。这其中或许还有赌博的成分，一些投资者试图尝试感受一番成功的惊喜或者危险的揪心，便在保持上升势头的市场中加倍下赌。

事实上，泡沫和毁灭只是投资者心理上最后考虑的东西。这样，投资者行为往往趋向于追求暴利，然而随着信心转变为恐慌，这种追求也就落空了。经济学家常用“多元平衡”来描述这种情况，即轻微的震动都能够使经济从一个高的利润平衡点移至一个低一些的平衡点，而对震动的恐惧常常又会引起市场来回波动。

但是，合理投资个体与不合理投资整体之间有着怎样的联系呢？首先，人是善变的，先从合情合理开始，而稍后又开始离现实越来越远；其次，合理性在不同的群体中有不同的类型；第三，每个人都注定会陷入谬误：单个个体的决策可能会合理化，但作为整体却不可能合理化。

1997年～1998年那场随后殃及到俄罗斯、拉丁美洲甚至美国、几乎毁灭了长期资金管理（LTCM）的亚洲金融危机，表明当今狂热与恐慌的信用循环已经形成全球化规模。然而，这是一个传统的信用循环吗？许多理由会否决这种说法：

通货膨胀的周期如今已非常长了——从二战后计算为50年，而若以另一种方式，即从本世纪70年代初开始计约为23年。经理人士都没有信用周期先例的经验。

随着循环链上新生事物的增多，各种交互作用比从前更加强大、迅捷和紧密了；

金融系统中采用的工具越来越多，它们均可创造出无以计数的钱财。我们也无法估算速率、额度或者杠杆率，我们也无从知道压力之下的各种联系，以及什么是毁灭的尾声；

至少在美国，公众是积极参与证券投资的。证券是一种主要的储蓄方式，并很容易受政治事件的影响而产生危机，而且其本身还可能掺合到事件中去；

全球中央银行——国际货币基金组织（IMF），并没有强大到足以抗衡投机商，从而给市场带来信心。

大师的反应

马克·法布尔评论道：

20 世纪 80 年代后期，股票投机热潮搅活了日本股票市场，这股热潮随后于 1993 年移至新兴市场，目前看来已到达美国本土海岸。

今天，一股乐观主义新纪元思潮正席卷着投资圈子。随着前苏联及东欧社会主义国家的解体，为数可观的新市场被打开了，新技术的兴起。公司裁员及分流，军事威胁变弱了，低通货膨胀，不断下调的利率，全球化，自由贸易等等都被认为能带来无尽的创利机会。中央受投机成分更多的纳斯达克（NASDAQ）指数的影响，华尔街自 1990 年已经表现出非凡的业绩。但我们会不会陷入每一代都要遭遇到的金融泡沫中呢？会不会以先一轮已结束的由新纪元引发牛市的那种方式而结束呢？

我简直无法想象，还会有多少投资书籍会登上畅销榜行列？这类图书还能占据书店书架上多大的地盘？或者，还有多少成功投资经理、技术公司或网络会出现在封皮和头条新闻上？还会有多少令人敬畏、人满为患的高技术论坛？

展　望

有没有能够从狂热与恐惧中获利的投资策略呢？对马克·法布尔这种在 1997 年 7 月亚洲金融危机之前做空头的逆向投资派来说，机会显然是存在的。但随着所有逆向投资派的投资渗入，又会产生一种对抗大多数人观点的非凡心境。

人们对亚洲危机这类事件是否会真正导致持续的市场狂热与恐慌还存有争议。大体上有这样两种观点：首先，这就如用19世纪的英国银行恐慌事件，由全球"最终债权人"来呼吁采取积极行动；其次，更糟的是没有比"南海泡沫"事件爆发更为严重的事情，仅用一天的时间资产就消失得无影无踪，而不是所谓的重新分配。

如果当初全球资金都被亚洲那令人惊叹的增长速度吸引而涌入这个持续不长的泡沫投机中来，又会产生怎样的结局呢？当泡沫破灭之时，像1989年的日本那样，金融机构面临的就不仅仅是流动性问题了：他们会集体破产。即使没遭破产的金融机构也很可能会被迫铤而走险。这个首先由保罗·克鲁格曼（Paul Krugman）发现的现象，会帮助我们理解为什么国际货币基金组织（IMF）往往在这种情况下无能为力地再注入资金。

亚洲金融危机显示了全球金融领域呈现的两种特征：通货紧缩和民族主义。亚洲国家以及几乎所有的发展中国家，出卖的是一个紧缩商品——廉价劳动力。他们还以长期逐步下降的价格出卖其他基于劳动力的商品。这些国家必须企求资金以换取稳定，而不是换取增长，所以他们越来越依赖于其自身资源。

马来西亚这样的国家已不再接受国际货币基金组织（IMF）更多的经济主张，正从全球一体化和全球自由开放市场中撤出。例如，马来西亚总理马哈蒂尔·默罕默德已采取货币控制注册来保护其国家的外汇储备。其他一些国家也正在考虑采取变革，这样或许会使得全球自由流动货币体系这一目标落空。

亚洲金融危机同样还显示出金融市场泡沫和崩溃对世界经

济的危险性。法布尔认为“大的狂热常常是每代发生一次而每次都会给经济造成严重破坏。”约翰·肯尼士·盖而布瑞曾指出导致20世纪30年代经济崩溃及萧条的1929年美国经济之五大缺陷：不公的收入分配、不力的公司治理、不良的银行业务结构、“不定”的交易头寸平衡以及糟糕的经济学建议。

参考文献

印刷版

- Frederick Lewis Allen，Only Yesterday：An Informal History of the 1920s（John Wiley，1997）——关于20年代的野史，包括对1929年事件的描述，Walter Deemer（请参见“技术分析”一章）认为在所有的出版物中，这段描述最具可读性、最引人入胜
- Walter Bagehot，Lombard Street：A Description of the Money Market（John Wiley，1999）
- Marc Faber，The Great Money Illusion
- Marc Faber's monthly newsletter，The Gloom，Boom & Doom Report
- Martin Fridson，It Was a Very Good Year：Extraordinary Moments in Stock Market History（John Wiley，1998）
- John Kenneth Galbraith，The Great Crash 1929（Reprinted by Houghton Mifflin，1997）
- Charles Kindleberger，Manias，Panics and Crashes：A History of Financial Crises（Third edition，John Wiley，

1996）

- Charles Mackey，Extraordinary Popular Delusions and the Madness of Crowds（Reprinted by John Wiley，1995）
- Nury Vittachi，Riding the Millennial Storm：Marc Faber's Path to Profit in the Financial Crisis（John Wiley，1998）
- Barnie Winkleman，Ten Years of Wall Street（Fraser Publishing，1987）——当年对1929年阶段的描述，首次出版于1932年

在线

- www.marcfaber.com——Marc Faber 的互联网站
- web.mit.edu/krugman/www——Paul Krugman 的互联网站
- www.stern.nyu.edu/～nroubini/asia/asiahomepage.html——Nouriel Roubini 的互联网站，汇集了有关亚洲金融危机及后续问题的重要文章

第二十一章

市场有效性

市场有效假说(EMH)指出资产价格在特定时间可以反映所有可获得的信息。这个看似简单的问题是所有社会科学研究领域中最有争议的论题。并不断在投资实务中加以应用。麻省理工大学 (MIT) 金融教授安德鲁·罗 (Andrew Luo) 在为两卷关于市场有效假说的文章作序时这样说道:

毫无疑问地说,市场有效假说已远远超出学术目的和商业运做实践,它令人惊奇地显示出实践所证明或反驳两者之间的弹性关系。

这个简单的描述暗示信息为金融的特性,但同时并不说明一定能够精确代表金融本身的特性。这也许将正确与否的投资者理念综合在了一起。这个关于市场有效假说 (EMH) 内涵更丰富的概念从其核心模式中产生出各种变形,说明除非进行进一步的内部数据分析,否则是不太可能取得丰硕成果的。涵盖金融信息的第二个投资者衍生理念包括直觉、判断以及对运用市场工具以获取高于平均利润的追求。

市场有效观念的重要定理——价格完全反映所有信息,说明价格运动并不遵循任何模式或潮流。也就是说,过去的价格不能被用作预测未来的价格运动。同时价格遵循的是一种其本身不可预测的模式——所谓的“自由波动”。这个自由波动常常被比作为一个经过长夜醉酒的海员离开酒吧后所走的线路。

市场有效假说的强式认为。欲想在市场上有所作为已变成一种赌博机会而不是一种技能。高级操盘手能够获得更好的投资回报，只是因为在某种统计意义上来说，总是有部分人处于平均水平之上而另一部分人则处于平均水平之下。因此，积极的投资组合管理是否有效就成为一个对市场有效假说有所争议的问题：可以为了在市场中取得成功或者为了避免交易成本，就买进一支指数基金吗？或者，作为一个工作积极的经理，问题就变为：这个一对一等样本抽样是否还有效？（请参见“积极的投资组合管理”一章）

这些问题的答案不仅仅依赖于你是否接受市场有效假说，而取决于采取何种方式。基本上说来，有三种模式：

- 市场弱有效理论认为：所有过去市场价格和数据都充分反映了资产内在价格。这就意味着技术分析不能在市场中有所作为；
- 市场中有效理论认为：所有可获得的公开信息都充分反映了资产的内在价格。这就意味着技术与基础分析都不能在市场中有所作为；
- 市场强有效理论认为：所有公开和私下的信息都充分反映了资产的内在价格。这就意味着即使是内部信息，也不能在市场中有所帮助。

市场有效假说方面的大师——尤金·法玛和伯登·迈克伊

虽然自由波动理论的概念可以追溯到法国数学家路易斯·班契里（Louis Bachelier）1900年的博士论文“投机理论”，市场有效假说真正始源于诺贝尔奖获得者保罗·萨缪尔森（Paul Samuelson）1965年一篇名为《合理价格自由波动证明》的文章。但市场有效假说这个术语是由芝加哥金融教授尤金·法玛（Eugene Fama）在他1970年一篇名为《有效资本市场》的文章中首先提出的，并使用有效而简洁的词汇加以描述：在有效市场中，“价格充分反映所有可获取的信息”。

法玛强调，在一个有着大量充分信息和明智投资者的活跃市场中，股票价格会合理而充分地反映信息。在这种情况下，任何信息或者分析都不能被企望带来一个远远高于合理基点的业绩。由于公共信息的普遍可获得性，个人几乎不可能长久保持成功。

另一位普林斯顿的教授伯登·迈克伊，在其畅销书《漫步华尔街》中将自由波动的概念推广开来。他认为抛开报纸上的股票排行榜与挑选股票一样管用，这样很可能会击败众多的专业投资经理。迈克伊在其著作的最后部分指出那些坚持要在市场中尝试成功的投资者或许很想这么去做，然而最终他们却不大可能成功。

市场有效假说一经建立，就有无数的实践研究试图去证明特定市场的真实有效性及其有效程度。安德鲁·罗的专辑搜集了许多最有影响的文献资料，包括后来一篇弗歇尔·布莱克（Fischer

Black）名为《噪音》的文章，其中有这样一段：

大量琐碎事件的噪音促成金融市场的交易得以进行。噪音使市场达到某种程度上的非有效性，但常常会阻止我们从中获益。更为常见的是，噪音使我们很难对金融或经济市场运作的实践或学术理论进行测试，所以我们被迫在很大程度上摸黑行动。

相反的观点

对市场有效假说的主要挑战是股票市场中存在的特例：那些可依赖的、广为人知而又无法解释的回报模式。常被人们轮机的特例包括规模效应，即小型企业可能比大型企业提供更高的回报；年历效应如“一月效应”——这似乎意指一年中第一个月份能比其他月份获得更高的回报——再如“周末效应”或“华尔街蓝色星期一”——就是说你不应该在周五下午或周一上午买进股票，因为通常这时期的股票会以涨幅不太高的价格被卖出去。同样还有那些被有眼力的投资者认为使股票价值低估的迹象指示，如低价值下的低收益比率现象和高红利分配现象（请参见“价值投资”一章）。

毫无疑问，即使在一个流动性最强、资金密度最高的市场也会有特例出现。而这些特例无论是否被用来以求在未来获取更高的回报，问题总是存在的。如果特例继续下去，交易和隐匿成本就可能会阻碍其产生良好的业绩，因为其他投资者都会涌上去寻求同样的特例。或许机遇就产生于量子释放的瞬间，而后又如同海市蜃楼般消失掉。果真如此的话，当我们企图去测算某个事件是否会重现时，它已经呈现并消逝掉了，而不大可能重复其相同的模式。

对市场有效假说更进一步的挑战来自行为金融学的研究,即检查投资者决策心理学并以此来解释股票价格对先前价格变动反应敏感而对当前新信息反应迟钝的现象(请参见"投资者心理学"一章)。许多研究都试图证实反应敏感或迟钝这一预测,即市场中存在"预测黑洞":逆向投资者买"输家"卖"赢家"的策略可以带来丰厚的回报,价格总是倾向于回到平衡点。

1997年麻省理工学院经济学教授保罗·克鲁格曼的个人网页上登载了一篇轻松而又尖刻的有关市场有效性对心理学影响的文章。在出席一次盛大的资金经理人论坛时,克鲁格曼提出了造成市场效率低下的"有重大缺陷投资者七大习惯"行为特征:短期行为、贪婪、过份相信那些大傻瓜、随波逐流、以偏概全、追赶时髦、以及玩弄他人资金。"我所见到的,"克鲁格曼谈到,"不是一群意在捕食的饿狼,而是一群身处险境的金融绵羊。"

当然,很多成功职业投资者声称他们已证明市场有效假说有误(不成功的投资者则从另一角度以事后技术性的偏见眼光给予证明)。任何活跃的经理人,无论其记录如何,都急于想证明市场的无效性,以为其作为别人代理的工作进行辩护。甚至金融媒体也竭力贬低市场有效假说:如果价格都充分地反映了所有的信息,那么他们所提供的信息还有什么价值可言呢?

然而。我们就能说那些在市场中连续5年以上取得成功的投资者仅仅是一个标准分布状态的必然结果吗?毕竟,如果有100人一块儿连续五次掷硬币猜正反面,概率表明往往是只有2人或3人五次都猜对,同样。概率也暗示着有人能够超过沃伦·巴菲特(Warren Buffett)的投资业绩,而且这一定是做对事情的人

——但这是技能还是运气呢？当我们拿到一段长达50年的统计证明时，此项研究本身已没有什么意义。

同样，正如挑选股票重在事前而不是事后判断其业绩一样，这对投资经理也是一种挑战。许多事实表明。先期业绩很好的股票往往会频繁反复，其后期业绩表现都不尽人意。经济学家指出，一系列的研究结果显示不同时期的良好业绩表现之间常常很少或根本不存在什么联系。

尽管如此，如彼得·伯恩斯坦（Peter Bernstein）于1998年对欧洲金融分析家所讲的那样，“虽然越来越难于在市场上取得成功，但还是有越来越多的人正在不断地努力进取”，他建议，“当今市场上数额巨大的交易显露出一个重要的信号，即纯理论意义上的市场有效性与现实投资领域没有什么必然的联系，”同时，“在充满精力充沛、永不停息而喧嚣的投资市场中，保持均衡价格是不现实的”。

安德鲁·罗这样说道：

正如在其他任何产业中，变革和创新就是成功的关键，我们对那些能够比其他人取得更好业绩的人有什么好奇怪的呢？如果市场有效假说常常看起来与其 古典形式背道而驰的话，或许我们这些经济学家应该去仔细查核一番我们的理论学说，而不要去争论什么市场是疯狂的（请参见“金融工程”一章）。

伯顿·迈克伊在其最近一版的经典书籍中阐述了相关观点，他在新编辑的题为“驳自由波动理论：市场完全可以预测的吗？”的章节中指出：

我读过所有最近那些宣称终结市场有效理论和主张市场价格可以预测的研究文章。我的结论是，这些讣闻式的文章都显得过份夸张了，股票市场的有效预测程度也大大地言过其实了。

首先，对这些研究尝试长期可靠性有值得思考的问题。许多观点都来源于数据分析的结果，他们通过对以前股票价格数据库的计算机检测，以求寻得某些联系。借助于计算机的高速运转和股票市场数据的易获得性，找到一些统计方面的显著联系也不足为奇。再者，出版界往往更偏爱于报导那些特别的结果，而不是那些令人心烦的随机证实。所以，许多已发现了的预测模型或者只不过是数据分析的结果——以各种冥思苦想的方式去分析数据，直到搞出一点名堂来的结果。很难相信这期间的联系在将来能否维持得住。

其次，即使存在可靠的可预测联系，它也不太可能被投资者发现。例如，试图在一月效应中牟利的交易成本是非常高的，预测模型并没有什么经济上的意义。第三，已经被发现的预测模型，如红利——收益效应往往仅仅反映了宏观经济中利率的波动，而小企业效应也不过是反映了一个恰当的风险落价。最后，如果模型是一个真实的特例，但随着追逐利润最大化的投资者的涌入，它也会走向自我销毁。的确，任何回报预测模型显示出越高的获利性，它就越难维持下去。

我们已经很清楚地知道，随着真实资金的投入和大量交易成本的产生，纸面上可行的技术在现实投资领域终究不一定可行了。正如一位成功投资组合经理（占所有资金经理人的前10%）曾腼腆地告诉我，“我从未进行过那讨厌的后台测试。”这让我永远记住学术上的后台测试与管理真实资金并不是一码事。

总之，股票回报定价的不规则性与可预测模型将会长期并存下去，市场也常常被时尚所影响。然而到最后，任何过高等市场估价都会被纠正过来。无疑，随着时间的推移和数据分析复杂性的提高以及技术的实践应用，我们将会发现更显著的有效性变异或股票回报发展的更新模式。同时，我们或许还能更加全面地了解其起因。但是，我怀疑最终结果并不足以能支持那些专业人员关于股票市场信息利用显著有效的观点。

展 望

安德鲁·罗关于信息化的有效市场“一个令人惊讶的反直觉与相互矛盾的偏好”的观点这么认为：参与者人数多，其操作和知识水平越高，信息传播得越快，市场就越有效；市场越有效，其接连引发的价格波动随机性就越大，直到价格完全随机并不可预测的最有效市场为止。这就好比旅鼠越多，它们就越不可能全都坠入悬崖一般，同样的，如果每个人都相信市场是有效的，那么市场就不再有效，因为没有人再去积极参与投资。事实上，市场有效取决于投资者认定市场无效而试图去尝试一番。

现实中，市场并不是完全有效也不是完全无效。市场有一定程度上的有效性——利用新技术或许能使市场变得更有效。但其中一些市场总是会比其他一些市场更为有效。在有着充分预测的市场中，活跃的投资者能追求到不错的业绩。彼得·伯恩斯坦总结了积极管理的希望所在：

有效市场是被理论家幻想出来的自然状态。它精巧、幽雅，甚至高贵，与真实世界中你我每日做决策的不确定性并没有什么联系。

参 考 文 献

印刷版

- Andrew Lo，Market Efficiency：Stock Market Behavior in Theory and Practice（Edward Elgar，1997），该书共两卷，包含了市场有效性方面最重要的一些论文，包括尤金·法玛 1970 年首次提出这一概念的文章，保罗·萨缪尔森 1965 年的文章以及弗歇尔·布莱克 1986 年的文章
- Andrew Lo and Craig Mackinlay，A Non-random Walk Down Wall Street（Princeton University Press，1999）
- Burton Malkiel，A Random Walk Down Wall Street：Including a Life-Cycle Guide to Personal Investing（Seventh edition，WW Norton，1999），该书在相当长的时间里一直是畅销书，于 1973 年首印，如今已是第七版。

在线

- web. mit. edu/krugman/www——Paul Krugman 的互联网站
- www. ssrn. com——社会科学研究网（Social Science Research Network）的互联网站，提供了很多投资方面的重要论文，包括尤金·法玛的“市场有效性，长期回报与行为金融学”

第二十二章

共同基金

共同基金（Mutual Funds）曾是20世纪80年代以来最成功的故事之一。共同基金对巨额资金的专业化管理显然使弱小的个人投资者原先只有大的机构投资者才能够享受到的好处：减低投资风险；降低交易成本。当然，直接购买股票的弱小投资者长期以来都面临着更高的交易成本，因为它们不能像大的基金那样跟与经济人讨价还价。而且这些投资者的资金规模一般也不足以产生有效的分散投资效果。

基金分类有许多种方式，例如，开放式基金（open-end funds）与封闭式基金（close-end funds），有手续费的基金（Load funds）与无手续费的基金（no-load funds）。开放式基金（或者被英国成为单位信托（unit trust））的份额可以根据投资者数量的多少而定，但不能在二级市场上交易；封闭式基金（英国称之为投资信托（investment trust））则只能限量份额发行，但可以在二级市场上交易。有手续费的基金在买卖的过程中要收取一定的佣金，而无手续费的基金则只需要缴纳一定的管理费用。基金也可以根据其投资方式来划分——主要有积极型与消极型；价值型与成长型。基金还可以其投资资金的类别划分为债券基金、股票基金、货币市场基金及其他基金，其中股票基金又分为高上限与低上限基金。

共同基金广泛的可选择性使得个人投资者涉足全球市场和更多的资产类型及投资方式的可能性比以前大大增加（请参见“新兴市场”、“固定收益”、“全球投资”、“成长型投资”与“价值投资”各章）。但同时，由于基金种类的繁多，选择也就变得越发困难了。（事实上，在某些国家其基金的数量已经超过股票的数量）一个全方位支撑共同基金业务、提供信息以帮助投资者进行基金评估的产业已经成长起来。如今，美国基金消费者（全球其他地方也在不断成长起来）已经能够很容易地取得其投资方面极为丰富的数据资料。

基金评级常常以其从前的业绩、振幅以及费用（尽管某些评级机构试图前瞻性地提供一些直率的推荐意见）作为标准来评定。例如，晨星公司就为所有的共同基金进行评级，他们用一个自动公式以一颗星到五颗星的方式给予评级。这些星级不是什么评荐，但常被看作为一种营销工具，于是大量的资金涌向五星级基金，因为人们认为过去表现好的基金未来的表现会同样好。

共同基金大师：约翰·C·巴杰奥

杰克·巴杰奥（Jack Bogle）有一颗为投资者着想的心。由于对基金投资者利益方面的慷慨奉献，他已声名鹊起，尤其是在那些有着共同基金情结的人员心目中。巴杰奥主张低成本交易，并对投资管理技巧持怀疑态度，在这些为传统不屑启齿的金融服务补偿问题上，他通常站在大众的立场上。他忍受着这个行业中的最低成本结构——拿着相对来说并不怎么高的薪水，以最苛刻的自我批评家著称。

杰克·巴杰奥拥有一颗“崭新”的心脏。他多年饱受着心脏疾病的困扰，仍然坚持一边积极地工作一边等待移植的消息。他的办公室里一直放着一副？网球拍，就紧挨着他那用以防止间歇性心脏病发作的除颤器(一种采用电休克使心房室纤维颤动停止的机器——译者注)，这样提醒他不要忘记追寻一种艰辛而富有竞争性的生活。后来，他移植了一颗心脏——或许是有史以来在短时间内恢复最快的人，他又回到了工作中。这次，他的董事会成员们激励让他担任高级董事长。巴杰奥以每日都待到办公室并继续参与其先锋公司(Vanguard)的各方面工作为条件接受了这一职位，尽管名义上公司是基金股东们所拥有的。

先锋公司的历史及杰克·巴杰奥在公司创建中充当的角色形成了他的理论思想基础。在20世纪60年代，他极有可能成为费城威灵顿基金(Wellington Funds)的继任者，于1967年提升为行政主管。但就在那时，杰克决定将公司与一家由四位同样年轻的土耳其人刚刚建立起来的波士顿公司合并——而他们则希望将公司整个搬到其波士顿驻地。最后双方达成了一个折衷的协议，将土耳其人所最为看重的销售及投资业务迁至波士顿，而作为一家共同的机构留在费城的经营业务，自那时起就被人认为没有什么价值可言。

然而价值却最终产生了。杰克·巴杰奥领导下的费城威灵顿公司与共同基金的股东们保持着密切的关系，通过发行一支指数基金，使公司参与到投资管理业务领域，并通过开展无手续费基金业务消除了中间批发商。而波士顿的威灵顿公司通过与Thorndike，Doran，Paine及Lewis等公司的联合以后，更强调吸引机构业务。两地威灵顿公司一直难得停止相互攻击，而今已完全决裂。杰克·巴杰奥单方面对共同基金股东兴趣的支持以及一开始就没有解决的合作伙伴关系为休战埋下了种子。

巴杰奥是一位共同基金的极力倡导者，但他却反而对共同基金经理们：胜出市场"的能力表示怀疑。在1999年初的一次"资金论坛"的演讲中，他指出：

成功投资的最大秘诀就是没有秘诀。我的判断和我长期的经验告诉我，复杂的投资策略最后注定是要失败的。事实表明，成功的投资依赖于节俭美德这样基本的简单性、思考的独立性、金融秩序、现实的期望以及基本的常识。

历史对于致力于挑选共同基金的复杂策略是如何看待的呢？历史一次次反复告诫我们相同的话：不要这么做。不管我们怎么认为，历史信息总是正确的。期望在市场中猛赚一把，在挑选过程中不断萌发希望，是被历史证明事实上毫无预测价值的基金挑选行为，只不过是失败者的游戏而已。

巴杰奥强调共同基金投资者应追求简单性，并鼓励他们建立简单标准作为其目标：现实的成功投资典范是认识到你在金融投资——股票市场、债券市场及货币市场中所可能获得的最高比例的回报，并认识和接受这个肯定会低于100%的比例。

为了实现此目标，巴杰奥推荐了一支投资于整个股市的指数基金，即：

分散到美国所有的上市公司；基本上不让人插手进来；几乎没有高成本的投资组合更迭；显著的成本效应；以及很高的税赋能力。这样的基金就会确保无误地保证你实实在在地得到市场的98%～99%的年回报率，比一般共同基金高出85%左右。

相反的观点

一些研究表明。某些共同基金经理们或许起着积极的作用，同时以前的共同基金收益能可靠地预测未来收益。普林斯顿金融学教授、先锋公司的董事会成员之一——伯顿·迈克伊就不赞同这种看似意味着能够根据过去的业绩来挑选共同基金的观点，（请参见“市场有效性”一章）在其第七版的经典著作——《漫步华尔街》中，他提出了一些共同基金组合和基金评级机构存在的问题与运作疑虑：

我相信许多研究工作都被“生存主义偏见”现象所禁锢，即使在其研究过程中，只注意了那些长时间内继续生存下来的成功基金，而忽视了对那些被历史所淘汰了的失败基金的研究分析。人们通常会采用的如可以从“晨星”公司服务中获取到的共同基金回报分析数据，只不过是显示了那些现存基金的历史记录。显然，当今的投资者不会对那些已不复存在的基金历史资料萌生兴趣。于是就造成出现这种产生严重偏见的可能性，即仅仅根据可获取的数据库资料来计算收益数字。

那些未能闯过高风险赌博的共同基金常常不能再继续生存下去。没有多少人愿意去购买那些记录不好的共同基金，共同基金组合通常就是为了使其免遭惨败而将这样一支基金与其他一支业绩好些的基金组合起来，以掩盖绩差基金的损失。所以就产生了只有绩优基金才能继续生存下去的潮流趋势，而对于这些基金的评估又常常高估了共同基金管理的业绩。同时，因为那些绩差基金的出局，高额收益还可能将继续保持下去。

另一个关于共同基金管理公司行为鲜为人知的原因，也可以得出生存主义偏见非常严重的结论。许多共同基金管理组合都采取启用新基金“孵化器”的运行方式。一个组合中或许会以10支新发小基金开始运作，而他们则足不出户地等待观测哪些基金会取得成功。假设若干年后只有3支基金产生了比整个市场平均水平要高的收益，那么组合就开始极力推销这些成功基金，而同时将其他7支基金的业绩记录抛在一边。只有那些成功基金从一开始起的所有记录才会出现在通常的共同基金收益出版物上面。

迈克伊对20多年来公众可获取的共同基金（无论是有没有延续到90年代）数据记录进行了复核分析，结果他对这些共同基金收益的分析数据结果证实了他所持有的证券市场相当有效的观点。正如巴杰奥所主张的那样，大多数投资者多半不会购买低价指数基金，而回去选择一位看似能帮上忙的活跃基金经理人。

发行许多种基金然后抛弃失败基金的做法可以解释企业理财人通常的问题：为什么频繁来拜访我们的人能够取得较好的业绩，而我们的经理人却仅仅在一个市场平均水平上呢？正确的答案应是卖出市场上人们愿意买入的基金其实才有价值，较为明智的基金组合策略或许应该有各种相互截然不同并且与市场通常情况关联甚少的投资组合。这种哑铃型策略证明某些投资者必定遭致灾难而另一些投资者则会成为足以引人注目的大赢家，虽然似乎没有人遵循了这一策略，但它的确在起着作用。

星级操盘手会持续取胜的一个令人难以置信的原因是，辉煌业绩本身自然会吸引更多的现金投入到基金中来。随着基金因成功业绩的不断壮大，它就越来越难于保持其优异业绩：现实中证券整体市场常常会收缩。另一个原因是交易成本随着规模的扩大而提高：尽管大的机构可以相对低廉的佣金进行交易，而相当数量的证券交易则趋于以市价成交。

《货币杂志》共同基金专栏作家杰森·韦格(Jason Zweig)为彼德·伯恩斯坦的简讯《经济学与投资组合策略》的投稿中。对优异业绩和过渡规模作了如下描述：

这是信息时代最残酷的事实：客户现金流量成为投资行为本身获益的决定性因素。成千上万人仅有几千美元投入的零星投资者，一旦他们觉察出哪些基金可能会产生良好的表现，他们就能从资金上遏制某个基金经理。Alpha 基金曾经一直炙手可热，但在当今瞬息万变的信息世界中其境况已犹如货架上还未被冷冻而急待出售的鱼所面临的日子。当一位基金经理不断经历着从吸收涓涓细流般的小额资金到牛吞管涌般巨额资金再到被海啸般规模的资金所吞噬的循环进程时，他从前的业绩已经没有任何意义。

抛开巴杰奥和迈克伊有关共同基金管理的问题不谈，指数显示难道是恰当的反映吗？采取紧随基点策略的基金多半能保证其不输不赢，但将其从一堆基金中挑选出来则需要在销售中下功夫。美国至少有 90%以上的基金注定为证券，这样就将资产分配目标定位于资产与现金之间，从而极易受到股市下跌的冲击。

此外，基金通常都是易于定价的资产，并大体上多为国内资产儿非国际资产；其目标也易于在牛市中实现，如果股市一旦转为熊市，目标就没有什么指望了(请参见“指数投资”一章)。尤其对封闭式基金来说，当一大批投资者决定将基金变现时，流动性就成为一个严重的问题，把他们卖给谁呢？市场下滑时是否会有更高的保证利率呢？至少在美国，有数目相当可观的投资者将基金视如受美国政府保护下的银行储蓄。

最后，基金帐目的一个特征是，开放式基金是以净资产价值加上一定的佣金来买卖的。净资产价值是市场结算或基金资产评估 的价值，而未以资金升值或贬值进行相应的调整。这样，当一位购买了一支基金的投资者并未认识到基金会大幅度升值时，将会发现这些随着基金一并卖出所带来的问题，即他或她将拿到一张发生在别的投资者持有基金时期的大额升值应税单。国际公认的会计准则（GAAP，generally accepted accounting principle）中有一个很好的建议，即企业应该申请一个基金应税留存。但这种建议在基金行业方面却遭到反对。

展　望

在过去 40 年左右的时间里，投资产品已经从投资者惯用的口头方式买进向以积极而昂贵的营销方式卖出转变。这是必要的最佳进步方式吗？如今，投资产品信息已可以通过互联网有效地传播，但同时我们却被那些要简单得多的、往往只是公开发行报纸信息翻版的宣传活动所困扰。我们还没有开始使用已知的网络比较功能，或许在下一轮熊市之后才会用起来。投资营销需要进行一次大的调整。

在谈到共同基金与网络股票投资相关联的营销时，Thrstreet. com 公司（一家网络公司）的杰姆斯·克莱默这样评论到：

共同基金几乎在所有行业中其真实性口碑最差。我认为应该设定一条规则：价值这一术语不应用于那些拥有高投资组合股票的公司。价值在这个领域仅仅是一种伪装，是一个中庸思想的营销战术，它诱惑那些本无意想拥有这些令人碰鼻的股票的人们。人们永远无法让证券交易委员会(SEC，Security Exchange Committee）制定一个法案来反对一个隐藏在价值名义后的成长经理。这样打击面太大了，但是这些共同基金的大家族有义务负责任地推销其产品。

克莱默的评论或许是有所指的，例如对比尔·米勒（Bill Miller）的“勒格·麦森（Legg Mason）价值信托”中有关价值信托适当比例的质疑——这个有着30种股票的投资组合中含有25种热门技术股。米勒可能会用“未来价值”的说法来维护其立场（请参见“积极的投资组合管理”一章）。

金融服务成本方面又怎么样呢？Goldman Sachs公司的安比·约瑟夫·科恩指出，金融服务报偿的唯一方式是上升，而且是直线上升的。我们或许应该作截然相反的企盼——机器的使用会降低成本，业绩评估也会使购买者认识到他们能以更低的成本而实际上还会获得更好的结果。然而这些企盼都没有成真，在牛市期间，成本不断在上升。这个庞大系统在不断吞噬着回报，每年的成本至少占资产的0.5%或者更多。而对于采取积极的投资管理的那部分资产，在扣除某些因素之后，这个比例仍高达10%。

最后，共同基金业务未来可能的一些发展趋势是：

- 定制式投资组合：投资者将可以根据基金组合提供的工具来建立其自有资金的基金；
- 在同一个投资组合中基金可以更自由地转移：犹如除双重税赋之外的低费用甚至零转移费用的“保真”基金一般，即一个投资者支持其出卖基金时盈利部分的赋税，而另一个买入基金的投资者还得在资本盈利分配时支付卖方投资者卖出基金时盈利部分产生的资本所得的赋税；

- 基金将继续采用信息更换显示屏——一种随问随答有营销目的的装置。目前这些问答必须通过合法化清理，而这样会降低流程速度；
- 世界基金监管条例可能会通过国际证券委员及官员组织（IOSCO，International Organization of Securities Commissioners and Officers）来实行标准化。

参 考 文 献

印刷版

- John Bogle, Bogle on Mutual Funds: New Perspectives for the Intelligent Investor (Irwin Professional Publishing, 1993)
- John Bogle, Common Sense on Mutual Funds: New Imperatives for the Intelligent Investor (John Wiley, 1999)
- Paul Farrell, Mutual Funds on the Net: Making Money Online (John Wiley, 1997)
- Bill Griffeth, The Mutual Fund Masters: A Revealing Look into the Minds and Strategies of Wall Street's Best and Brightest (Probus Publishing, 1994)
- Burton Malkiel, A Random Walk Down Wall Street: Including a Life-Cycle Guide to Personal Investing (Seventh edition, WW Norton, 1999)

在线

- www. brill. com——含有大量共同基金信息的互联站网
- www. iii. co. uk/performance——有关英国基金的投资业绩详情的互联网站
- www. morningstar. com——晨星公司（Morning star）的互联网站
- www. thestreet. com——James Cramer 的在线金融出版物
- www. vanguard. com——先锋集团的互联网站

第二十三章

业 绩 评 估

我们生活在评估的时代。我们有评估的欲望，如评估物体的高度、重量及数量等。评估在投资领域的应用更为瞩目。敲击计算机键盘即可得到金融市场的日常数据，这便是某种意义上的评估。借此我们可随时得到关于资产和管理人员的最新数据。

如果我们进行业绩预测，首先要进行业绩评估，以此来衡量未来的业绩。在投资领域，很多人持有这样的观点，即过去是未来的良师。工业的业绩评估在近几年开始出现，为现金管理提供了历史记录。

但是，使人感到奇怪的是，在投资领域还没有业绩评估，目前只能含混的描述投资的质量、投资者的利益。但是牛市的投资改变了一切。人们开始注意到这样的需求，即我们做得够好吗？重要的是，我们的业绩和指标与竞争对手相比谁做得更好？

业绩评估大师：彼得·迪兹

业绩评估首先出现在商业投资的广告宣传中，这种广告宣传受美国证券交易委员会的严格规范。与此同时，发展了关于时间和规模限制的标准。

在60年代，研究机构开始关注牛市的投资理论。Frank Russell公司的彼得·迪兹在他的著作《养老基金：投资的业绩评估》中论述了这个主题。特别指出的是，他的著作是往来资金帐户的延伸。他认为可以根据对计算结果的影响程度，引进评估偏离原则。

在基金帐户中，不论交易金额大小，均要以同一标准对待。一笔资金从其投资开始表现出骄人的业绩，这对新入市的投资者很具有吸引力，但要取得同样的业绩也绝非易事。数字本身不能表明业绩的下降，而且从最初开始，计算结果便深受管理和市场周期的影响。

彼得·迪兹提出了一些重要的统计要素，如需要仔细确认数据库的数据是否原始数据。有一种建议是，帐户要在得出不利的结果后离开管理部门，以避免数据的丢失。很明显，这种曲解给计算结果带来偏见。彼得·迪兹对评估法规进行了精确的描述，并得到研究机构的补充完善。

Russell公司是最早以开发技术帮助客户理解其计算结果的机构之一。彼得·迪兹在东京开办了Russell公司的办事处，向日本机构介绍业绩评估，日本机构接受了这种标准，并使之更严格和规范。业绩评估在日本80年代的牛市中大受欢迎，就像在90年代美国那样。不幸的是，彼得·迪兹在他的创意日益盛行的时候去世了。

自60年代以来，关于投资结果的持续性做了大量的学术研究。研究结果建议关注预期回报（它们具有较低的自相关性），这意味着不能从其他时期的数据预测某一时期的数据。

业绩评估在80年代初期广泛使用。投资管理与研究协会

(AIMR)，投资管理业的行会，要对提供业绩评估服务的公司设定标准。迪恩·利巴朗，此书合著作者之一，勇于面对持不同意见的同行，他提出应首先建立标准，然后再执行。为了使投资管理与研究协会的成员具有广泛的代表性，选取了一些业绩不好的公司成为协会的成员。这些公司一旦与业绩好的公司一样成为会员，他们便很自然地具有一致的利益，每个成员都会很自豪地将业绩计算结果广泛公布。

协会提出建议，要求统计的结果必须包括所有帐户，不得漏掉有关帐户，并与往来帐户相符合。另外一个负责具体实施的委员会，要求建立独立的审计和明晰的解释。业绩评估行业便由此产生，包括软件、实践者和业绩评估专家。

相反的观点

在做实验时，物理老师、化学老师不会要求学生做的精确度超过精密仪器的精度，尽管记录在某种程度上可以修改，但是错误的发生率仍要大于精度的发生率。尽管这看起来有点矛盾，但对处理投资的数据来说显然值得关注，尤其是当今时期，在正确使用计算机处理小数方面更是如此。

投资的数据有两个层次需要关注。第一，数字是否代表了优异的成绩，而不是技术标准所要求的证明；第二，数字是否创造辉煌或良好的预期？业绩的数据尤其要经得住这样的检测。

从表面上看，业绩评估带来的益处远远大于其实际运用，至少在我们目前的统计水平上是这样的。通过对全部帐户和资金进行如实的计算得出相应的结果，但是这样得出的结果往往会在标准统计测试中失败，这样的数据几乎不能继续使用。这些数据根本不能运用于时间预测，而实际上它们通常被运用于市场周期的预测，因而导致失败。

无论得出的数据多么清晰，业绩评估所使用的工具总是需要完善。行为主体的错误信息导向带来的危害大于任何统计错误。提高数据质量不仅要提高计算结果的质量，更重要的是，计算结果要以历史利益为唯一利益，并以此奠定讨论的基础。

但是在实际工作中，人们常将过去的行为做为预测的工具，尤其对使用数字以支持其权威性的投资管理者更是如此。基金管理者会在其市场营销中经常使用一些数字来吸引新的业务。同时，约一半的管理者的业绩要低于业绩评估的标准，只有那些以业绩评估为业务基础的管理者，才能超过业绩评估的标准。

在使业绩评估更具预期性方面，在帮助实践者理解其特性及局限性方面，人们做得还很不够。直到现在，业绩评估水平通常用于类似提高烟草工厂的清洁，现在有一项有益的研究，即为这些工厂提供“清洁工厂”的标识，加强消费者对产品的信心。而事实上，标识并不能改变人们的心理倾向，人们依然认为投资业绩数据的恰当标识是“使用这些数据可能对你有害”，表现人们对数字的相信程度不高。

展 望

我们正在努力提高准确进行业绩评估的能力。然而，我们努力提高数据质量的同时，并没有对提高业绩评估的方式做出努力，使用的是过去的模式，而我们已不能从这些模式中获得有益的帮助了。

投资管理与研究协会的标准提高了数据对市场反应的忠实程度，但是它们并没有提高数据的使用程度。所以结果是，数据仍像过去一样，没有预测作用，既使用做预测，也没有很高的可信度。其他各种形式的数据都不过如此。我们期待评估，但是仍在沿用崇尚权威的古老方式来进行评估，而不是使用操作灵活、充满活力的评估工具以适用产品的多元化和多重选择性的需要。

在动荡时期，组织机构的业绩可能会较安全，稳定。仔细考察一下人员业绩评估系统，人们会发现，确实存在一个系统，但是它既不能事先预知，也不知将会发生什么样的变化。这个系统在后期才会显现出来，并且在其领域中有相当的权威。

在缺少业绩指标条件下的投资管理者，尽管有过去成功的辉煌，但是仍不能对未来的成功稳操胜券。管理者应该根据实际业绩进行奖励回报，而不应该以过去的业绩为基础。

业绩评估作为有效的评估手段，需要进行科学的论证：

- 首先，我们可以忽略计算结果的精确度，将关注重点放在业绩数据的 2～4 位小数点的位置，这个实践不同于学生课程所做的计算，不要求记录下的数据其精确度超过评估工具。
- 第二，我们要知道计算结果只能表现一段时间的业绩，可能与期望的水平相背离。一组数字结果的实际价值不会因数字排列顺序而有所不同。
- 最后，我们应该学习使用新的、更具活力的统计工具来进行数据分析，并做出预测。唯有如此，才达到数据的真实意义：预测未来，而不是总结过去的历史价值。

参 考 文 献

印刷版

- Peter Dietz，Pension Funds：Measuring Investment Performance

在线

- www.morningstar.com——the 晨星公司的互联网站

第二十四章

政治与投资

政治对经济的作用何在?投资者如何分析政治风险——通常跨越不同国家的政治环境，他们是否有公平的投资回报?金融市场经常被认为领导经济发展，而经济的发展又领导政治（参见“经济预测”一章)，所以在领导与被领导之间存在一个直接的联系。

以下是考察全球机构的一个途径。单个企业的平均价格部分取决于该企业过去的以及预期取得的业绩，部分取决于市场所属工业领域的自然属性。而最终的分配价值还包括证券市场的波动。(尽管当今的超市场回报常常取决于全球金融作用的影响)。

这些波动，来自三个因素的影响：第一，重大金融事件、利息发生引人注目的变化；第二，重大财务事件，尤其是利润模式的改变及受政府财政收支影响的支出和借入。第三，重大政治事件导致金融和财政在未来一段时期对国民经济产生的重大变化。

对于工业化民主国家的股票市场，重大政治事件是经济周期的发生及经济周期对商业周期的影响。众所周知，一个有责任感的政府在竞选前会以发展经济为首要己任，而非竞选，如制定扩张经济政策、减少失业率、降低税率，以繁荣市场、发展经济。竞选之后，当发生通货膨胀时，通常由反对党将扩张政策转为紧缩政策，以降低市场热情。

如在美国市场存在一个公认的总统周期（presidential cycal），即在总统任期的4年中市场各方力量突出发展。这是由于政治力量有意发展扩张政策以吸引选票。竞选过后，市场便转向紧缩以弥补竞选前的政策。

政治对商业周期的影响受现任和即将执政的政府的政治色彩的影响。如左翼执政党被传统的认为比右翼缺乏财政责任，所以对市场反应较为被动——尽管在美国会有相反的事例，因为美国的市场在民主党派管理者的管理下运行良好。而且，拥有这么多中间偏左的政党行使或者至少许诺行使保守的财政政策，也许衡量市场前景的一个较好的方式是不管新政府说的是什么，要看其是否拥有一个正常工作的大多数群体、执政的时间足够长和在治理经济方面的可信程度。

另一个对国家经济前景产生影响的政治因素正在变得日益重要，甚至可能改变经济周期，这就是中央银行的独立程度。这些机构主要通过利率控制国家货币政策，其独立程度越高，政府干预经济的空间就越小。最近一项调查证实，货币机构独立性越强，会带来低通货、低利率和高发展。实际上，美国联邦储备局现在正处理几个大麻烦，如国际货币统一、商业周期管理以及施工呼吁等。

政治分析大师：爱德华·亚德尼

很多投资经济学家同时又是政治分析家。尤其在市场经济中，有很多政治家从先进国家和投资者那里寻找资金，为他们自己国家的市场争得发展的机会。访问公众形象好的政府领导人，与他们交换一些宏观问题的看法，是委员会和分析报告中最具吸引力的内容。

爱德华·亚德尼是德意志银行的首要经济学家，可能是进行经济、政治双重研究的最优秀人员之一。他的网站包括一些非常有价值的经济数据，他的每周电视电话会议能够帮助那些想获取经济、政治双重原则知识的投资者。

爱德华博士，正如他自己所说，可以贴上经济公共汽车的标签。他所做的分析包括价格、文化、周期、历史、政治及重大事件对经济的影响，如，爱德华博士曾认真研究经济领域的2000年问题，他认为COBOL400年的规划被计算机编码深深隐藏，而只在2000年这样的数字中存在，这将导致重大经济损失。他的反对派，即那些通过研究过去的经济数据以分析发展趋势和转折的人，可能会怀疑他提出的价值，而对那些早已被市场预先更正的外在因素感兴趣。

相反的观点

政治曾被认为影响经济的发展，但是，是否常有另外一种情形，即市场主导政治？总之，亚洲1997年夏开始的政治动荡导致市场低迷，1998年下半年美国市场的稳定支持了政治稳定，发生的政治事件都得到很好的控制。

《波士顿全球》(Boston Globe)的作者、经济学家大卫·斡氏对此评论道："好的市场导致政治低迷"。当问及为什么自19世纪70年代选民对美国总统和国会中期选举的兴趣日益淡漠时，他说：

"很简单，经济政策取代了外交政策。公众关注的焦点已经从冷战这一重大事件转到了个体繁荣发展上来。70年代发生了大萧条，80年代开始复苏，90年代达到了繁荣。很多人改变了自身形象，很少有人参加竞选。"

在市场复苏阶段，通常存在的政治风险大于竞选的威胁或政府换届。市场不稳定似乎与经济低迷的预期相伴随。众所周知，西派风格的民主党并不需求经济的发展与繁荣，国际市场风云变幻的经验使得投资者在冒险获取潜在高额回报方面非常慎重，这是可以理解的。

新兴的市场与成熟的市场相比，不易相互影响：一个经过良好细分的新兴市场，每一个潜在的利益都比成熟市场风险大，而成熟的市场，则风险较小。但是这种相互影响不是固定不变的。如1998年，新兴市场衰退，债券市场得到了发展，原因是当资金减少时，双方共同对资金有所需求。而早期的分析家并不对此双重影响进行分析。

新兴市场的政治风险包括政府在债券市场的失败、民族问题、股市操作、利息征用、外汇管制及其他排外投资立法等方面的风险，这些风险对吸引外资造成不利影响。这些风险对于新兴的市场来说并不总是有限的，许多国家，包括美国，冻结了政治敌对国家的资产，如利比亚、古巴、伊朗、伊拉克。

大师的回应

爱德华·亚德尼指出：

我想我是一个老式的政治经济学家，我的政治经济学与凯恩斯经济学家相比，存在很大分歧。经济学划分为宏观经济学与微观经济学并不可取。亚当斯密谨慎地解释了劳动分工的优越性，但无论如何，在政治学和经济学方面越来越细的专业划分趋势，并非具有绝对优势。经济学家精通的学科领域越来越狭窄，他们趋向于将其研究兴趣局限在很窄的领域。这种趋势使得许多经济学家不能引起人们的兴趣，从而使他们与外界隔绝，较少同外界交往。

展　望

有很多机构如经济学家智慧联盟，向咨询者提供有关新兴市场的实用的国家信用风险等级，这个新兴市场建立在经济和政治因素基础上。Heritage 基金会与华尔街旅行者合作，创建了全球自由经济指数。基于此，可以根据政府控制个体经济关系发展的程度，做出排序。全球自由经济指数涵盖所有经济事务，包括贸易政策、税收、货币政策、外国投资法规及政策、黑市规模以及价格控制。根据 1998 年指数显示，香港达到自由经济的最高点，北朝鲜则是最低点。

根据经济和政治信息还很难对市场进行预测，而这些指数至少为参与世界市场提供了一些可能达到的希望。评估政治风险并不像评定收支平衡表那样容易，但是政治风险是不容忽视的。

至于职业经济学家，可能会在政治经济学问题上摇摆不定，可能会变得更多探求真实世界、试图使视野更宏观。当然，一旦他们脱颖而出，如在发行量较大的杂志上发表观点、得到支持，那就表明他们确实具有较高技术的理论说服力。

参 考 文 献

印刷版

- David Warsh, Economic Principals: Masters and Mavericks of Modern Economics (Free Press, 1993)

在线

- www.boston.com/globe/columns/warsh/——David Warsh's column in the Boston Globe
- www.eiu.com——Economist Intelligence Unit 的互联网站
- www.heritage.org/index/-Heritage——Hertage Foundation 的互联网站
- www.yardeni.com——爱德华·亚德尼的互联网站

第二十五章

定量投资

定量投资的本质是促使投资者关注投资或有价证券是否具有投资价值或配置是否合理。任何投资数据都可以通过电子计算机进行输入、整理。因为计算机是最数据化的，投资计划是直线的、刚性的，所以定量分析大多有结构重复的特点，其计算结果是值得信赖的。

定量分析的中心议题是价格行为模式的历史表现（这一点靠技术分析是不能确定的）与市场易变密切关联的损失风险、管理风险、回报风险以及连带风险的可预测性。定量分析工具具有吸引力的部分原因在于它的费用：所有的费用在于建立初步分析框架，除此之外，没有任何费用支出。

定量投资分析是更具规范性的分析方法，与那些依靠定性或直觉制定投资策略的方法相比更少受个性化的影响。然而，并非完全如此。很多成功的投资者，无论是采取定量分析方法还是采取其他方式，均是以他们个人风格来选择投资方式，他们了解所采用的方式，而不是从别人那里学来的。尽管反复强调投资分析要有规范性，但是并不是说要一定如此才行，切忌盲从。

定量投资大师：罗伯特·阿诺特

定量分析学家最初发展于学术界，在过去 20 年中对金融实践起着重大影响。彼得·伯恩斯坦的著作《资金理想》中很好地讲述了“当代华尔街神奇发展”的故事。

一些共同的因素使投资定量分析流传普及开来，第一，19 世纪 50～60 年代学院计算机时代的兴起及大学生对经验主义金融研究的促进；第二，新兴上升的市场信息开始使用更高程度的特性化，越来越根据实际情况制定政策而非根据理论。第三，一些在北方美洲大学接受培训的大学生，开始在世界各国的公司承担决策制定职位，他们使用共同的技术，很快形成了新的债券及全球证券经营模式。

定量分析的创业者在投资实践派与学术派之间来回摇摆。他们参加共同的会议。如受到广泛赞誉的 Q 集团，举行一次会议邀请两方面的人士参加，他们所使用的词汇是相同的，研究水平也相似。学术派通常受投资实践派资助进行课题研究。

First Quadrant 的创立者罗伯特·阿诺特 便是定量分析投资集团的代表。他毕业于加里福尼亚大学，在投资领域研究方面发表了大量作品。他的业绩根基在芝加哥大学，他的第一份工作是在芝加哥银行做后台定量分析人员。但是他不久便离开了。他的特长在于向客户介绍他的研究思想，他拥有超人的工作热情，开始着手成立自己的公司。

First Quadrant 总部设在加里福尼亚州，拥有约 260 亿资产，公司投资产品范围很广，因为该公司对过去市场行为的统计、研究揭示了所有市场的秘密，阿诺特说：

我们的投资有三个要素：第一，要对投资的反面进行预先处理。市场不会轻易给我们回报。第二，要进行定量分析，我们要努力在投资过程中控制情绪。第三，要使用先进的技术。

投资方式要根据达尔文主义择优选择，原因在于你的每一位谈话对象都是一个生存者，表明他们有适合生存的条件。对于“目标在于科学地购买超低价格的资产，然后超值卖出”这种投资方式，First Quadrant 的战术资产配置公司（TAA）可能很了解它充满风险，因此它被宣布为背离常规。TAA 的投资观点是价值的回归。

相反的观点

我们现在所使用的定量分析工具多为以前创造的，直到现在还广泛地应用。这种分析方法须进行严格的数学计算，并且只能在有限的机器上进行。迪恩·利巴朗，此书的合著者之一，是早期的投资定量分析热衷者，对当时的单向决策、购买——持有投资方式提出了挑战。作为 Batterymarch 金融管理公司的首创者，他是较早完成从学术思维向投资实践转变的学者之一。现在，当定量投资成为普遍接受的真理（尽管随着时间的推移会出现争论），他反而不太积极了。

表面上看，定量分析是一种或几种思想机械的应用，它是人造智能，既不会更好，也不会更差，启动程序中一些事先设定的测试方案，你就会发现，在程序结束时，它们被自动排列。这样，你就可以得到一个与人类神经网络相似的人工的、可循环使用的、有自动逻辑计算水平的系统。

但是，在该系统中有一些问题，其中之一就是经济主体追求利润最大化的趋势是否普遍尚不能确定。金融行为学的发展（参见“投资心理”一章）使得对自我盈利的代理机构的研究受到广泛关注，因为他们使用的是与众不同的术语和工具。

另外一个问题是系统中的干扰，正如在有些时候市场的脉搏不能与其时间周期相符合，就会出现价格的波动。当我们设计模型时，我们会简单地试图抓住世界的本质。我们可以假设它是线性的，一些变量在全程估算中与其他变量产生的效应是相同的。但是，真实世界不是直线发展的。

我们经常忽略市场反馈的信息，每时每刻市场都会发生变化。如在市场快速发展时期，就可能会由有序变成无序，最后变成随意发展。而市场研究更多受困于海森伯格理论的暗示，通常我们得到的结果更多地取决于研究者的特性，而不是取决于对市场信息的研究。

另外一个问题是有许多毫无关联的信息使我们无法知道计算结果。工程师知道如何处理每一个系统干扰，但是投资管理者不能做到。很多人只对单纯、精确的数据沾沾自喜，而没有意识到其中的错误。但是对纯数据进行处理的技术必须灵活使用，并且要有全面的知识，知道丢失了什么，得到了什么。真实世界是散乱的、突发性的，决不会重复过去发生的事情。真实的数据与生俱来就是不纯净的，模型数据通常是经过处理后变得纯净的。

追求获得纯净数据导致发生的错误有很多。首先是时间。得到纯净的数据需要更多的时间，即从最后相关数据的采集到得出可以使用的数据之间的时间较长。市场时间通常包括反馈、循环的活动时间，这对我们进行价值评估作用不大。

第二个错误是竞争。如果我们在等待纯净数据的时候，得知我们的对手也在这样做，我们就会发现，这样得出的数据结果与其他人一样，具有同样的风格，即数据表明业务的发展达到了某个目标，并有继续发展的可能。我们在接触这样的计算结果时，应打折扣使用。

第三个错误是数据的不恰当取舍。为了得到纯净的数据，我们通常会忽略一些有可疑点的评估，其中很可能包括一些有益的(甚至是令人吃惊的)、具有潜在回报价值的分析。潜在事件有时未必会发生，但是对金融市场来说影响重大。对现实风险的审定要考虑那些大量的、发生率较低的事件，因为这些事件发生的可能性要比我们事先预想的大，且具有丰厚的利润。

最后一个错误是我们对零散数据在综合方面研究的太少，认为它们组成一个完整系统后仍保持原来的属性。

很多研究都存在这些潜在的缺点和错误，但是问题是为什么定量分析工具，如后测法（back-testing)，在没有学术研究的基础上仍被广泛使用?为什么对计算结果具有尖锐挑战的基础性学术研究如统计学、多功能测试、可再生能力等并不被定量分析实践者使用？答案是他们忙于施展超常的技能以古老的方式赚钱，也许学习只有在繁荣时期进行，而申请只有在逆境中提出。

在投资调查中，后测试经常被忽略：如果我现在知道什么是我应该现在知道的，那该多好。定量分析的后测试就如同进行数据开采，发现在有限的数字中存在的规律。任何随意的数字链都有一个开始与结束的过程，从中便可发现其规律，“拷问数据直到它坦白一切”。我们从历史数据中会发现很有价值的投资建议，但是以同样的程序提出建议，结果便会失败，这令人费解吗？建立在事后聪明基础上的投资战略通常会以失败告终。

我们的思想，可能在无意识之中，受过去的情况影响，将工作计划列入模式之中。这样当我们测试时，如果这些情况的特征包括在我们的测试中，我们就会发现投资的结果应该可以更好些。

大师的回应

罗伯特·阿诺特指出：

定量技术分析并不神奇，不过是通过更具规范性而非传统的定性分析方式对投资意图及方法施加影响的工具。它们可以是性能卓越的，也可能是很差的，但是与许多投资分析工具不同，它们具有非常严格的规范性和纪律性。

定量分析模式与传统的分析模式之间没有太多联系，此外，人的大脑是最根本的仪器，因为：

- 这是一个分析工具，能够评估负面因素和上千种不同因素的影响。当定量分析工具要分析数量超过其能力的变化因素时，就会失灵。
- 这是一个具有历史分析的工具，能够将市场分成上百种可对比单元与历史情况进行衡量、对比。定量分析工具只能帮助我们通过信息面较窄的数据库进行对比分析。
- 能够与其他大脑发生作用，这被称为沟通或团队精神。计算机只能待我们给它指令后进行工作。计算机是高速运转的白痴，最多称之为人工智能。

但是尽管有上述优势，大脑却有过多的负担。我们是社会性生物，需要别人的认同及合作伙伴，而资金市场具有非传统的天性。我们是有感情的生物，需要安慰，而市场天生与安慰唱反调。为什么呢？因为市场价格反应的是对回报的需求，投资者寻求回报，而不是安慰。市场价格对于需求安慰的投资者来说是高的，因为寻求安慰的投资者对回报需求较少，对回报需求少意味着付出较高的价格。

人类思维的趋势是对当代历史的关注。实质上，我们倾向于为昨天的战斗而斗争，而忘记从过去的战争中汲取经验与教训，我们的短期记忆比长期记忆好，所以，令人惊奇的是，高速运转的白痴通常能够（并不经常）在商业领域超过我们。

定量技术分析的优势在那里呢？部分在于较好的业绩。我确信设计合理、结构合理的定量技术分析能够为我们增值。但是，并不像在美国一度曾经达到的那样多。重要的是，这种技术分析作为工具能够为我们规避在资产管理方面的重大失误。

这些失误包括哪些内容？定量分析工具又是如何减少失误的呢？资金管理最大的失误可概括为两个词：情绪与波动(slippage)。例如在某个合伙企业，我们会发现存在文化冲突。我们知道成功的合伙文化之一是积极鼓励成功回报，严厉惩罚失败。成功的投资者通常会采取相反的模式，削减部分回报以弥补失败造成的损失。定量分析模式能够帮助我们为投资确立基础目标，即何时、何地有可能出现不利，如何赢得利润。

展　望

正如很多全球性公司一样，旅行者集团投资的失败及近期、长期资本管理基金的清算表明亚洲投资危机的严重性，是一个时代的结束。长期资本管理基金是定量分析投资做得最好的公司之一，它的失败标志着定量投资利益这一词汇的结束。长期资本管理基金致力于进行预计投资风险最小的投资，但是他们做了两个非常离谱的赌注，在杠杆作用下，两个赌注在同一时间相撞，导致投资失败。

长期资本管理基金在购买之前没有对资产的价值进行评估，所有的决定取决于计算机模式，不可思议的是还包括所有对公司、货币的基础分析。他们的兴趣在于不同资产价格的变化与历史是否有联系，而不管是否因某些好的因素而变化；在于以过去发生的事例为基础对未来能获利进行假设，更有甚者，他们忽略了大量可能发生率较低的风险，因为，他们的历史数据是阶段性的，而这一阶段并没有发生风险。

他们的经历提醒我们，后测试及直线性投资现在不适用，而适用于可能发生的转折点，此外，我们从中认识到我们正处在对投资理论与细节的接受阶段，而忽略了市场偏好，如市场指数、通过计算机进行战略选择以及贸易实务。如果市场偏好保持稳定，那么通过细节与理论学习，可以达到很好的业绩。

但是我们现在应有所改变，直线投资技术证明是不对的，我们不知道哪一种非直线技术是适用的和怎样适用，人们对此方面的研究太初步、肤浅，还不足以回答上述问题。我们抛弃了一种理论，但是我们还没有找到另一种理论来代替。

除了传统管理方式以外，出现了一些新的理论，正如20世纪初物理学的发展一样。当时科学的实验室设备发现牛顿物理学不能解释一些结果。此事产生的另外一个结果是出现了两种学校：一种试图重新论述旧著作，使其更加完善；另一种将激进的观点作为新的开端。量子物理学便是由后者发展而来的。可能80年后，我们将处于同样的转折时期。

被称为模糊学、混沌、适应系统、革命的动力学、人工智能、神经网络以及遗传工程等投资管理领域的前瞻性技术便是直接由物理学发展而来。其中很多学科发展于Santa Fe研究院，它们不是传统理论的实践者，它们是模糊的，通常没有业绩支持，并且正在不断修正，与旧理论的貌似精确相反，它们正处于实验状态，并且极为脆弱，但是，它们是科学的，这正是前沿科学所拥有的特点。

一则刊登在《有价证券管理》杂志上的笑话对此进行了深刻的剖析。一个刚参加工作的学者，是个精力充沛的博士，从学校到一个濒临破产的经纪所工作，别人告诉他，他可以做数学、解题，包括加、减、乘、除，但是不必紧张，除法用得很少。这个故事的核心在于忽视投资领域的定量分析是经常性的战略，对数字进行的简单处理已不能满足我们的需求。

新的测试通常包括复杂的分析、烦琐的统计测试，而且有时间要求，这些工作只能由高档计算机来完成。在今天的投资领域，定量分析必须是最好的，而不是最常使用的。

参考文献

印刷版

- Peter Bernstein, Captal Ideas: The Improbable Origins of Modern Wall Street (Free Press, 1992)

在线

- www.fquadrant.com——First Quadrant 的互联网站
- www.santafe.edu——Santa Fe 研究院的互联网站
- mipress.mit.edu/SNDE——Studies in Nonlinear Dynamics & Econometrics features the best work of academic quants

第二十六章

风险管理

当今时代生活的复杂性使我们在做任何决定时都要有风险管理能力，因为我们会在生活中遇到各种风险，如失业、失火、商业投资失败、粮食欠收或卖价不合理、股票投资失败等等。

对上述每一个问题，社会都有解决的办法，如人们可以购买家庭财产保险和失业保险以减少失火、失业造成的损失；通过提高社会福利以解决农副产品价格波动给农民带来的损失。同样也可通过分散股票投资以最小的风险获得利润回报。

但是这些被大家广为接受的理论并不适用于衍生产品，金融市场风险管理办法通常不为公众所理解。这部分由于其使用工具、手段与众不同的特征，正如一些引起广泛争议的事件所表明的那样：1987 年股票市场下跌，巴林银行事件，Gibson Greetings Cards，Metallgsellschaft，Orange County，California，宝洁事件，以及最近的长期管理基金的清算。

期货、期权及繁多的衍生工具是风险产生的基础。一方面，保险是为了降低一些负面事件的损失，另一方面，保险本身便是我们风险、回报之间的联系，它对每个投资者是不同的。衍生产品能够将股票转成债券，也能够将复杂结构中极小的风险引爆。

风险管理大师：
费雪·布莱克，罗伯特·默顿和米偌·舒尔斯

在过去的25年中，金融期货与期权在国际资金市场上发展起来，占领一席之地。期货与期权首先在商品交易中发展起来，在70年代开始进入美国的金融领域，现汇期权随着布雷顿森林体制的瓦解发展起来，以期获得最大利润或减少投资风险。现在这些产品已广泛使用于世界各地。

定量分析工具使衍生产品广泛使用，这是布莱克和舒尔斯的首创，被称为布莱克-舒尔斯期权定价模型。他们的合作者罗伯特·默顿将这一工作深入发展，他的修改使这一理念变为可实际运用的工具。

正如彼得·波恩斯坦关于风险与资金理念的著作中所说，在被两个学术刊物拒绝后，布莱克-舒尔斯模型的初本在芝加哥大学《政治经济杂志》发表。据说期权公式能够从热转移公式得出，这是布莱克在一场网球赛后的讨论中获得的灵感。他的比赛伙伴，一位工程师，也在他自己的工作中找到了类似的感受。

三位专家的期权理论（最早的理论基础可以追溯到1900年巴黎的路易斯·芭勒的著作）由两位专家布莱克和舒尔斯带进了投资实践领域。默顿从麻省理工学院到哈佛，进入了长期资本管理基金的研究。70年代早期在校园里广泛接受的理论，对投资实践产生了很大的影响。

将学院派与投资实践派的理论通过衍生产品进行综合描述，成为投资者的日常工作。一些学者从默顿和舒尔斯以及皇家瑞典

经济学院获得有益的观点以充实他们自己的著作，这些观点有较强的实践价值：

风险管理在当代市场经济中至关重要。金融市场能够在其运行中选择风险的组成、管理形式，向其他愿意并能够承担一定风险的代理者分散风险。期权、期货以及衍生产品市场有特定的形式。期货允许经纪人套汇，以规避风险，这些期货的合同上承诺相应的条款和适当的价格。如，当一个公司确定未来市场的铜将走俏时，决定从事铜矿开采生意。未来铜价的风险便从铜矿所有者转到购买者一方。

根据规定，期权能够允许经纪人套汇规避风险，期权有在未来某个时间以预订的价格购买或出售的权力，但不是义务。一个英国进出口公司可以通过购买外汇期权市场的买方美元期权，以美元预付大宗贷款，从而避免单方面因未来英镑贬值造成的损失。

有效的风险管理要求这些手段要定价合理。布莱克、默顿和舒尔斯作为先驱为经济学做出了贡献，他们发明了一个新的方式确定衍生产品的价值。他们的发明在70年代早期，解决了长期困扰金融经济的难题，为我们提供了一个全新的处理金融风险的方法，包括理论和实践。他们的方法加快了其后20年衍生产品市场的发展。布莱克于1995年8月去世，年仅50多岁。

芝加哥期权交易所于1973年4月开办贸易期权，正值期权定价公式发布后一个月。1975年，期权贸易者开始修订公式，使用特殊的计算方式，为他们的期权定价。现在，成千上万的贸易商和投资商每天使用这一公式计算他们的股票期权。

如此快速的理论传播在经济学领域是前所未有的，尤其是公式中数学的使用更为引人注目，因为在那个时期，受过良好教育的从业者和学院经济学者并不使用数学。

使用期权和其他衍生产品以控制风险的能力是非常有价值的。如，证券管理者使用期权减少价格大跌带来的风险。公司使用期权及其他衍生产品降低投资风险，银行及其他金融机构使用布莱克、默顿和舒尔斯发明的方法确定新产品的价值，向客户出售金融产品，或者降低自身在金融市场上的风险。

相反的观点

直到 1995 年 2 月巴林银行事件之前，衍生产品在金融领域中很少被人提及。从那时起，它们变得声明狼籍，被称为“国际金融的野牌”。詹姆斯·摩根在《金融时代》刊物中很好的抓住了它们那难以把握的本质“衍生产品就像一把双刃剑，你可以用它剃须以增加你对女友的吸引力，同时，你也可以用它割断女友的喉咙，或者用它来自杀。”

关于是否有必要使用期权套汇在学术中还有争论。一些人认为我们给这些工具明确定价首先限制了保证金的收取，继而不能增加福利。另外一种观点认为，如果我们需要这些工具，那么就不能给它定价；而如果我们能给它定价，就不需要它。

斯蒂芬·艾科特从对衍生产品“正确的定价或价格”的要求中看到了危机的存在。他说：

我认为对这方面的研究来自投资者，他们能够从他们的投资中获得价值，如股票投资，并且希望衍生产品能够同样为他们带来价值。但是随着互联网的兴起、高技术的普及，很多传统的价值工具变得毫无生气，即使股票也是如此。

因此，我认为布莱克—舒尔斯模型是20世纪最危险的发明之一。这并不是责难布莱克和舒尔斯：因为危险常存在应用程序中。从数学角度讲，该模型很简单，就像一种提供快速“理解”和控制衍生产品的办法。这对上千万个精明的银行数学家来说是个鼓励，这些人对金融市场知之甚少，却狂热地制定电子数据表，用上亿的美元进行赌博。

当然非金融机构大量使用衍生产品是不必要的。实际上，一些公司使用衍生产品并不全是为了控制风险，而是争取贸易机会。他们选择套汇，而当他们认为处于有利形势时，就选择期权，而不做套汇，他们将其财政债券看做是利润中心。只有像宝洁这样的大公司才能承受衍生产品带来的巨大损失，赌博主要是为了降低损失。

衍生产品的柜头交易形式以这样的概念为基础，即投资行为可以依照投资者，而非产品的发明者的意图设计。这样，你没有必要拿着投资意图去寻找合适的投资，你尽管去做。你每一次投资，都会得到投资银行的资金。除此之外，衍生产品的设计者有一个高于购买者的定价技巧，这就是买卖差价。

套汇有可能使商业环境变得更坏，因为它比其他手段更能使市场变化无常。如在1987年的大衰退中，一个称为证券保险的战略被指责促使市场衰退，该战略的目标是使用期货来降低市场萎缩带来的损失。1998年9月银行集团拯救长期资本管理基金的失败表明，头寸的流动是真正的危险，将危及整个金融系统的安全。衍生产品繁荣于偿付能力乐观的环境，在这样的环境里，信誉有很好的保证。显然，这种形势只有在牛市才能发生。

长期资本管理基金早期的很多成功是默顿和舒尔斯理论指导的结果，吸引了很多投资者、出租者和贸易商，并且他们的观点为商人们获得潜在利润提供了机会。但是他们理论的闪光点，在于以“预期多变”为基础。假设历史会重复自己，期货的资产价格将是其过去行为的一面镜子，现实生活中偶然的事件，如1998年10月俄罗斯债务危机和外汇贬值，使这个模型变得不堪一击。

在过去的5年中，出现了一个新的、特别重要的资产管理理论，称为风险管理。在许多金融机构里，风险管理者成为机构管理者中心，以确保衍生产品和各种手段的合理运用，从而避免意外事件的发生。但是风险管理过程受到长期资本管理基金事件的严峻挑战。实际上，所有用于风险管理的手段，以及以较小增值的超常使用来购置资产都会遇到挑战。

仅通过我们简单的回顾过去、思考与之相关的事件是远不足以控制风险的。事情通常并不像我们认为的那样发展：当你跟踪事态的发展时，你就会发现事情的发展是各种模型的综合。在这样的情况下，直线水平的风险管理就成为非直线的，而且我们会面临如长期资本管理基金那样的灾难。风险管理，首先需要受到挑战，这样我们可能会回到旧式的实践中，就像没有如此多的损失风险。

展 望

诺贝尔奖提名中指出默顿和舒尔斯对市场的影响：

金融机构雇佣数学家、经济学家和电脑专家，他们在探索期权理论方面做出了重要的贡献，他们发展了数据库、新的期权估价法以及使用数学方法解决部分有差异的方程式。

提名中还指出，期权定价方法在全世界的发展超过金融市场：

布莱克、默顿和舒尔斯的贡献大大超过为衍生产品定价。最令人激动的期权是金融期权，很多经济合同和决策都可以看做是期权：对建筑和机械设备进行的投资能够为新的期货市场（期权）提供机会。它不仅可以用来衡量复杂的物质上的投资工程的价值，而且能够衡量保险合同和雇佣人员的价值。

据说在布莱克—舒尔斯期权定价模型之前，政府对石油公司的愚蠢举动很为吃惊。这些机构在政府拍卖竞标时，还不停地支付超过当前石油价值的金额。观察这些期权（石油公司不需要去钻井），会发现对标书的支付很容易解释。市场设法不采用布莱克—舒尔斯期权定价公式对它们进行定价。实际上，布莱克—舒尔斯期权定价公式仅是个模型，市场仍然可以以不同于布莱克—舒尔斯公式的模型为一些期权定价，直到终止以前，不会出现太多的汇合。

麻省理工大学的斯隆管理学院主要致力于期货交易的风险管理研究。如斯蒂芬·罗丝教授发明了“辩论金融”(forensic finance)这个词来描绘这样一个过程：认真思考过去发生的重大损失是风险管理的重要方面，如同金融病理学家，仔细观察，直至发现失误所在，从中吸取教训。“从过去的失误中吸取教训是风险管理的关键所在。”罗丝写到：“进行很好的风险管理，如同上演剧目一样，要采取严肃的剧本分析和语言测试，这就是在进行金融安全保障工作。”

罗丝的同事安德鲁·罗教授(参见“金融工程一章”)正在研究“综合风险管理”,将金融和非金融领域的可能性、价格都融入风险分析之中。

参 考 文 献

印刷版

- Peter L Bernstein, Against the Gods: The Remarkable Story of Risk (John Wiley, 1996)
- Peter L Bernstein ,Capital Ideas: The Improbable Origins of Modern Wall Street (Free press, 1992)
- Fischer Black and Myron Scholes, “The Pricing of Oprions and Corporate Liabilities,”Journal of Political Economy, 1973—the original article
- Bruce Jacobs, Capotal Ideas and Market Realities: Option Replication, Investor Behavior and Stock Market Crashes (Blackwell Publishers, 1999)
- Andrew Lo, “The three P's of Total Risk Management,” Financial Analysts Journal, Januart/February 1999
- Robert Merton , Continuous Time Finance (Blackwell Publishers, 1990)
- Robert Merton and Zvi Bodie, Finance (Prentice Hall, 1998)

在线

- Web.mit.edu/lfe/www——由安德鲁·罗领导的金融工程实验室的互联网站,该网站中载有安德鲁·罗教授总风险管理的 3Ps 的论文。

- www.nobel.se——Nobel Prizes 的互联网站，包括通报最近经济学界荣誉获得者
- www.numa.com 和 www.globel-invester.com——衍生产品的互联网站以及斯蒂芬·艾科特的网上书店

第二十七章

卖　　空

做多头意味着购买某种产品时预计期货价格上涨，卖空则是相反，即出售预计未来价格下降、并且你没有的产品期货，当价格下降时再回购。由于金融市场已经超越了资本市场，所以期货便成为正常的投资战略。如多头，可以增加市场的流动性，启动超越价格指数的股票，以此普遍提高市场效率（参见“市场有效性”一章）。但是卖空在整个市场中所占比例仍然较小，如1997年，卖空在纽约证券交易所的各项交易中只占1.3%。

做股票卖空，投资者需要向有意出售股票的经纪人手中购买。包括将50%的卖空价格做现金抵押，付一小部分费用买下优先权，支付股票的利率，建立资信供给也是一种费用。这些程序使做股票卖空比长期持股更为困难和复杂。

做股票卖空会迫使实践者要慎重考虑风险损失：当你做多头时，你的损失是有限的，仅是你为购买股票所支付的资金。但是当你做卖空时，你的损失是没有底线的，因为你回购的价格可能高于你购买的价格。远期风险在于出租人随时可能回购他们的股票。在流通不畅的市场中，有可能造成对空头不利的情况，这时为了轧平头寸，任何价格都难以买进。

为什么要卖空？最直接的答案是从价格即将下降的股票、工业产品上获得利润。1992年发生了一个很著名的卖空事件，乔治·索罗斯（参见“对冲基金”一章）卖掉大量英镑，使英镑比价大跌，造成英镑退出欧洲货币体系。

卖空可以做为有效的多种经营手段，即通过现金抵押获得高额回报。你的现金在赚钱的同时，你还可以做卖空赚钱。如果你洽谈成功，可以通过你的抵押，而不是从银行借款来分得经纪人的部分利益。(无论如何，卖空，特别是个人投资者，并不能时常得到全部销售收益，当短期头寸敞开时，机构能够通过洽谈得到部分收益或利息。)

但是许多卖空者会成为投资经纪人和银行家进行其他头寸的抵补保值买卖，如为了在衰退的市场中确保长期头寸，使用空头抵销；或者对那些随市场变化的不同于空头的期货买卖进行抵补保值。风险管理在近些年已广为使用，1998年夏天造成的恐慌并未造成不利影响，卖空已成为风险管理的重要工具。

卖空大师：斯蒂芬·阑瑟德和凯瑞·斯戴利

卖空对于大多数投资者来说是反直觉的，所以，只有那些精明的资金管理者和有这方面知识的管理人员才会做为主动投资战略使用卖空(而不是做为保值技术来使用)。职业的卖空者寻找信誉及定价较高的公司，通过使用不同的技术，挖掘出一些共同的信息。斯蒂芬·阑瑟德便是其中之一。

阑瑟德实施了名为先期保值（AdvandHedge）的计划，他描述为“一项规范的定量卖空计划，核心是大量的流动性股票。”中就是说有意做卖空者每天要进行超过1亿美元的交易，拥有10

亿美元的市场机会——也就是大约1100手股票。流动性股票可以避免产生对空头不利情况（空头压迫）和低量交易，以弥补资金困难。

做股票卖空是根据脆弱指数(Vulnerability Index)进行选择的，这个指标以工业集团相关实力与基础、业绩指标、积累数量、销售指标以及损耗为基础。这个计划可以用于弥补市场风险，而不需要动用长期证券；可以做为市场中立战略的空方，或者在健全的市场条件下，做为进攻型的空头工具。先期保值通常可以在50个不同案例中做100%的空方。

阑瑟德是研究市场专业的，对市场历史的每一形态及其与当今时代的关系都写过论著。为了对每天的市场情况保持一定的距离，他时常做短期外出，以集中精力研究市场的主要趋势，在职业空头研究者中间，他被认为是最贴近市场的战略家之一(参见“技术分析”一章)。

另外一个著名的卖空学者是凯瑞·斯戴利，在他的著作《卖空的艺术》中，提出了4个线索，试图分析准备从事卖空的投资者：

- 会计诡计：金融报告不能如实反应公司的财务状况，错估资产价格，财务报表混乱。
- 员工素质低：内部员工将公司看做是个人银行或者忙于自己做股票生意。
- 对金钱贪婪。
- 以价格在短时间内大幅上涨为标志的泡沫股票价格。

斯戴利的方法同样适用于新兴市场，仅需要通过将“国家”一词换为“公司”。在1997～1998年市场戏剧性下跌时期，一些新兴市场的投资者便廉价出售，后来投资者发现这些投资效益很差，甚至是完全错误的。

斯戴利也指出，通常卖空的主要问题是：虽然正确，但变化太快。当一个公司的价值被高估时，其价格下降的时间比你预想的还要快，同时，如果出售者想要购回股票，你将很难在价格上涨时与之进行讨价还价。正如华尔街一句谚语所说：

谁卖掉了不属于他的东西，

那么他要么买回来要么进监狱。

相反的观点

卖空除了对市场流动性和效率性的贡献外，还有很多负面影响。很多观察家认为它是一种纯粹的或者非美国式的投资理论，它能够使本已严峻的市场环境更为恶化。如，卖空曾被断定在1987年的市场衰退中，起了恶化剂作用，尽管衍生产品做为一种战略的使用似乎可以不受指责（参见“风险管理”一章）。马来西亚总理马哈蒂尔·默罕默德想在1997～1998年他的国家现汇及股市暴跌时，非法做空，而受到了指责。

对于1987年的震荡，美国一些人认为应归罪于为了减缓市场恶化而引进 circuit breakers。包括美国证券交易委员会的 uptick rule，被认为是纽约股票市场和纳斯达克（NASDAQ）的补充，是最有待提高的新的价格运动。严格的法规使卖空的成本比常规的买卖大大增加。这些成本的效果是限制那些没有足够、适当信息的贸易商，以避免市场的恶化。

指标的增长也增加了卖空的成本及风险（参见“指数投资”一

章)。如果你所做卖空的股票是指标股，如是标普500，那就可以随着市场的变化而化解风险。而如果你的股票不在标普500内，就没有流动性了。因此，你应在市场顶峰时买进出售权或者出售股票，而不是做卖空。

大师的回应

斯蒂芬·阑瑟德指出：

最近几年股市的异常上涨使我们有这样一种观念，即我们进入了一个投资新时代，这可能暗示在此经济环境中做空是个错误之举。但是这种看法不过是试图对市场的狂热举动而进行的合理思考。所以，我提出一些人们常说的“新时代的新概念”：

- 熊市：股票下跌连续一周。
- 大转折：股票下跌一天。
- 老计时员：知道别人在股市中赔钱的人。
- 保守者：没有交易帐户的人。
- 多变的证券：技术股少于50%的证券。
- 风险：知道你在市场之外的损失。
- 通货膨胀：用于转化股票负面影响的历史信息。
- 股利收益率：评判股票价值的过时概念。

阑瑟德还说：

现在很少的证券管理者了解卖空。他们认为，目前的市场是不变的牛市，做空与套汇保值是不必要的。当然，老计时员们感觉到股票市场的规律与经济周期的运行只是暂时停止，而不是废除。我认为，在大牛市中成功做空的关键在于我们能够严格的保持主要原则。

展　望

经过一个长期的牛市后，做空开始引起人们的兴趣，尤其是在市场显示普遍热情在上升，而双重的数字预测共同表明市场即将发生逆转的时候。

卖空提供了一个与我们大多数人所不同的心态。我们几乎是市场几十年发展的产物，卖空需要一种坚定的悲观主义，正如以上所述，卖空会造成无限的损失：你的损失可能会超过你的支出，而潜在的发展空间是有限的。

所以，除非对此具有真正的心理素质，除非市场给出明确的长期下降趋势的暗示，卖空或许是那些能够每天关注市场信息的人的投资方式。

同时，做空意味着你再也没有乐观的预想，对世界抱有悲观、忧郁的心态（参见"逆向投资"一章）。但是一些机构的管理者，并不做空，因为他们拥有精湛的投资技巧，能够在金融危机中保持不败。

参考文献

印刷版

- Steve Leuthold：The Myths of Inflation and Investing
- Steve Leuthold's Perceprion for the Professional—— a regular publication of the Leuthol Group
- Micheal Murphy's The Overpriced Stock Service—— a

short-selling investment advisory newsletter from Murphy's company，Negative Beta Associates

- Kathryn Staley：The Art of Short Selling（John Wiley，1997）

在线

- www.sec.gov——美国证券交易委员会的互联网站

第二十八章

技术分析

投资分析主要有两个方法：基础分析法和技术分析法。通过前者，投资者可以计算资产的价值，计算能从未来资金流量中得到多少价值，计算现在的价格与未来的价格相比是高还是低。通过后者，计算过去的价格如何预示未来的价格趋势。

众所周知，工程师或市场战略家们相信系统的统计取决于资产回报，历史总是自我重复。他们在公开数据的基础上进行价格预测，寻找某种模式或可能的内在联系，从中发现购进或出售的信号。

市场计时是技术分析的一种形式，意在分析主要指标股业绩的转折点。其他的方式还包括：渗透法，相关实力评估，特别时期平均价格波动分析，交易量研究，总量需求与供给分析以及大量的评估动力、价值、感情、领导或货币政策。

技术分析以假设市场更多的由精神因素而非基础价值所驱动为基础。它的支持者相信，资产价格不仅反映资产的价值，而且还反映市场的期望与恐慌。（参见“投资心理”一章）假设投资者没有改变其在感情上的掩饰，在相同的环境中，投资者的反应与他们过去的表现相同，结果是价格波动也与之相类似。

技术分析大师：沃特·蒂姆

股票市场发展了近一个世纪，但技术分析做为投资者普遍使用的一种工具，只经历了很短的时间。在19世纪末，查尔斯·道(Charles Dow)提出了“道”(Dow)理论，当时他任《华尔街旅行者》编辑，这种理论承认，媒体能够引起的价格的变化，人们在市场中的行为受价格变化的影响，而不是受媒体本身的影响，这种观点建立了一个市场发展趋势并延续下来。

从19世纪60年代起，市场技术分析理论在广度和可信度方面迅速发展起来。但是在那时的美国市场，市场分析员只是一群曲高和寡的人。很多人只是在他们办公室的墙报上发表一些豆腐块文章，管理者和分析家只是在喝茶时间同他们进行短暂的交谈。

在英雄无用武之地的日子里，众多工程师之一沃特·蒂姆在纽约的美林公司做为Robert Farrell部门的成员，开始了他的市场分析员生涯。1966年，当吉拉德·泰(Gerald Tsai)创立曼哈顿基金管理公司，蒂姆加盟他的公司。Tsai每在重大股票交易时，或进行大宗贸易以及给股东发餐券的事情上，都向他咨询。蒂姆在他的作战室里，根据他的统计、编制市场历史，如同根据垒球比赛来制定比赛战略。他同时与其他工程师保持着联系，他们非常相信彼此的洞察力。

但是，蒂姆不适应纽约的生活，在那里他不仅没有足够的空间以容纳他的无线电设备，并失掉了与世界的交流，而且他非常喜欢乡间生活，所以他搬到了波士顿，成为Putnam基金的首席分析师。他一直在做着同样的事情：根据未来业绩的线索测试市场。

在1973～1974年，市场进入直线发展上升阶段，根据他们工作的实际功能，技术师为其所做的工作选择了一个不恰当的名字：市场战略。这主要是根据其产品定的，而不是根据他们使用价格取代公司和经济基础数据来进行市场决策。如果你能够成功买进并且持有大把指标股，你为什么还需要一个战略家呢？

但是很多战略家坚持他们的主张，并且成立了一个行业组织——市场分析协会（MTA），蒂姆便是其主要成员，在其组织内部，各成员可以继续共享信息资源，进行公开挑战，并且只持有很少的回报。

蒂姆时常从加里福尼亚发表市场战略的主张与数据。他拥有了他40年前没有的新工具——一个包括全世界范围的市场。他仍然保持质疑及历史剖析的态度。他是较早使用Internet同客户进行交流的分析家。他对特别的精英客户采用深入分析，这样的客户多是一些有价证券的管理者。

1998～1999年，有两个市场现象为蒂姆的理论提供了理解市场、用历史描述未来很好的范例。第一个是1998年下半年全球市场发生的混乱，蒂姆在过去曾深入研究，认为当市场大幅下滑时，必有一个迅速回升的投机回转。他在MTA成员克利斯·卡罗兰（Chris Carolan）的研究提示下发现，有3个月市场下跌了37%（在19世纪90年代末指标股的下跌是很平常的事），在随后的3个月市场上升了97%。

这个97%的回升是典型的投机，正如底部出现一个月后《纽约时代周刊》发表的评论说到："股票交易的投机行为到了猖獗的程度。现在人们更忽略了相关价值。”

第二个事件是1998～1999年，蒂姆认为他的历史预测法在此时期的Internet股票市场有了神奇的应验（参见“互联网投资”一章），他提供了以下两个实例：

1. 我最近决定要重读《金钱游戏》这本书，尤其是“青年”这一章，这一章讲述了“大赢”对1968年沸腾的市场的结论：“青年，这是一个青年们的市场。”“青年”是会提出新方法、新经济和新市场的那群人。1968年青年们购买什么股票呢？Leaso数据程序、数据程序与金融、Randolph计算机、Mohank数据、设备认证、西部石油等10支股票，没有一支是现在仍存在的股票。

2. 跟我回到1983年，你是一个资金管理者，你想象，不久将有PC的繁荣，那是一种注定会深刻改变我们行为方式的一场繁荣。在这种情况下，你会购买什么股票做为资本投资？很遗憾，1983年很多明显的候选者没有经得住时间的考验。这些候选者出自IBM——当时PC的领头生产企业，这些股票在以后两年的市场中有较好的表现，但是PC并未创造出长期的支撑点：如Hayes，Prime，Seagate，Tandy，Wang等等。随着时间的推移，出现了两个真正的大赢家脱颖于1983年PC改革：制造PC“大脑”的公司以及制造PC运行系统的公司。

时间在流逝，现在你是1999年的基金管理者，你想象，不久将有一个Internet的繁荣，是一种注定会深刻改变我们行为方式的繁荣，你会购买什么股票作为资本投资？我是否可以断定很多明显的答案仍然不能经得住时间的考验？我是否可以断定真正的答案在于拥有锁的公司，我所说的锁是他们在特定领域内有专长，如Intel和Micrisoft。

相反的观点

到底是谁需要技术分析呢？在美国我们已有了8年的牛市，道琼斯指数从1000发展到9000。你是否可能会需要一个工具，使你成功地进出市场？事实上，吸引更多活跃的管理者的指标基金需要技术分析，这些管理者试图超过其他管理者的平均水平，或超过市场的平均水平。(参见“指数投资”一章)。

事实上，技术分析常被嘲笑为欺骗之术。那些评论家争论到，技术分析者标榜提供洞察投资者心理的理论是可笑的，其合理性比起占星术和UFO的研究还逊色。

此外，技术分析对定量分析有所影响（参见“定量投资”一章)。如长期资金管理的市场战略，是以历史价格与不同资产间的关系会发生变化，但最终会回到正常状态的假设为基础。

大师的回应

沃特·蒂姆指出：

技术分析是整个投资分析过程的基本部分之一，可能是最基本的部分。原因是：投资者不是购买公司的某个部分，他们购买的是代表公司部分所有者的纸张，这是很特别的事情。技术分析要研究每个影响这些纸张价格的因素，总起来说，这就是股票市场。这就意味着投资者购买的是股票而不是公司。技术分析（或者称为市场分析）将是全部投资分析过程中必不可少的部分。

近几年，技术分析的益处被不断发展，卖空行为被排挤到了最底层。媒体要对其误导负部分责任。对于那些报有传统技术教条的投资者来说，在进行金融冒险时正常的投资工具已不能为他们提供什么帮助了。但是对预期价格的运动而非预期价格的反应进行关注的投资者，会将这些因素与其他的投入相融合，进而会发现技术分析能使所有的投资升值。

至于指标股，我留给其他章节来评判哪支是好股，哪支是坏股(尽管我不愿承认华尔街上很多重要的股票投资者是那些决定什么股可以进入标普 500 的人，他们是秘密操作的，无章可寻)，金融市场指标股的趋势，将会创造超常发展，最后导致反复，如标普 500。股票资产的不断集中将会创造其他领域市场的相关价值，将会在一个不可思议的价值点，使钟摆指向另一个方向。因为，标普 500 在美国不是唯一的指标股，下一个世纪最大的投资趋势似乎是一个渐进的但却是持续的超过标普 500 的指标资金流量，当基金业绩导向压力和他们的顾问决定资产需要从目前的标普 500 指数转变为更好的指数的时候，便会进入一个更广的股票市场指数。

展　望

技术分析师现在并不受宠。但他们有自己的快乐。沃特·蒂姆是传统而又非常卓越的市场技术分析师之一。其他分析师如苏黎士的李察德·奥利森，正在使用非常先进的数学技术和及时更新的数据来预测现汇的巨大作用（参见“外汇”一章)。

越来越多的信息可以通过互联网得到，得到技术分析所需的大量新数据的机会也增加了。为投资者所提供的技术工具仅用在创新机历史数据方面。很大程度上，指示工具并没有更多地用于股价的预测，判断市场趋势和评估风险。可以这样说，技术分析的真正对象是确定现在是否有健康牛市运行的要素，在一个市场大幅下跌或熊市到来之前，提出警告。

迪恩·利巴朗，此书作者之一，曾经为朋友预言未来。穿着普通的预言家盯住他的茶杯底部的茶叶说："你曾经驾驶一架红色的飞机撞在地面"，这个事实是桌旁其他人不知道的。他接下来讲了从过去到未来的一些见识。看起来，茶叶是承载时间之物，也是得到其他灵感之物。

技术分析也是一种直觉艺术。制定发展战略需要研究大量的数据、综观全球市场发展历史，这个过程是由个人特点决定的。预言家通过观察茶叶，能够知道过去发生的事情，并预知未来。但是如果你试图将这种艺术转变为机械式的、反复的模式，那么就会失去这种艺术。技术分析看起来更具有重复性。

最好的预测能够挑战传统智慧。但是这需要坚定的信念并且除非有 100％取胜的把握，否则不可能取得商业上的成功。

为了取胜，战略家一定要对历史、数字、绘画艺术有充分了解，当然，还要有智慧、表达能力，但是，最重要的是不屈不挠的精神。

参 考 文 献

印刷版

- Rober Edwards and John Magee，Technical Analysis of Stock Trends (Seventh edition，AMACOM，1997) —— the standard work of technical analysis

- Elli Gifford，The Investor's Guide to Technial Analysis：Predictong Price Action in the Market（Financial Times Pitman Publishing，1995）
- Richard Russell's Dow Theory Letters——an example of a technician newsletter
- 'Adam Smith'，The Money Game（Second edition，Random House，1976）

在线

- www. 4w. com/deemer/——沃特·蒂姆的互联网站
- www. olsen. ch and www. anda. com——Olsen and Associates 公司的互联网站
- www. ifta. org——the international Federation of Technical Analysts 的互联网站
- www. mta. org——the Marker Technicians Association 的互联网站

第二十九章

价值投资

很多投资者表示他们要购买价值资产，而实际行动中却并非如此。标榜自己的投资具有某种代表性并非明智之举。但是价值投资通常是大多数投资者想要做的，如同策划投资成长一样。(参见“逆向投资”与“成长性投资”两章”)。

投资形态可分为价值投资者与成长或动力投资者。前者指投资者购买那些认为价格下跌的股票，接下来在市场上就失去的讨价还价的机会了。后者指投资者购买那些价格有希望涨起来的股票，价格上涨后就会赚钱。价值投资者被认为是典型的辛勤、谨慎，关注的核心是安全和稳固的生意（尽管价值机会通常在少量的股票上）；成长投资者通常被认为是有情趣的、追逐趋势的，关注的核心是期待成为明天的盈利公司（通常受市场的影响，参见“一级市场发行”与“互联网投资”两章）。

价值投资者认为股票价格通常错误地反映其净值，他们在谈论有效市场时，建议价格要反映所有的信息（参见“市场有效性”一章），认为投资机会产生于股票价格与其净值之间的差异。他们使用一系列古典的投资工具分析这些机会，如市场盈利率、股利收益率及杠杆率。股票价值投资的典型特点是低市盈率、高回报率及低杠杆率。

本杰明·葛瑞汉姆被誉为世界第一投资分析家，他于1929年在哥伦比亚大学首创商业学院基础分析课程。葛瑞汉姆指出，投资者无论是那些购买并且持有蓝筹股——被称为防御性投资者，还是那些将大部分时间和精力投入于谨慎的安全性分析——即被称为进攻性或进取性投资者，他们总能在股票的价格与价值之间的安全区域获得一份筹码。

葛瑞汉姆在他的著作《智慧投资者》中这样描述了进行低市盈利投资的效益：

我们假设市场通常会高估那些表现好的股票，那么由此推断，在公司由于暂时发展不利导致盈利较差时，其股价会被低估。这便成为股市的基本法则，由此推出投资理论应当兼顾保护与承诺。

价值投资大师：沃伦·巴菲特

当今时代价值投资的大师是沃伦·巴菲特，尽管他不喜欢把投资划分为价值投资模式与成长性投资，并且他似乎并没有直接的价值模式。巴菲特是世界上最成功的投资者之一，他在过去30年中的投资回报成为美国股票市场的指数，他是如何做到的呢？

沃伦·巴菲特写到“当投资最接近做生意时，它才是最需要有智慧的”，这句话表达了巴菲特的观点，即成功的投资者购买的应当是生意而不是股票。这句话回答了3个基础的问题：做生意是简单而易于理解的吗？它是否有一个运作的历史？它是否有长期有利的预期？巴菲特将他的大部分资金都用于他了解的部门，如媒体与金融服务，他很少投资其他领域。正因为了解这些行业，他能够深入观察公司的市场表现、潜在盈利以及管理技巧，以确定他是否投资这支股票。

巴菲特收购一些他感兴趣并了解的公司。他以他的经验了解企业的管理情况，并判断企业的行为。他说："我之所以是个好的投资者是因为我是一个生意人，我之所以是一个好的生意人是因为我是一个好的投资者。

企业的管理在其融资、运营及资本开支策略上是否合理？股东的业绩是否真实，并且经营目标是否尽可能扩大股东的回报？机构命令对企业的影响是否大于股东？巴菲特认为这些问题是在确定对一个公司的投资之前必须要了解的问题。即使一个衰弱的公司引进一项已被证实是有效的新的管理经验，以期扭转该企业的困难局面，仍然要谨慎行事，正如 巴菲特所说：

当一个以经营业绩较差而著称的公司接收一个业绩较好的公司管理时，这个公司也应采取保持接触的策略。

明显看出，巴菲特确定投资策略时更注重判断经营该公司的人的素质，而不是数字。虽然如此，对生意评判的部分基础仍是一些强有说服力的基础金融理论，包括回报的衡量（而不是利润的分享）、对公司高利润的研究以及对公司创造的每一元的市场价值的研究。除此之外，巴菲特计算出"股东所得"：一个公司的净收入＋折旧＋损耗＋分期摊销－资本占用及其他运营资本。

使用这种评估法以及以股市价格标明公司的价值，巴菲特能够回答关于潜在购买的两个问题：什么是生意的价值？它是否能在购买时打个漂亮的折扣？他指出：成功投资的关键在于确定一个生意的内在价值，然后以合理的价格购买。成功的机会在于好的企业被市场强行打压或好的企业的市场价格近是其内在成本的一半。

巴菲特的生意分析有一个中心原则，即生意分析与股市的表现无关。人们可能很自然地由于股市的变动做好心理及金融上的准备，使人们在所持股票下跌50%时不至引起恐慌。但是人们必须记住市场在向好预期或者没有下跌原因时可能会疯狂下跌。

同样巴菲特认为，人们大可不必过于担心由于繁荣、衰退、下跌、复苏对经济产生影响，进而对人们的有价证券产生影响。你同样需要做好最坏的打算。“刚开始下雨的时候，诺亚便开始建造方舟。”但是此时，你只应对那些在经济环境中可能获利的生意投资，对你的有价证券产生现实和潜在影响的因素进行分析，而不是试图做微观经济学预测。（参见“经济预测”一章）。

巴菲特精通股市买卖，知道应该持有股票的种类，懂得把握操作衍生产品的程度。他认为有价证券应该集中在有深入了解的、数目有限的生意上，否则，就如同《旧约》所说“一个人只在世界万物中选取两件，那么最后他就能拥有整个世界。”巴菲特的投资公司 Berkshire Hathway 开始所拥有的少量资产清单，便很好地印证了上述观点。

巴菲特相信长期经营可取得超人业绩，避免为了获利进行过度的股票买卖及将红利重复投资。而事实上，Berkshire 公司自1967 年便没有给股东分发红利。很多资金管理者频繁更换所持有的有价证券，频繁进行股票买卖，而损失大量手续费，而那些坚持“购买—持有”政策的人便具有很高的成功率。

这种策略最重要的特点便是你不需要有很多好的办法，股票经纪人通常会在你的帐户中寻找买卖的机会。但是通常只有少数的好办法能够给你带来回报。巴菲特思想的核心是耐心：“树懒般的倦怠是我们的投资风格的基石。”

你不是只有成为价值专家才能获得收益。主要的是你要了解你计划购买的生意。你可以很容易地从公司的年报、相关业务及金融时报上公布的数据，甚至，你可以从互联网上获得大量有价值的信息。

相反的观点

正如对美丽的看法因人而异一样，每个投资者对价值也有不同的观点，有的评论家说巴菲特并没有进行如金融学解释的价值投资。他所做的只是购买了无形资产，而且他在美国商界广泛建立的个人投资关系，也不能成为典型的个人投资。

像巴菲特这样有威望的投资者有机会赢得价格之争。他们是最后的买主，他们会投资的公司有特别限权。巴菲特经常直接从公司购买特别类型的股票，他以许诺继续进行选票支持作为回报。(参见“公司治理”一章)。这种委托代理选举对他的货币价值是不利的，对于投资的其他股东来说是潜在的风险。他显然不能是一个股东权益的倡导者。

凯斯说如果你想预知一个选美比赛的结果，你应该关注裁判，而不是那些佳丽。价值取决于其对市场因素的满意度。因为价格通常比下列因素变化快，即传统所得、红利、预定价值、销售或其他，而且具有吸引力的统计关系的价格对于上述因素来说通常是勿需佐证的，但也更具复杂性。

尽管价值投资的倡导者将他们的成功归于类似价益比理论，但是他们成功的很大程度归于非自动关联或反趋势。价格不仅比金融指标易变，而且能够引起这些指标的变化。如果金融指标显示的赚钱机会发生变化，价格的变化会正确地预示这种机会的变化趋势。

统计学家会说：从分类标准看，一定有人效仿巴菲特的业绩，并且一定有人已经这样做了。但是究竟是技术先进的结果还是纯属幸运呢？尽管巴菲特讥笑市场效率理论，而他的出色业绩也并没有表明市场失灵或积极的管理者将会自然超越例如指数这种被动战略。（参见“积极投资组合管理”与“指数投资”两章）

当市场整体下跌时，进行价值投资似乎更容易取得好业绩。当市场价格处于高位时期，几乎没有有利的价差，在市场上升的强势时期，成长的股票通常比价值股票上升的快。所以在90年代后期，当美国市场呈现牛市时，大多数价值投资者业绩平平。

如在美国1997年和1998年标普500超过道琼斯指数8个百分点，道琼斯指数被那些衰落的工业企业和消费者股票所拖累，如波音和可口可乐，而那些技术股，如著名的微软，以其成长业绩极大支持了标普500。

此外，因为价值股通常是工业周期中较弱的公司，它们在经济衰退时期更为波动。这段时期，很多世界上重要的大公司领导担心，过不了多久，他们的“午餐”就会被一些从未听到过的企业分吃掉。

杰瑞姆·葛瑞汉姆指出：

价值投资已经达到了一个相当高的高度，投资者不会有过低的回报。因为价值投资通常是隐藏的、最严重的冒险。所谓的价值/预测效果（少量的股票效果）就如同免费午餐，但是在1929～1933年，20%的公司破产了。雪上加霜的是，数据表明，最好的成长性企业管理者对那些具有很好成长价值的股票追加了更多的投资，而价值管理者却没有对价值股票进行更多的投资。

展 望

价值投资理论是作为证券价值工具而建立的。但是如果你只对一个公司或产业或国家问一个问题，以决定证券市场的价值，那么这个问题是什么呢？这可能便是借钱的能力：你能够借到多少钱？以什么样的价格借钱？如果你有这个信息，你便不缺少什么了。如果证券的发行者能以比其他竞争者更低的价格借到资金，那么你就可以买这个证券。

对一个国家也是如此，货币是可以借贷的途径，它是在未来承诺提供物品及服务的书面载体。以前人们认为，借钱就是先借到钱，然后再还上。现在这个说法已经不正确了。现在债务不停的流动，可以借新还旧。这种重复贷款的能力，对个人、企业甚至国家都是至关重要的。

为了使价值理论对投资有利，小公司需要从90年代的阴影中摆脱出来。价值投资不是一个招牌，高价值的市场认为价值通常在小公司中发现。但是由于反向流动性原因，借贷能力的削减或数量的扩大，都能使小公司受到伤害，而且会重新回到昏暗的熊市中。

这也与新兴的市场有关——那些小公司通常是新兴市场中的地方性公司，由地方政府管理，并且必须以地方价格借贷（通常要比国际市场上的大公司间的借贷价格还高的多）。亚洲危机过后，大公司的借贷能力非常有限，一些小公司除了能进行有限的贸易融资外，不能借到任何资金。地方上的投资者在地方性公司中做投机，同样，国际投资者以众所周知的名义进行投机。那些构成新兴市场的指数上下波动，几乎所有这些指数在国际投资者之间流动，而不是沿着一个基准波动。地方公司会使用小股票和内部信息进行投机和贸易。（参见“新兴市场”与“国际货币”两章）。

参 考 文 献

印刷版

- Benjamin Graham，The Intelligent Investor：A Book of Practical Counsel（Reprinted by HarperCollins，1985）
- Benjamin Graham and David Dodd，Security Analysis（1934 edition reprinted by McGraw-Hill，1997）——the standard work on fundamental analysis，first published in 1934
- Robert Hagstrom，The Warren Buffett Way：Investment Strategies of the World's Greatest Investor（John Wiley，1994）
- Janet Lowe，Warren Buffett Speaks：Wit and Wisdom from the World's Greatest Investor（John Wiley，1997）
- Roger Lowenstein，Buffett：The Making of an American Capitalist（Random House，1995）

在线

- www.berkshirehathaway.com——website with Warren Bueffett's annual letters to shareholders in berkshire Hathaway

第三十章

风险投资

风险与投资对于投资者来说是一对矛盾。风险是针对那些想进行投机的家族和一些富有的个体，投资是针对那些想从事高质量投资的人。在50年代，世界经历了经济萧条，人们生活在战争的阴影与恐惧之中。19世纪后半叶当经济繁荣出现时，一个新的投资理论诞生了：风险投资。

风险投资尤其成为个人投资的理论。富有的个体投资者，有时被称为“生意精”，进行风险投资的公司和基金会在他们创业之初注入资金，因为这些公司或基金相信他们具有发展潜力，会在一段时间后给投资者丰厚的回报。

因为是个人投资，风险投资很快与生意计划密切相联，以顺利通过委员会的审批，因为这些资金是预算外资金。通常这也是出自战略考虑，因为今天的风险投资者不会在没有选好退路之前进行投资。美国在90年代中期，风险投资开始倾向于这些与内部“公共供给”模式的幕后公司。之后，关注那些早期显现出来的低级融资需求，最后，争相对高科技成长性公司提供资金：积极的风险投资者倡导如果在咖啡厅里听到关于这类问题的对话，就跳将出来，慷慨出资。

风险投资大师：乔治·窦瑞特

50年代，风险投资还是一种新的投资模式，最早以此吸引资金的机构投资者是波士顿美洲研究与发展公司（ARD）。这个公司是乔治·窦瑞特的发明，他是法裔美国人，是哈佛商学院的教授，二战时期他曾服兵役。他的投资理论似乎与数量投资理论相冲突。每个人都称呼他窦瑞特将军，他讲授的一门课程是生产制造，他认为这是全部MBA课程中最重要的课程。他只注重尖子学生，并要求学生高度重视他的课程。学生们承担一系列基础工作的设计工作，这些设计可以看做是研究的课题，通常被历届毕业生组成的新公司所采用，其中“联邦快车”便是非常著名的公司之一。

窦瑞特将军还是ARD的执行主席，他首先发表了交易风险投资理论。通常投资领导者会参与其他投资者的投资，而且至少在最初，是财富家族的成员。在60年代，ARD证券突破了100点。有一点很重要，需要特别指出：“只有两个投资，即数字设备和高压工程，几乎生产出了所有的回报。它们产生的价值占了盈利的绝大部分。

窦瑞特将军总结出风险投资的两个教训。第一，要非常谨慎地投资，不要把你成功的机会预计得很高，要经营范围广泛、不同的债券。第二，在你进行投资的时候，要准备花一定的时间和其他资源来监控你的投资。他认为投资是无止境的，ARD应该在任何地方都要使资金滚动起来。

现在进行风险投资的公司有上千个。风险投资是商业学院课程的丰富课题，是研究生最普遍的攻读目标。也许受50年商业及市场复苏的影响，我们发现，投资者很自然地被风险投资吸引，希望获得丰厚的回报。现在创业投资成为风险投资的高度体现，其他如为公司进行基础投资以提高公共市场资金是一种形式，另外咨询也是一种形式，窦瑞特将军就曾做过咨询。

相反的观点

风险投资机构通常在几年中设法进行多项资金业务。这些资金由有限个体投资的众多小公司组成，通常支付高额管理费，拥有少量现金流量，因为投资者要等到公司证券出售来实现其回报。

很多进行有价证券业务的公司可能没有回报，因为风险投资回报的通常法则是：40％完全损失，30％是活的死亡，剩下30％是原始投资的实质性回报。但是尽管成功者可能赢得很大利润，他们的成功通常要很长时间才能获得，而失败者的失败总是在较短时间内显现出来。正如威廉姆·汉伯瑞特写到：

在风险投资中，“柠檬总是比李子先熟”，很多基金在早期回报率很低（或者有时是负数），而一些低等级的投资（即柠檬）收益很好，但是几年后，李子的回报就开始显露了。

在牛市时期，很多资金竞相投资少量的热点，就形成了很强的竞争性。在时间就是一切的世界里，如果正确的投资在错误的时候，便如同做错一笔交易一样，会是一场灾难。所以，风险投资家通常睡得很少。

国际互联网的机构在90年代末期是新的风险投资先锋（参

见"互联网投资"一章），米歇尔·沃尔夫的著作《燃烧的利率》讲述了当代国际互联网商业的文化魅力：融资、风险投资、华尔街交易以及商业与融资是如何结合的，并且有时这种结合并不是为了进行生意。不仅如此，正是这种紧急形势，使很多人如此关注今天的市场状况。这本书讲述了国际互联网的误区，融资过程的华而不实是形成这个误区的原因，这正如读一部神秘小说：即华尔街是如何被掌握最先进股票技术的骗子欺骗的。

当然，以老的风险投资规则解释强性管理、专有技术以及小市场是如何发展成国际互联网市场是件困难的事。国际互联网分额中被广泛期待的资金会被强迫降低，使风险投资家很容易投资新的理念，如硅谷及与高科技有关的理念。

展　望

罗伯特·莱森是当今风险投资理论的明星之一，是 Wit 资金的主管，在其著作《快速的公司》中，莱森将他的课程描述为任何打算创业或投资"国际互联网水平"的商业：

- 关注成本费用率：思考一个公司资金流转的速率，一个很好的基本指标是一个公司在一个月内的开支不要超过 20 万美元。只对那些能一年内收回资本的公司投资。
- 寻找有创造力的 CEO：你需要一个能够应对千变万化的商机的首席执行，一个真正的企业家能够在顷刻间改变计划，即而取胜。这里有一个测试：CEO 与艺术家相同吗？
- 制定一个战略：只对那些能预知结果的公司投资。你并不想经营一个公司，你只想创造一个公司，要知道你计划何时上市或向一个大集团出售你的公司。

- 更少的资产、更小的核心：你希望资产尽可能拥有少量的资产，尽可能利用外部资源来经营你的公司。你的核心应该在创意与资金上。尽可能多的通过网上获取金融、分销、销售、设计、供应方面的信息。
- 要有品牌信誉：寻找一个有力的、有市场垄断的品牌。创造一个品牌或者加入一个已经存在的、在市场中运营的品牌，这样，借助品牌，你接下来所做的任何事都会轻而易举。
- 一个超新的指标：价格/重量比。你的产品的重量相对其成本越小，你对这公司的投资就越安全。计算机主机板是最好的例子：重量几乎没有，但是价格却很高，丝绸领带也是如此。产品并高技术，但是生产这些产品的公司却必须有高技术。

参 考 文 献

印刷版

- Andrew Klein，Wallsyreet.com：Fat cat Investing at the Click of a Mouse-How Andy Klein and the Internet Can Give Everyone a Seat on the Exchange（Henry Holt，1998）
- Michael Wolff，Burn Rate：How I Survived the Gold Years on the Internet（Simon & Schuster，1998）

在线

- www.fastcompany.com——商业杂志的互联网站

- www.techcapital.com—— Technology business and finance 的互联网站
- www.witcapital.com——由 Andy Klein 设立的在线投资银行的互联网站

第二部分

附　　录

附录一

詹姆斯·华莱士的书包：十本投资经典书籍

我们的逆向投资大师詹姆斯·华莱士开办了一家出版社，专门重印投资经典书籍。我们邀请他选出十本他认为最经典的书，并就每本书做一个简短的评价，我们不妨把它们称作是“终极投资书库”。所有的这些书都可以从华莱士的出版社，以及其他出售优秀投资书籍的书商，还有专营投资书籍的在线书店——www.global-investor.com 那里买到。

你成败的原因是什么：投机的心理（Why You Win or Lose：The Psychology of Speculation）

Fred C Kelly（华莱士出版社 1962 年重印）

一位成功的业余投资者点出了股票市场投资成功的四大敌人，并结合传奇般的个人历史讲述了他对股票投资心理的观察。这是一本浅显易读的入门书，探讨了能够导致成败的情绪。首次出版于 1930 年。

大众：对流行观念的研究（The Crowd：A Study of the Popular Mind）

Gustave Le Bon（拉林出版社 1994 年重印）

该书对大众特点和心理进行了精妙的分析，是一本不可多得的好书，书中的思想观点完全经受住了时间的检验，在当今的市场上，这本书尤其重要。它是逆向思维和大众行为方面一本必不可少的书。

为了投资生存的战斗（The Battle for Investment Survival）

Gerald M Loeb（约翰·威利出版社 1996 年重印）

对于那些身处不断变化着的股市之中的交易者和投资者来说，这本书至今仍是一本实用的日常指导书籍，它为他们提供了经验和智慧。该书最初的章节写于 1935 年。这是一本很好的入门书，值得每隔几年拿出来翻翻。

一位股票操作员的回忆（Reminiscences of a Stock Operator）

Edwin Lefevre（华莱士出版社 1998 年重印）

这本书首次出版于 1923 年，这是最成功的投机商 Jesse Livermore 的小说体传记，至今仍广为流传，备受推崇。书中讲述的是一位终极玩家的故事，这个永远都不过时的故事充实了当今投资者的生活——很多人都拥有这本书。《经济学家》杂志是这样描述这本书的："这是一系列的生动故事，讲述了混乱的交易，市场的诡计，以及富人如何镇定地面对输赢。"这本书在 70 年后的今天读起来一样适合。

资本思想：现代华尔街不可思议的起源（Capital Ideas：The Improbable Origins of Modern Wall Street）

Peter L Bernstein（自由出版社，1992 年）

"对于希望理解过去 20 年中金融革命的人来说，伯恩斯坦的这本书非常迷人"，William E Simon 如是说。的确非常迷人，因为作者揭示了学术界的一些“疯子”——当时的华尔街这样认为——的思想是如何变革世界财富管理，塑造现代金融的。

极端盛行的误解和大众的疯狂（Extraordinary Popular Delusions and the madness of crowds）

Charles Mackey（约翰·威利出版社 1995 年重印）

“这本书为我挽救了好几百万美元的损失” （Bernard M Baruch）。“这是一本人类愚蠢行为的教材”（James Hilton）。该书引述了人类历史上一些导致灾难的疯狂行为，特别是三次大众性的投资“精神病”的爆发：18 世纪的密西西比计划和南海泡沫，以及 17 世纪的荷兰郁金香狂热。这些对历史上灾难性疯狂的详尽描述是我们评价当前大众流行趋势和时尚的一把尺子。最初写于 1841 年。

逆向思维的艺术（Art of Contrary Thinking）

Humphrey B Neill（开克斯敦出版社 1985 年重印）

这位在金融领域中运用逆向思维理论的鼻祖在该书中回答了如下问题：什么是逆向观点？书中包含对逆向投资发展过程的观察和许多应用实例。适合于任何希望通过分析逆向投资发展趋势，从中获得启示的投资者。

金融方面盛行的错误观念（Popular Financial Delusions）

Robert L Smitley（华莱士出版社 1963 年重印）

该书汇集了所有每年为投资者招致数十亿损失的错误观念。读者将从中学会如何甄别这些错误观念，避免受到这些观念的诱惑，以至于偏离最终目标——保护资本和那些用通常方法能够获得的利润。首次出版于 1933 年。

聪明的投资者：一本实用的建议（The Intelligent Investor：

A book of Practical Counsel)

Benjamin Graham（哈普科林斯出版社 1985 年重印）

美国最受推崇的股票市场指导书之一，该书为我们提供了若干极为合理的投资原则，这些原则已被 35 年来无数的成功投资者所证实。该书作者的价值投资哲学的主要目的在于建立理性的投资策略，以保护投资者免受潜在错误的影响。

寻常的股票，不寻常的利润及其他关于投资的文章（Common Stocks and Uncommon Profits and Other Writings）

Philip A Fisher（约翰·威利出版社 1996 年重印）

作者的投资哲学，这本将近 40 年以前推出的书，不但至今仍被金融从业者研究和应用，甚至还被很多人看作是福音。菲舍尔是现代投资理论的先驱之一。在 1957 年首次出版时，他的这本书被认为是无价之宝，今天它仍然是我们必读的书。

参考文献

印刷版

- Leo Gough, 25 Investment Classics: Insights from the Greatest Investment Books of All Times（Financial Times Pitman Publishing, 1999）
- Charles Ellis, Classic（Dow Jones-Irwin, 1989）——the first volume of a series on investment ideas

在线

- www.global-investor.com——Stephen Eckett 的在线书店

附录二

未来的焦点Ⅰ：关于投资的十个关键话题

一份清单不可能完全包含所有的内容，也不那么易于理解。这本《终极投资者》也不例外。毫无疑问，当前存在着大量不同的投资思想观点，但本书在集中探讨书中的30种投资思想时，不得不略去了一些本该包含进来的思想观点。所以，这里我们对另外10个话题进行简要的讨论，我们认为这些问题值得在将来进一步深究。

无形资产的估价

在这个所谓的知识经济时代中，资产的估价变得越来越困难。容易计量的公司资产，例如厂房和设备，变得越来越不重要；与此同时，无形的资产，例如品牌知名度，技术，软件和技巧，还有工会的支持等等变得越来越重要。这使得即使对一家企业的内在价值做一般性评估都非常困难。

传统会计计量历史事件的财务影响。而且它基本上总是依据金钱的转移来确定价值的转移。但随着客户、竞争对手和合作伙伴角色的变幻，金钱越来越不能涵盖所有的重要事件。知识的转移，市场的进入，产品的集成以及个人的任命常常变得比收益公报中的记录更重要。

目前，我们还没有一个系统的方法来计量这些在知识经济中至关重要的转移。我们现在必须寻找估价无形资产的方法。相关的技术正在准备之中，我们希望能够在未来的几年中看到这些技术的普遍应用。

合乎道德的投资

支持合乎道德的投资的人认为企业应当对社会和环境负责。例如，约翰·爱丁顿，一位可持续发展方面的顾问，他认为公司应当追求三个最起码的目标：经济繁荣，环境保护和社会平等。合乎道德的投资应避免涉足诸如烟草、酒精、毒品和武器等行业，以及那些无视健康和安全法规，进行动物试验或采取残酷的管理体制的公司。

合乎道德的投资在过去曾经是一个周期性的现象。在企业膨胀期和市场繁荣过后，经济出现滑坡的时候，人们往往又恢复了对道德和原则的兴趣，特别是对于企业。而当钱好赚的时候，这些原则早就被忘到脑后了，过后，我们都会说："我们怎能不去想一想，应该如何照顾他人，如何不过度开采资源？我们本该这么做的。"现在怪事出现了，人们在经济膨胀期内对合乎道德的投资感兴趣起来。商业学校重新开设道德课程，大学在大力向本科生宣讲道德，就连职业协会也在制定道德准则。其实道德这个问题非常简单：只要问问某人，他做过哪些为了别人的利益而牺牲自己的事儿就行了。

内部人交易

即便是最信奉市场有效性的人也承认,如果一家公司的董事们交易自己公司的股票,那么他们很容易战胜市场。这就意味着某些人对公司事务比别人介入得更深,因而积极投资的诀窍可能就是跟随聪明的内部人动作,可能更好的办法是,跟随那些内部人聪明又贪婪的公司:即那些公司董事们已经拥有了很多股票,而且还在收购更多股票的公司。当然,这都是密歇根大学金融学教授 Nejat Seyhun 在一本讲述如何聪明地利用内部人交易的书中所暗示的。

对待内部人交易最普遍的传统做法是,通过禁止内部人在黑幕期间交易自己的股票以及让政府官员采用盲目信任机制来尽力保持市场公平。所以,一方面美国认为自己在金融事务中是披露的典范,一方面内部人所掌握的信息被我们陈旧的规则排斥在市场之外。也许我们应当换一种做法,鼓励内部人把他们所掌握的信息有偿地带到市场中,他们可以通过任何自己喜欢的形式来交易这样的信息,披露他们的内部人状态,不过也许不一定要暴露自己的身份。

代　理

在牛市的时候人们往往忘记了代理这个话题。不过始终存在这样一种现象,从事高收费服务行业的人们——诸如投资经理、经纪人、顾问——往往把自己的利益放在他们应当为之服务的受信托者之前。通常，这种错误或浪费是相当小的，比如，高昂的费用；本该坐地铁却乘豪华汽车；没有意义的会晤；柔性支出(与相对手紧的零售客户相比，机构客户能够承受更高的佣金支出，而那些零售客户则使用电子化的代理服务来管理他们的资金)；以及迟缓的革新，因为采用老式的方法赚钱更有趣。

这真是一个敏感的道德问题。他们不是完全不诚实，而只不过是不愿把别人的利益放在自己的前面。这是个值得学术界研究的领域，各种行业团体应当拿出高的道德标准，推动道德的进步。

模　型

模型是基于历史建立的，尽管它们可能会相当复杂，却频频被证明毫无用处，或者根本就是错误的。问题是，它们依赖于如下几个假设：过去是未来的前奏，模型期间能够捕捉到所有的信息，任何简化假设都不会对结果产生影响。模型只能被动地运行，不断按照一个内嵌算法行事。它们可能会相当完美——很可能随着时间的推移效果更好，因为此时结合了更多的初始条件。不过它们是呆笨的：它们不能够学习只能依赖于模型建立者的学习。

更好的方法是，我们应当用未来的情况来验证模型并采用模拟的方法，理解模型中假设的选择会对结果有怎样的影响。模拟往往是混乱、模糊和表面上看起来反直觉的。相似的初始条件可能会产生出不同的结果。事物的各个部分之间的相互关系是复杂而混沌的。模拟是把系统作为一个整体，各部分同时开始运转，而不是研究各个部分之间纯粹的一对一的相关性。

但是模拟更像人们的行为方式：从过去的事件中学习，将来变得更聪明。结合复杂的机器，你可以模拟商业的各种可能性，但不见得一定就能够从每个事件中得到特定的结果。我们可以训练自己，用未来的情况验证模型，而不是用过去发生的事情来验证模型。

风　险

人们对风险的传统看法是长期投资比短期投资风险小，因为存在对均值的回归：如果我们等待足够长的时间，经济会回到平衡状态。我们还存在一种根深蒂固的观念，认为股票是保险的：经历了 50 年的经济膨胀期后，我们想当然地认为股票应该产生较高的回报，因为在过去的这段时间里它具有较高的风险。

但现在有一种很有力的学术观点认为长期投资中同样有风险，市场不见得就一定能够如你所愿回归均值。而是有可能长时间偏离期望值，在经历了很长一段时间后，情况可能会变得更糟。存在回报不断增加的经济，也存在回报不断减少的经济；各种要素和期望值也未必完全像我们所理解的那样，它们也许会呈现出另外的发展趋势。也许有朝一日风险使股票产生了更低的回报，我们对此是否已经做好了准备？或者更进一步的深究，风险也许不仅仅意味着不稳定，还有可能是蒙受损失，甚至被踢出局？

时　间

我们一直被灌输这样一个观念：时间是永恒的、稳定的，时间在不断流动。经济学家和投资者知道时间是横轴，在其跨度内具有相等的单元，时间的流动是连续的。我们戴的手表以一种均匀的节奏滴答滴答地走着。但这些看法都是不对的，它在我们的脑中形成了错误的观念。时间以一组组单个的信息包到达的形式出现，并且这些信息包以不规则的速率到达。对于不同的分析家，时间具有不同的意义。特别重要的几天中的市场事件比 10 年的市场数据还要重要。

我们在看待时间的时候应该多一些疑问，我们应当寻找一些新的工具来处理时间相关性问题。高频分析方法不把时间看作是均匀的，把它完全看作是个变数。如果我们把时间看成是不连续的，我们就能够作出更好的预测。例如，由于迫近的事件比以前发生得要稍快一点儿而我们却没有注意到，因此我们不妨这样认为，事件被压缩了。但市场之外的事件很可能并没有比以前发生得快多少。所以如果市场反应得更快一些，我们就能够看到一个在时间上不连续的市场反应，接着就是漫长的消沉期——一个脉冲式突发的市场伴随着长时间的间歇。

多　样　化

传统的投资智慧中，多样化是一个很好的策略。如果风险（不稳定性）和收益相等，而且我们知道怎样做会增加风险，我们只要把互不相关的资产混合在一起，就能够提高总体（组合）回报，降低风险。阿尔法，贝塔以及 R 方差都是这类分析家的字典里常出现的字眼。这种方法的收益接近均值，在我们的所研究时间范围内似乎相当平稳。

但另一种考虑问题更复杂的看法却告诉我们，过去的相关性对要预测的重点时间段几乎没有什么作用。决定价值的因素是非平稳的，并且以各种不同的方式结合在一起。市场发展的各个阶段不尽相同。如果把它们割裂开来看，结果就会显得相当混乱。

因果关系

投资者们常常把巧合混淆为因果关系。用任意两组有限的数据，我们都能够找出满足某种统计测试的相关性。一旦我们发现这种相关性，特别是如果它们之间存在一种似是而非的关系，我们就很容易认为它们具有因果关系。我们会认为，既然这种条件在过去能够产生这样的结果——其实这也许只是个巧合，那么将来也一定可以，不过到那时，也许环境条件都已经完全不同了。即使条件完全一样，在一个复杂的自适应系统中结果也有可能会不一样。而且，一旦我们认为这种因果关系在未来也成立，我们会进一步地把可预测的——或者更确切地说是我们认为可预测的——领先或落后归结于我们所建立的系统。

这一大堆令人难以置信的假设很有可能会导致错误、失败和借口。接下来我们还会解释这种因果关系，说如果我们这么做，将会出现哪样的结果。例如我们说如果提高利率，必将造成股市下挫。这未必正确，也许股市得到这样的信号后反而向好的方向发展，这可能表示经济形势非常好。所以这两者之间并不存在一一对应的关系。现在已经有了一些很少有人使用的新工具：模糊数据、高频数据、自适应系统和模拟，目前这些工具还不是非常可靠。我们应当注意这些新的工具，它们至少比我们现在所使用的方法更能够反映真实的情况。

“市场在做什么？”

在试图诊断市场的健康程度的时候，过去的那些条件很少有适合当今的情况的。这就好比是我们本该寻找精神上的问题做为当今市场条件的先例，而我们却在寻找身体上的问题。当今的美国市场患有狂躁型抑郁症，大喜大悲，一点儿也不现实。狂躁型抑郁症极少能够被治好，但可以采用反抑郁药物来控制。

或许市场是个核反应堆。“核反应堆”对于以一定形式围绕它运转的经济是完全有必要的。并不是经济驱动“核反应堆”，除非是在很长时间的运行中。而且“核反应堆”必须要使临界物质达到一个非常精巧的临界平衡状态才能运行。但不是所有的临界物质都参与反应，那样就会发生核泄漏，就像切尔诺贝利核电站那样。

现在我们有可能不小心走进了市场这个核反应堆中一个非常热的地方——科技股票。通常，你会放下安全棒来吸收部分反应。不过，我们上一次这样做是在1998年，那一次导致了全球性的信用崩溃，我们迅速撤出了安全棒。现在我们没有任何工具能够使市场降温，我们缺乏安全装置的问题引起了广泛关注。我们不想向有时会出现的核事故那样，让辐射性物质散布到空气中，然而，我们也的确不想把市场封在水晶棺材里。

市场的理论条件和我们实现市场策略的能力之间存在着矛盾。从某种意义上来说，当前的市场很像1870年的情形，当时美国内战过后，商品过剩，消费者购买力处于饱和状态。股票价格下跌，商品价格下跌，市场极不稳定，大大超出经济条件所许可的范围。

当今的很多条件类似于1800年后期的情况。然而，当今市场的技术实现却像是下一个世纪的：市场全球化；各个市场同步变化；易于进入；费用很低。各个自由市场的强大推动力已经超出中央银行和政府财政部门的控制能力。它们无能为力，只能旁观市场前进过程中所发生的一切，从而只能在事后对经济和贸易进行调控。

参考文献

印刷版

- John Elkington, Cannibals with forks: The Triple Bottom Line of 21st Century Business (Capstone Publishing/New Society Publishers, 1997)
- Robert Reilly and Robert Schweihs, Valuing Intangible Assets (McGraw-Hill, 1998)
- Nejat Seyhun, Investment Intelligence for Insider Trading (MIT Press, 1998)

在线

- www.fortuneinvestor.com——该互联网站广泛包含各种有关投资潜力的信息，特别详细探讨董事涉足本公司股票的问题

附录三

未来的焦点Ⅱ：十个全球性的关键问题

麻省理工学院斯隆管理学院的金融学教授斯蒂沃·麦耶(Steward Myers)常说，金融方面总是有10个棘手的问题。解决一个，就会又冒出来一个，这可能是因为我们的10个手指只能数这么多数的缘故吧。生活中很多其他方面也是如此。在很多领域，似乎也总是有十个重要问题没有明确的答案。不同的观察者对各个因素的重要性有不同的见解，从而形成了不同的观点。有些问题能够被解决，有些问题逐渐不存在了，剩下的问题还摆在那儿。这里我们简要讨论十个我们认为具有全球性意义的话题，所有这些问题没准都暗示着我们投资的未来。是哪十个呢？

两极分化

世界经济正在出现严重的两极分化，分化为非常富裕的国家和极度贫穷的国家两类，中等收入国家正在逐渐消失。而且，正如伦敦经济学院的丹尼·科(Danny Quah)教授所说的那样，这种两极分化的现象不仅存在于国家之间，也存在于同一社会中的个人之间。例如，世界最富有的225个人——其中60个在美国——总共拥有超过1万亿美元的财富。这等于全世界最穷一半人口全年的总收入。

缩小这种贫富差距的任务非常艰巨。世界经济整体的增长已经停滞，因为穷人说“够了”。根据联合国1998年关于世界收入差距的年度报告，基于过去50年中那种模式的全球资本主义已经遭到世界大多数人口的抵制。我们可能会说，要改变这种状况，两代人的时间恐怕都不够，但世界各国决定这样做。在亚洲，政府在国际货币基金组织（IMF）的敦促下正在着手控制这种两极分化现象。目前存在一些导致资本主义失控的主要结构性问题，最为突出的就是俄罗斯，但在其他地方也很明显，包括美国的政治运动融资，这些问题将无法解决。

信息隔绝

美国社会中正在形成的一些界限、壕沟和障碍将来可能会导致严重的社会冲突。不断扩大的收入差别就是一个例子，这种差别在过去的20年中不断得到强化。不过，在能够使用金融系统的人们和那些没有使用这些系统的人们之间也存在着金融上的壕沟。能够使用这些金融工具——存款帐户、共同基金以及类似的工具——的人们比那些没有使用这些工具的人们的收益高得多。这种差距还在扩大，尽管市场滑坡对此产生了一定的影响。

目前也存在信息的壕沟。一部分人具有计算机方面的技巧和自学能力，能够通过因特网获取世界上的知识，这部分人能够进行自我教育，能够适应新的技术，新的环境。其他人则落后了。计算机使得有知识的人更有知识，没有知识的人因为没有使用它而被淘汰。财富的差别，金融上的差别，再加上信息的差别，将会导致未来美国社会中经济和其他方面出现明显的裂痕。

竞争的缺点

我们从小就懂得在经济中竞争的优点，有了竞争，通过全球化和资本的自由流动，我们每个人都懂得从事最适合自己的专业。而且，通过把这些因素结合在一起，我们得到了最佳的整体效果，因为每个人都在根据他们的智力，技术和所处的环境，做他最擅长做的事情。我们所不理解的就是竞争的缺点，一些人不仅生活在贫困线以下，还生活在“金融线”以下——金融世界和他们不沾边儿，“信息线”以下——自由流动的信息到不了他们那儿，这些人正日益成为社会的包袱，必须要得到社会的照顾。

因此，目前我们进入了一个竞争缺点的世界，为了社会目的，我们必须要通过津贴或负的关税等办法来支持某些并非最好的技术。这些技术可能是最具地方特色的，或政治上最有意义的。但这样的行动可能会成为对日益高涨的民族化浪潮的重要响应，这种民族化的潮流正在取代上一代的全球化运动；同时，这可能也是对那些不满社会的人们的响应，他们所关心的问题是，这种表面上的繁荣并没有让大多数人收益，而是只有少数人收益。社会作为一个整体必须背起这个包袱。

自由贸易

谁真正喜欢自由贸易?这是个好听的词,但答案却是,在某一行业产量最高、最繁荣、从中获益最大的国家。例如,美国希望在金融服务方面实现自由贸易,但却不希望在农产品方面实现自由贸易。而且,尽管美国已经在原则上支持全球多边贸易协定,特别是通过世界贸易组织(WTO),但它往往还是依赖于一些特定的双边贸易协定,这些协定是同那些对美存在贸易顺差的贸易伙伴,特别是那些亚洲国家签署的。这将破坏自由贸易的整体概念,而且美国声称,它不得不逐个地解决问题,特别是现在进入了不稳定时期。这不会有助于全球贸易。

美国还大力进行反倾销,例如,针对俄罗斯的钢铁公司和非洲的农产品。不过它自己倒是很乐于倾销教育,通过提供奖学金在全球低价推销美国的教育,为美国引入了全世界最好的学生。因此,自由贸易带来了繁荣,但只是特定行业的繁荣,而不是普遍意义上的繁荣。

广泛的联系

这一时代的基本特征之一就是我们拥有非常多的各种联系——个人之间的,公司之间的,政府之间的。几乎我们所做的任何事情都能够用前所未有的方式来协作完成。我们得益于竞争的那些优点,在竞争中我们每个人都成为某一方面的专家,我们能够为他人带来更好的东西,比他们自己做得要好。但我们不再是通才，没有别人就无法生存。尽管如此，我们还在享受着这些好处，但同时也面对着能否获得更高回报的风险，这已经成为新的经济。

我们拥有前所未有的全球性的金融联系。我们有共同的银行系统，能够实现金钱在全球的电子化流动，瞬间即可完成，没有数量的限制，不会暴露。对于从事商业的人们，我们有共同的教育模式，主要是基于美国的模式。我们认为，亚当·斯密的个人自由资本主义能够产生最大的社会共同利益。我们甚至有了共同的语言——英语。

不过一旦我们的某个全球伙伴遇到了麻烦，不管是韩国，印度尼西亚，俄罗斯还是巴西，其他人就会有所感觉，所以，在这样的一个系统中必须要有一个急救箱，不管花费什么样的代价。这倒是很像一个具有潜在传染性的病人。不过，中止这种疾病蔓延的唯一办法似乎却是让病人回到人群中。而通常的做法是把病人隔离起来。

核 竞 赛

冷战结束的时候，我们曾以为核炸弹技术结束了。但是，尽管宣传运动都说核武器以后没什么用了，而我们所看到的却是，核武器是最有用的东西。印度和巴基斯坦加入核俱乐部只受到了轻微的谴责，但很快就演变成为友好的表示。所有这些都是出于公共关系的考虑，很快就过去了，这就意味着：如果你想做什么坏事，做快点儿，做完以后表现出后悔的样子就行了。

核武器威力的另外一个例子就是俄罗斯，自从前苏联解体以后，它每年得到数10亿美元的经济援助。乌克兰和俄罗斯的现状差不多，但却几乎什么也没有得到，只因为它在美国要求下，自愿把核武器交给了俄罗斯。其他拥有核能力的国家屈指可数——朝鲜，埃及，以色列，伊朗，伊拉克——它们都想跨越这一界限。即使在拉丁美洲，巴西和阿根廷也有这种可能。

所以，核竞赛还在上演。成为这个俱乐部的成员非常重要——不是为了政治扩张，而是出于经济目的。这是个很赚钱的买卖。

恐怖主义

恐怖活动——为了某种目的，或者没有目的，唆使一些人去搞破坏——这种是一种我们不知道如何去阻止的力量。我们只知道一些人可能会被授意使用简单的恐怖武器，而我们却对此没有什么特别的防护手段。而且不一定只有外来的恐怖主义，还有内部的恐怖主义，这才是最阴险的。世界上很多地方都出现过这种内部的恐怖主义，领导人被自己国家的人暗杀了。我们也许会看到更多的使用手提箱大小且更具毁灭性的武器的恐怖活动。

但我们是不是应该用炸药或智慧来同恐怖主义战斗呢？揭露它可能会有效果。恐怖主义分子生存在黑暗中。他们总是在秘密的环境下活动。他们最不能忍受的就是被揭露。而这恰恰是我们所应该做的：揭露他们是谁，他们之间的关系，谁在和他们做交易以及谁在帮助他们。一般说来，他们的幕后支持者遍布各地，包括银行家，实业家，船东——他们都有可能在有意无意地帮助恐怖主义分子。

轻巧的世界

经济价值——我们愿意为之付钱的东西——曾经集中于大的实物，诸如钢梁，大型汽车，笨重的木制家具。现在却完全不同了。我们现在生活在一个被经济专栏记者迪安尼·柯勒(Diane Coyle)称之为“轻巧的世界”中，价值主要存在于非实物的产品中：比如软件代码，遗传密码，电影中有创意的内容，或是一段音乐，一副新太阳眼镜的设计，保安的尽职尽责或店员的热情服务。

在过去50年中，高技术产业的经济规模增长了三倍多——但经济净产出却几乎没增加多少。随着计算机和电信技术的显著进步，我们的经济正在变得更“大”，但却不是更“重”，越来越袖珍，越来越“非实物化”，或者说，越来越轻巧。最好的例子就是现在音乐贺卡上的芯片所具有的计算能力要高于1945年时一屋子的设备。

这并不是说我们现在对有形商品完全丧失了兴趣，并非如此。而是，随着新技术的出现和经济的日益繁荣，在商品价值的组成中，相比研究、设计和市场营销来说，原材料所占的比重较小。在轻巧的世界里，最基础的“自然资源”就是人的创造力和智慧。

语　言

因特网彻底改变了语言的形式，旧的形式将不再出现。大写字母现在已经不怎么使用了，因为大多数计算机程序是大小写不敏感的。现在，我们在文章中加入链接，链接到其他站点或其他程序，这种链接有点儿类似于脚注，但确是我们文章的有机组成部分。我们写的文章越来越像是对话。写得很快，但却未必符合旧的语法规则。而且文章与多媒体设备和图像结合在一起。我们又回到图文并茂的阶段了。

我们现在还有一些很棒的新工具。我们不仅有 Word 中的拼写和语法检查，还有一个大家不太熟悉的秘密武器，它叫做自动归纳，它能够按照我们所要求的字数压缩一篇文章。我们还可以用 Babelfish 和 LanguageForce 这样的工具来翻译，它们可以对付一些稀有的语言。这些程序现在看起来还有点儿粗糙，不过最终它们肯定能够做得比较完善，能够理解整个意思。"可读性强的写作艺术"却永远也无法由计算机来实现。

游戏和模拟

以前我们看到小孩玩计算机游戏，认为他们是在浪费时间。但是我们错了。实际上，他们学到了很多东西，因为他们沉浸在游戏中，思考各种策略。这些游戏是商业类型的模拟软件和电子数据表格软件的先驱，这场软件革命始于 VisiCalc，接着是 Lotus 1-2-3，现在已经出现了复杂的三维电子地图。模拟和这些类型的电子表格一起，以图形化的方式描绘我们的商业，它的真实性丝毫不逊于飞行员的飞行模拟器。

游戏可以用来学习，可以用来测试，可以用来记录历史上本应该出现但却没有出现的另外一种情形。游戏需要有奖惩系统，情节要有意义。但游戏还可以是针对未来的，而不仅仅是回顾历史；它还可以成为一种演练的方法，针对那些过去从未出现过，但未来有可能会出现的各种情况。

参 考 文 献

印刷版

- Diane Coyle, The Weightless World: Thriving in the Digital Age (Capstone Publishing/MIT Press, 1997)

在线

- econ. lse. ac. uk/staff/dquah——Danny Quah 的互联网站，他最先提出了两极分化和“轻巧”的概念
- www. babelfish. com 和 www. languageforce. com——语言翻译工具互联网站
- www. deanlebaron. com——本书的合作者之一迪恩的互联网站，每天播映一段录像，对一些全球性的话题作出评论
- www. un. org——联合国的互联网站
- www. wto. org——世界贸易组织的互联网站

附录四

AIMR 的百佳投资站点

这个最佳投资站点的目录是由投资管理与研究协会(AIMR)整理的，迪恩·利巴朗和 Paul Turner 建立了该协会互联网站的第一个 Web 出版物——使用因特网进行投资研究，这个目录是该出版物的一部分。经 AIMR 同意，这里我们把它介绍给读者。

引　言

因特网的浪潮急风暴雨般地席卷了全球，投资行业也未能躲过这场冲击。因特网改变了职业投资者的工作方式：他们研究投资的方式，他们寻找信息的方式，他们同其他从业者沟通的方式。在当今的因特网上，和投资有关的信息数量惊人，而且每天都不断产生大量新的信息。我们所看到的这个目录就好比是一列快速行进的火车的一瞬。

这个目录的题目有点儿误导。首先，这里列出了不止 100 个互联网站。其次，这里的最佳互联网站是通过个人主观评定选择出来的。对某人有用的互联网站可能对另外一个人毫无价值。更准确的说法是，这里包含了大约 125 个我们认为有用的互联网站，它们是从几千个站点中选出来的。它对于有一些因特网知识的投资者来说是有用的，他们可以把因特网作为另外一种职业工具。而且它对很多个人投资者也有用处。

这个目录覆盖了绝大部分投资领域，包括股权、债券、货币市场、外汇、期货、期权及宏观经济等方面的信息。要提醒读者注意的是：因特网每天都在变。这里描述的站点过一段时间可能会有所变化或者完全消失了。网站的地址也会变。不过，通常网站在改变地址后会留下一个转寄地址，就像邮局那样。本目录的网络版会定期更新以反映这些变化：

www.aimr.org/aimr/knowledge/seminars/webcast/top_100.html

我希望这个目录能够成为对职业投资者和其他人有用的工具。

投资管理与研究协会
教育科技部主任
Paul Turner

协　会

投资管理与研究协会

www.aimr.org

投资管理与研究协会（AIMR）是全世界领先的投资行业组织。在全世界79个国家中拥有85家以上的附属团体和分支机构，会员人数超过30，000名，对于职业投资者以及他们的雇主和客户来说，AIMR订立了教育、道德和主张方面的最高标准。

共同基金投资者协会

www.amfi.com

共同基金投资者协会（AMFI）是一家研究团体，致力于帮助它的会员通过共同基金投资系统战胜股票市场。

债券市场协会

www.psa.com

立法/法规相关问题；市场实践；会议，研究，报告，统计，搜索工具。

银行和投资公司

JP·摩根公司

www.jpmorgan.com

关于JP摩根公司的产品和服务的各种信息。

Morgan Stanley Dean Witter 公司

www.ms.com

为全球投资者提供了丰富的信息。

Wells Fargo 银行

www.wellsfargo.com

这是一家业务全面的网上银行，业务包括自动票据支付及其他特殊服务诸如在线订购外汇和旅行支票。想知道网上银行到底能够提供哪些服务，这个站点给出了很好的答案。

经　纪　人

贴现票经纪人

Charles Schwab

www.schwab.com

为投资者提供了大量有关贴现票经纪人的信息。

提供全方位服务的经纪人公司

AG Edwards 公司

www.agedwards.com

AG Edwards 公司是一家提供全方位服务的经纪人公司，具有百年历史。

Merrill Lynch 公司

www.ml.com

提供全方位服务的经纪人公司。

谨慎证券

www.prusec.com

提供全方位服务的经纪人公司。该站点提供：基础性研究、行业报告、在线交易、实时市场数据、股票报价。

在线经纪人

Ameritrade

www. ameritrade. com

在线经纪人公司。

外汇管理公司

www. forex-cmc. co. uk

总部在英国的在线交易公司，专门从事衍生证券交易。

Datek 公司

www. datek. com

在线经纪人公司。

Discover Brokerage Direct

www. discoverbrokerage. com

该站点提供了实时股票价格、即时帐户更新以及投资组合管理和在线交易。

DLJ Direct

www. dljdirect. com

DLJ Direct 公司是 Donaldson 和 Lufkin & Jenrette 公司的在线经纪人。

E-Trade

www. etrade. com

E★TRADE 集团是一家在线经纪人公司。该集团还提供各种投资组合管理工具，对公司的研究、市场分析、新闻和其他信息服务。

目　　录

道·琼斯企业目录

bd. dowjones. com/index. asp

道·琼斯企业目录列出了因特网上的各种企业信息资源。该目录由 Dow Jones & Company 公司发布，无论在哪种媒体上，该公司都是世界领先的商业新闻与信息发布者。

全球投资者目录

www. global-investor. com

该目录包含了各种信息，包括：全球投资者目录，这是一个金融站点和服务的资源；市场业绩服务，比较世界主要金融市场的业绩；金融网络观察，观察网上金融的最新发展；ADR 信息，一份美国出版的国际 ADR 的完整列表。该服务可以按照客户需求创立投资组合监控器。

Hoover 在线

www. hovers. com

Hoover 的公司目录。包含：免费的和只针对订户的约 12,000

家公司的信息；2700 篇有深度的报告；客户搜索；股票分析；有关新上市股票的信息、网络股的信息、行业动态和招聘信息。

Invest-o-rama

Investorama.com

该站点信息量极大。包括：一份投资资源目录，有 75 类 7000 多个条目，每个条目都包含一段简短的描述；一份有互联网站点的上市公司的完整目录，该目录包含 4500 个以上的链接；一个投资组合跟踪器；股票研究，特别给出了 75 个指向特定股票信息的链接；可选参数的技术图表。

Yahoo

www.yahoo.com

最流行的因特网目录之一。

Yahoo 金融和投资索引

www.yahoo.com/business/Finance-and-Investment

Yahoo 因特网目录的金融和投资索引。

大型站点

Armchair Millionaire

www.armchairmillionaire.com

对于个人投资者来说，这是一个信息丰富的教育型站点。

道·琼斯的 IDD 信息服务

www. idd. net

该站点包罗了各种金融服务，包括：Smith Barney 华尔街观察；每日市场信息；来自纽约金融中心研究所的信息；还有股票/基金方面的综述。

投资者家园

www. investorhome. com

该站点包含大量有用的信息和链接。包含了一系列非常有用的搜索工具，例如 Yahoo 和其他搜索工具，股票分析工具，等等。

投资者前沿

www. irnet. com

"股票操作指南"，一个针对投资者的综合性信息服务，信息覆盖面广。

投资工具

investools. com

针对个人投资者的大型站点，所提供的信息包括：大量指向 Zack，标准普尔及其他机构的研究报告的链接；来自路透社"环球公司有线新闻"栏目的新闻；大量的图表；报价投资快报；投资组合跟踪器和帐户管理。

微软投资者

invester. msn. com/com/welcom. asp?

针对个人投资者的大型站点，信息丰富。

OSU 虚拟金融图书馆

www. cob. ohio-state. edu/dept/fin/overview. htm

一个大型站点，针对金融和投资领域内任何一个能够想象得到的主题，都能在此找到相应的链接。

Pathfinder

www. pathfinder. com/welcom

该站点是《时代》周刊的总汇型站点，它收罗了：《财富》杂志，Hoover 公司的《企业一览》以及《货币》杂志。该站点提供了个人金融与投资方面的综合性信息。

PAWWS 金融网

Pawws. com

PAWWS 金融网是一个全面的因特网投资资源。它提供了综合性投资组合核算，证券和市场研究工具、实时报价、在线交易。

Smartmoney Interactive

www. smartmoney. com

该网站来源于《Smart Money》杂志，是针对个人投资者的大型综合性站点。

Thomson 投资网

www.thomsoninvest.net

一个针对个人投资者的大型网站，信息丰富。

华尔街研究网

www.wsrn.com

该站点含有关于一些特别主题的丰富信息，还有指向其他几百个站点的链接。是通往其他站点的通道。

搜索引擎

Copernic

www.copernic.com

这是一个软件产品，它能够同时搜索其他10个搜索引擎。它记录搜索的结果以备未来参考。

每日股票

www.dailystocks.com

每日股票是一个搜索引擎，包含大量指向其他站点的链接。包括报价、图表、新闻、美国股票交易委员会档案，研究报告，收入评估，杂志文章，基础性研究，10K 和 10Q 档案以及其他类似的信息。

Excite

www.excite.com

最棒的几个搜索引擎之一。它也包含商业和投资频道，从中能够搜索到各种各样大量的投资相关信息。

FinanceWise

www.financewise.com

这是一个特别的搜索引擎，只搜索与金融有关的内容。它对金融界感兴趣的内容做了索引。每一个主题，从风险管理到综合金融和股票都做了索引，每一个互联网站的内容在进入该搜索引擎的索引之前，都经过了该搜索引擎编辑人员的评估。

交　易

美国股票交易市场和纳斯达克市场

www.amex.com 和 www.nasdaq.com

美国股票交易市场和纳斯达克的站点，信息丰富。包含交易最活跃的公司的信息、上市公司、期权和衍生证券、SPDRs & WEBS，等等。

世界交易列表

Db.axone.ch/FinanceWatch/ExchangeByCountry.cfm

世界交易的“庞大清单”。

芝加哥交易委员会

www.cbt.com

芝加哥交易委员会的站点，包含有关于期货、期权、商品等等的详细信息。

金融研究

债券

Bloomberg—国际收益率曲线

www. bloomberg. com/markets

该站点包含有关美国和全球债券业绩的信息，包括国际收益率。还包含股票指数和外汇信息。

JP 摩根

www. jpmorgan. com/research

每日更新的政府债券指数、新兴市场债券指数以及外汇指数和其他有关债券的信息。

公司研究

每日股票

www. dailystocks. com

每日股票是一个搜索引擎，包含大量指向其他站点的链接。包括报价、图表、新闻、美国股票交易委员会档案、研究报告、收入评估、杂志文章、基础性研究、10K 和 10Q 档案以及其他类似的信息。

First Call 公司

www. firstcall. com

First Call 公司是 Thomson 金融服务公司的一个分公司，它提供实时数据、综合性研究、收入评估和公司等方面的信息，服务于全球的金融机构。该公司发布的信息来源于世界领先的经纪人公司，投资研究公司和跨国公司。这些服务主要包括：FIRST CALL Notes，实时电子地传递早会综合评论，广播当天的研究结果，提供来自于全球 250 家以上顶尖的经纪人公司和投资研究公司的个别股票点评；FIRST CALL Research DirectR，实时电子化地为客户提供超过 50 万份的研究报告——原原本本地包括所有的文字、图表、插图、颜色和格式，这些报告来自于全球 190 家以上顶尖的经纪人公司。

FreeEdgar

www.freeEdgar.com

该站点免费提供美国证券交易委员会（SEC）档案，要想获得这些信息，访问该站点比直接访问 SEC 的站点更容易。

Hoover 股票精选

www.stockscreener.com

Hoover 的股票筛选数据库。

晨星网

www.morningstar.net

该网站含有大量股票和共同基金的研究与筛选信息，非常流行。

Motley Fool

www. fool. com

一个流行的站点，内容包括针对个人投资者的投资教育、投资组合管理、新闻、建议。

注册会计师年报服务

www. prars. com

该机构是美国最大的年报服务机构。免费向公众提供 3200 家以上上市公司的财务状况，包括年报、招股说明书和 10k。

快速金融互联网站

www. quicken. com/investment

各种金融信息的总汇，主要包括：投资、储蓄、贷款、养老金和保险方面的信息。

标准普尔指数

www. stockinfo. standardpoor. com

标准普尔的股票投资者服务向投资者提供了大量关于公司、行业和股票市场的信息，包括著名的标准普尔股票报告。

Stockmaster

www. stockmasdter. com

该站点包含丰富的投资信息，包括：个人投资组合，新闻，SEC 档案，详细报价，公司收益的历史情况及其他信息。

Telestock

www.teleserv.co.uk/stock

该站点提供金融信息，还提供美国和欧洲主要股票、期权和商品市场的昨日报价。

Zacks 投资研究

www.zacks.com

该站点提供 Zack 的热门投资分析家报告。

图表和技术分析

Big Charts

www.big charts.com

该站点免费提供超过 5 万种美国股票，共同基金和主要市场指数的图表、报告、指标和报价。该站点由几个专有的模块化金融应用程序组成，运行 Concerto 专有的金融媒体服务器。

决策指南的市场时机与图表

www.decisionpoint.com

决策指南网站提供股票市场时机和技术分析方面的信息与教育资源。有大量免费的技术分析材料，包括：当日图表；对股票、共同基金和行业团体及时进行技术分析；历史图表；评论；分析；对基金的每日报道，包括买入卖出信号和强度分析；102 个行业集团和 12 个市场板块的每日相对强度等级和每周图表。

在线计算器

www.global-investor.com/dir/g-calcs.htm

该站点可计算下列类型的信息：佣金计算、期权、可转化债券、认股权证、固定收益所得计算、贷款支付、美国存款债券计算、普通个人金融业务、养老金。

股票市场时机公司

www.firstcap.com

该公司采用短期的，自顶向下的技术手法来交易股票，这种方法专门针对那些不满足于购买并永久持有投资策略的投资者和交易者。这是一种通过识别市场短期或长期走势，并以此为依据进行操作，从而降低市场风险的方法。该站点还包括：股票和债券市场的趋势分析；市场评估，运用常用技术方法对一系列股票进行评估。

Stock Smart

www.stocksmart.com

该站点含有大量股票、市场和回报方面的信息，还有市场、共同基金、行业等方面数据的柱状图，快速及时；还包括一些技术分析软件。

实时数据

DBC 在线

www.dbc.com

该网站向个人投资者提供实时市场数据，这些数据由数据广播公司（DBC）提供。

Quote. Com

www. quote. com

该公司向因特网用户提供实时市场数据。包括美国和加拿大市场上的股票、期权、商品期货、共同基金及指数的当前报价和稍早些时候的报价。该站点还提供实时商业新闻、收益预测和报告、市场分析与评论，包括分析家的升级与降级，基础（资产负债表）数据，年度报告，当日及历史图表，天气信息及公司概况。

外汇信息

Bloomberg 市场

www. bloomberg. com/markets

该站点提供关于汇率的新闻及详细信息，包括美元汇率及特定的关键交叉汇率表，还有关于股票、汇率与债券、外汇与商品的信息。

CNN 金融网

Cnnfn. com/markets/currencies. html

该站点含有滚动更新的美元汇率表及其他外汇信息。

保管单据

美国保管单据

www. global-investor. com/adr/index. htm

该站点含有一个有关于全世界 2000 个以上的 ADR 的数据库，内容丰富。

期货、期权和衍生证券

芝加哥商品交易市场

www.cme.com

芝加哥商品交易市场的站点提供了在该市场交易的有关期货和期权合同，包括外汇、利率、股指和农产品。该站点还提供新闻、电子交易和教育资源，包括在线模拟交易，以及 EuroFX 资源中心。

Finance.wat.ch

Finance.wat.ch

该站点提供有关期货/期权合同的信息；金融教育/培训资源；一个解释衍生工具的名词表；各种关于衍生证券和风险管理的报告和论文；因特网上的金融介绍。

INO 全球市场

www.ino.com

关于期货和期权的全球信息。

MarketPlex

www.cbot.com/mplex

该公司位于芝加哥交易委员会，这个站点汇集了各种期货相关服务、技术图表、研究报告以及从期刊上选取的文章，可以订购 MRI 服务，还提供全球商品交易的 MJK 收盘价。

高科技公司

Hoover 在线

www.hoover.com/features/industry/internet.html

这是一个互联网相关股票的信息源,免费发布一百多家上市的互联网公司的概况，还有新闻、业界信息、股票报价、图表和有关网络股的每日市场信息。

高科技投资者

members.home.net/mathewi/investone.html

该站点有大量关于高科技公司的信息,还含有一系列指向其他站点的链接。

硅片投资者

www.techstocks.com

一个大量提供高科技股信息的虚拟公司。

CMP Net

www.techweb.com/wire/finance

这是一个“科技新闻站点”,该站点专门报导有关高科技公司的新闻，并含有一个公司新闻搜索引擎。

宏观经济研究

Yardeni 经济网

www.yardeni.com

爱德华·亚德尼博士是位于纽约的 Deutsche 银行证券公司的首席经济学家和全球投资策略家。他的站点提供了多种信息，包括国家报告、行业报告等等。主要包括以下几类信息：宏观经济信息；经济分析与预测；经济报告；经济研究状况；图表信息；以及 2000 年问题报告。

共同基金

忠实投资者公司

www.fid-inv.com

忠实投资者公司的主要站点。提供帐户存取，股票分析工具，教育材料等。

共同基金交互

www.brill.com

该站点含有大量关于共同基金的信息，包括：市场分析；共同基金推荐；活跃证券；教育文章；搜索工具及其他资源；甚至还包含一个共同基金投资者“工具室”。

共同基金交互

www.fundsinteractive.com/toolshed.html

该公司是浪花分析服务公司、价值线公司和数据广播公司的合作伙伴，该站点还含有指向 BigCharts，Zack's，以及 Edgar-Online 的链接，并向共同基金投资者提供有用的工具。

共同基金

www. mfmag. com/start. htm

该站点含有大量关于共同基金的信息，不过，大部分信息只向订户提供。

快速金融站点共同基金

www. quicken. com/investments/mutualfunds

该站点提供了很多共同基金查找工具，包括晨星公司和价值线公司提供的概况和一个由晨星公司提供的有用工具——“快速基金查找”。

先锋证券

www. vanguard. com

共同基金公司的大型站点，含有大量针对个人共同基金投资者的信息，包括经纪人服务和雇员 401（k）计划，含有各种教育材料。

软件/工具

Brightline

www. ragm. com/brightline

Robert AG Monks 提供的市场模拟。

微软代理

www. microsoft. com/workshop/imedia/agent/default. asp

语音识别软件这一不断发展的领域内的一个例子。

Olsen & Associates

www. olsen. ch

Olsen 公司在金融市场的先进预测技术方面领先于世界，该公司在苏黎世和伦敦开展业务。Olsen 信息系统是一套用于外汇市场的决策支持工具。外汇兑换表提供了 164 种货币的兑换率，该兑换表位于 www. oanda. com/converter/classic。

UltraHal

www. zabaware. com

智能助理软件。“让你的电脑和人一样能干。”

可视决策

www. vdi. com

三维交互——用户控制的——可视化应用程序，能够处理大量的金融数据。

全 球 信 息

新兴市场伙伴

www. emgmkts. com/index. htm

该站点为我们提供了一个观察亚洲，拉丁美洲，非洲和东欧新兴市场的便捷窗口。它为我们提供了关于全球经济和政治事件，市场活动，以及投资策略的综合观点。

忠实国际

www. fid-intl. com

该站点提供了一些专门为特定国家或地区设计的金融产品和服务。这些产品和服务只在相应的区域内有效。

商业工程研究所

www. fe. msk. ru

一个俄文站点，包含俄罗斯交易市场；REDGAR，联邦证券和资本市场佣金。该站点可以用俄文浏览，一部分内容还可以使用英文浏览。

交互式投资者

www. iii. co. uk

该站点是关于IFA、英国信托公司、投资信托、PEP以及海外资金的信息总汇，还包含由基金管理者维护的网页。它还提供了下列刊物的新闻服务：《金融顾问》、《产品顾问》、《投资顾问》和《海外金融回顾》。

JP摩根

www. jpmorgan. com/research

每日更新的新兴市场信息，包括该公司对新兴市场的展望。

摩根士担利资本国际

www. ms. com/msci. html

该站点为全球投资者提供了大量信息。

TeleStock

www. teleserv. co. uk/stock

该站点提供金融信息以及当日美国和欧洲主要股票、期权和商品报价。

政府/法规机构

国内税收服务

www. irs. ustreas. gov/prod/cover. html

美国国内税收服务（IRS）的大型站点。

SEC Edgar 数据库

www. sec. gov

该站点含有大量来自于各公司的金融档案。

新闻/出版物

论坛

股票俱乐部

www. stockclub. com

讨论股票、共同基金及其他金融信息。

新闻

Bloomberg

www.bloomberg.com

该站点含有大量有关于 Bloomberg 金融服务的信息。

Briefing.com

www.briefing.com

该站点提供对影响股票和债券的重要新闻的分析。包括对个别股票及影响该股次日市值的因素的分析。该站点提供免费和订阅两个层次的信息。

商业通讯

www.businesswire.com

商业通讯（BW）的目标是传播金融与产品新闻，照片，来自全球大、中、小型公司和组织的通报与特写。

CNBC

www.cnbc.com

该站点含有大量商业和投资方面的新闻，包括指向欧洲 CNBC 和亚洲 CNBC 的链接。

CNN 金融网

www.cnnfn.com

该站点是一个内容丰富的信息源，它的主要内容包括：新闻、市场信息、指向快速金融网的链接——那里有针对投资者的信息、全球信息、外汇兑换信息，还有一系列指向各种商业资源的链接，包括税收、消费信贷、公司站点、共同基金及其他信息。

今日中国透视

insidechina. com

该站点提供中国金融与投资方面的新闻。

养老金与投资

pionline. com

这种职业投资者熟知的出版物的在线版本。

PointCast

www. pointcast. com

该站点是一个“因特网上的全天候完全新闻网”,是一个基于软件的信息服务，使用技术把个人化的信息带到桌面上来。

路透社

www. reuter. com

该站点含有大量商业和金融新闻。

ZD 交互式投资者

www. zdii. com

来自于 Ziff-Davis 的投资新闻。

出版物

Barrons 在线

www. barrons. com

该流行出版物的在线版本。

商业周刊

www.businessweek.com

该商业出版物的在线版本。其中的免费信息包括每日简报，内容有商业新闻、分析，问答和评论；对关键性经济报告和会议的密切关注。商业周刊加强版包含一些只有在线版本才有的内容，这些内容按照主题排列，包括：最佳商业学校；在线商业书店；电脑屋；企业在线（针对小型企业）；投资者中心；共同基金一角，含有货币和信用信息及指向一些有用的金融站点的链接；一个投资者工具箱，包括个人投资组合跟踪器，股票历史信息等等。同大多数在线出版物一样，该站点含有一个“搜索和存档”栏目。

福布斯

www.forbes.com

该流行出版物的在线版本，含有大量关于商业和金融的附加信息。该站点具有在线出版物的一切特征，包括一个搜索引擎、快速报价、一个方便的“数字工具屋”菜单。

财富

cgi.pathfinder.com/fortune

该商业出版物的在线版本。

Hulbert 金融文摘

www.hulbertdigest.com

最著名的金融文摘，内容覆盖160种以上的投资快报和他们推荐的450种投资组合。

投资者商业日报

www.investors.com

该投资出版物的在线版本。

Money.com

www.money.com

该出版物的在线版本。

TheStreet.com

www.thestreet.com

这是一个提供新闻和报告的在线出版物。

古朴的每日交易者

www.pristine.com

这是一个快报和在线新闻服务，向活跃的交易者提供每日股票推荐。

今日美国——货币版

www.usatoday.com/money/mfront.htm

该报纸在线版本的财经新闻。

华尔街日报——交互版

interactive. wsj. com

华尔街日报的因特网版，需订阅。

万维网广播

华尔街论坛

www. wallstreetforum. com

该站点提供因特网“广播”行业评述，分析家会议及其他事件。

北京科文剑桥图书有限公司

1. 欢迎您到当地新华书店购买本公司的书。
2. 邮购　单次邮购金额须超过人民币 50.00 元,免邮费。在收到您的订单 3 个工作日内,我公司即平邮发出。如需特快,请另付费。
3. 缺书　如果您所订的书籍在 20 天内仍缺货,我们会马上退款。
4. 换书　您收到的书如有质量问题,我们将免费为你调换。请 10 天之内,将图书和发票一起寄回本部。我们收到退书,将在 3 个工作日内为你换发。
5. 汇款、联系地址:

   北京市东城区安定门外大街 208 号三利大厦(100011)

   北京科文剑桥图书有限公司

   E－Mall:kewen @ net china.com.cn
6. 服务热线 010－64203023

版别	书　　名	著(译)者	定(估)价	出版日期	册/包	订数
		新书推荐				
	《把企业搬上网》	[美]乔纳森·伊佐				
	《经营失败分析》	[美]戴维 A·里克斯				
	《面试轻松过关》	[美]罗恩·弗莱				
	《ISO 简明实用手册》	[英]戴维·霍利				
	《投资理念制胜》	[美]迪恩·利巴郎 罗成什·瓦迪伦格姆				
	《经营风险与危机处理》	[英]迈克尔·雷吉斯特 朱迪·拉金				
	《信息时代生存手册》	[美]肯尼思·M·莫里斯				
	《管理咨询》	[英]菲利浦·萨德瑞				
		全美最新工商管理权威教材系列				
北大科文	《投资学》	[美]汉姆·列维	98.00 元	2000.1	4	
北大科文	《财务案例》	[美]W·凯斯特	65.00 元	2000.1	5	
北大科文	《会计学》	[美]罗伯特·N·安索尼	55.00 元	2000.1	6	
北大科文	《管理会计》	[美]唐·R·汉森	98.00 元	2000.1	4	
北大科文	《市场营销管理》	[美]约翰·A·昆克	98.00 元	2000.1	4	
北大科文	《作业管理》	[美]罗杰·G·施罗德	80.00 元	2000.1		
北大科文	《战略管理》	[美]亚瑟·A·汤普森	110.00 元	2000.1	3	
北大科文	《财务管理分析》	[美]罗伯特·G·希金斯	30.00 元	2000.1	3	
北大科文	《产品管理》	[美]唐纳德·R·莱曼	50.00 元	2000.1	9	
		营销系列				
中国标准科文	市场调研—计划、方法与评估	[英]可罗·海格 彼德·杰克逊	16.00 元	2000.1		
中国标准科文	公司广告运作—如何做好你的广告	[英]罗德里克·怀特	22.00 元	2000.1		

版别	书　名	著(译)者	定(估)价	出版日期	册/包	订数
中国标准科文	创建销售渠道优势	[英]英伦斯·G·弗里德曼 蒂莫西·R·弗瑞	20.00元	2000.1		
中国标准科文	创造永远的"酷"—儿童用品市场的营销	[美]基思·德尔·威切欧	18.00元	2000.1		
中国标准科文	21世纪的营销	[荷]保尔·保斯特曼	14.00元	2000.1	2	
宇航科文	塑造企业形象101法	[英]蒂莫西·RV·福斯特	15.00元	1999.6二版	20	
宇航科文	口碑营销妙用101法	[美]古德弗瑞·哈瑞斯 格里格瑞·哈瑞斯	15.00元	1999.6二版	25	
宇航科文	树立干练的专业形象101法	[英]埃勒瑞·萨姆森	15.00元	1999.6	20	
宇航科文	获得更多商机101法	[英]蒂莫西·RV·福斯特	15.00元	1999.6二版	25	
宇航科文	获得更多利润101法	[英]大卫·李	15.00元	1999.6二版	25	
宇航科文	增加顾客满意度101法	[英]蒂莫西·RV·福斯特	15.00元	1999.6二版	18	
宇航科文	产品经理手册	[英]林达·葛彻尔斯	24.00元	2000.1二版	18	
宇航科文	赊销管理手册	[英]波特·爱德华	28.00元	2000.1二版	13	
宇航科文	美国市场协会顾客满意手册	[美]阿伦·杜卡	19.00元	2000.1二版	18	
宇航科文	低费用的市场营销	美国商场协会编	19.00元	1999.6二版	14	
宇航科文	顾客服务技巧	英国市场协会编	19.00元	1999.6二版	14	
宇航科文	产品经理的营销计划	[美]唐纳德·R·莱曼	16.00元	2000.1		
宇航科文	销售明星秘诀	[美]巴里·J·法伯	10.00元	2000.1		
宇航科文	如何制定营销计划	[英]约翰·韦斯特伍德	12.00元	2000.1		
工商科文	3000=1"诺氏"连锁销售经典	[美]罗伯特	15.00元	1999.6二版	10	
	管理系列					
中国标准	即时制管理	[英]大卫·哈钦斯	22.00元	2000.1		
中国标准	企业教练法—利用转换式教练法创建高效的企业文化	[美]托马斯·G·克兰	12.00元	2000.1		
中国标准	商战之魂—战略管理的定性与定量	[英]苦热·瓦斯康塞洛斯·伊·萨	14.00元	2000.1		
中国标准	招兵买马—现代企业招聘过程	[美]凯文·C·克林维克斯	14.00元	2000.1		
中国标准	造就卓越的咨询顾问	[美]杰伊·A·贝切斯	18.00元	2000.1		
中国标准	绩效管理	[美]罗伯特·马克沃	16.00元	2000.1		
中国标准	员工激励	[美]安妮·布鲁斯	16.00元	2000.1		
中国标准	ISO9000管理体系手册	[美]詹姆斯·S·戴维斯	15.00元	2000.1		
大百科	价值评估—公司价值的衡量和管理	[美]科普兰科勒	36.00元	2000.1		
大百科	质量铄金—企业竞争致胜的武器	[美]隆美尔·布吕克	22.00元	2000.1		
大百科	协作型竞争——全球市场的战略联营与收购	[美]布利克	22.00元	2000.1		
宇　航	成功的职业经理手册	[美]奈杰尔·李纳克尔	19.00元	1999.6二版	17	
宇　航	企业管理表格手册	英国企业管理协会	45.00元	1999.6二版	8	
宇　航	服务业国际标准手册	[英]布赖恩·罗瑟瑞	18.00元	1999.6二版	22	
宇　航	成为更出色的经理	[英]迈克尔·阿姆斯特朗	26.00元	1999.6二版	13	
宇　航	24时经营计划	[英]罗恩·约翰逊	19.00元	1999.6二版	15	
宇　航	经理备忘录	[英]大卫·富林曼特	19.00元	2000.1		
宇　航	卓越管理的新思维：理念，工具和人	[英]尼尔·M·格拉斯	28.00元	2000.		
宇　航	设计最好的公司	[美]约翰·辛格	15.00元	2000.1		
宇　航	减低项目风险	[英]拉尔夫·L·克莱因 欧文·S·路丁	18.00元	1999.4	22	
宇　航	别忘了，我们都是人—马斯洛谈管理	[美]阿伯拉海姆·马斯洛	24.00元	2000.3		

版别	书　　名	著(译)者	定(估)价	出版日期	册/包	订数
宇　航	迪斯尼原理	[美]比尔·卡波戴尔 莱恩·杰克逊	19.00元	2000.3		
宇　航	用户驱动下的创新——世界上首台商用计算机的奇迹	[美]戴维·卡米纳	19.00元	2000.3		
建　材	本田动力	[美]大卫·尼尔森	19.00元	1999.12		
沟通系列						
中国标准	成功的会务组织	[美]安·J·博姆	15.00元	2000.1		
宇　航	谈判要点	[英]盖温·肯尼迪	29.00元	1999.6二版	10	
宇　航	秘书如何与老板共事	[英]伊丽莎白·库克	10.00元	1999.6二版	31	
宇　航	老板如何与秘书共事	[英]德布勒·欧科克	10.00元	1999.6二版	35	
宇　航	成功的商务推介	[英]乔伊斯·库什	20.00元	2000.1二版	20	
宇　航	不不为赢—如何婉言说不	[美]艾伦·亚瑟罗德 吉姆·杰荷	9.00元	1999.5	37	
宇　航	时来运转—有效管理你的时间	[美]艾伦·亚瑟罗德 吉姆·杰荷	9.00元	1999.5	37	
宇　航	傲客看招—如何对付难缠的人	[美]艾伦·亚瑟罗德 吉姆·杰荷	9.00元	1999.5	37	
求职系列						
宇　航	精通英语面试	[美]克里斯托弗·帕森斯	18.00元	2000.1	25	
宇　航	外企面试中常见问题(中英文对照)	[美]约翰·凯德	16.00元	1999.5	25	
宇　航	叩开外企之门——全美101份最佳求职简历	[美]杰伊·艾·布洛克	29.00元	1999.5	12	
金融系列						
宇　航	全球证券市场市场风险及监管	[英]里查德·戴尔	28.00元	2000.1		
宇　航	危机中的亚洲——解析亚洲银行及金融体系	[比]菲利普·F·戴尔海斯	28.00元	2000.1		
财务系列						
宇　航	中小企业财务管理——发展中的控制	[英]科林·科罗	18.00元	1999.5	20	
宇　航	财务报表分析及案例	[美]S·B·科斯特斯 盖泽·斯泽罗威	18.00元	1999.5	20	
证卷点金丛书						
工　商	笑傲股市	[美]威康·奥尼尔	26.00元	1999.5三版	18	
宇　航	专业投机原理	[美]维克多·斯波朗迪	58.00元	1999.9		
宇　航	固定收益证券	[美]布鲁斯·塔克曼	26.00元	1999.9		
宇　航	混沌操作法	[美]比尔·威姆	19.00元	1999.9		
宇　航	股票K线战法	[美]史蒂夫·尼森	34.00元	1999.6		
标　准	世纪炒股赢家—共同基金之父罗伊·纽伯格	[美]罗伊·纽伯格	19.00元	2000.1		
标　准	谁执股市与政坛牛耳—华尔街投资大师马鲁克传奇	[美]詹姆斯·格兰特	28.00元	2000.1		
著名总裁谈经营管理系列						
宇　航	品牌分销与资本运作——可口可乐CEO戈伊祖塔的超级管理魔方	[英]戴维·格里森	26.00元	2000.1二版	10	
宇　航	传媒业的创新经营——《今日美国报》创办人努哈斯谈一本万利经营	[美]艾尔·努哈斯	22.00元	2000.1二版	12	

版别	书　　名	著(译)者	定(估)价	出版日期	册/包	订数
宇　航	特许经营为何物——汉堡王总裁谈加盟式连锁经营	[美]吉姆·W·麦克拉摩	22.00元	2000.1二版	12	
宇　航	整合并购企业——人事总裁谈用人之道	[英]沃拉德	24.00元	2000.1		
宇　航	遭遇家族企业——威利食品公司总裁的企业变革论	[英]沃德	19.80元	2000.1		
工　商	娱乐业的扩张经营——派拉蒙公司总裁迪勒现身说法	[美]乔治·梅尔	19.80元	2000.1二版	15	
工　商	信息产业的适者生存战略——布隆伯格的金融信息经营之道	[美]麦克·布隆伯格	15.00元	2000.1二版	20	
工　商	兼并经典——震惊华尔街的伟恩投资策略	[美]盖尔·迪乔治	19.80元	2000.1二版	10	
知　识	甜苹果？酸苹果？——苹果电脑公司总裁的500天	[美]吉尔·阿米里奥	19.00元	1999.6	15	
建　材	卢茨挑战经典商业法则——克莱斯勒总裁的7条军规	[美]罗伯特·卢茨	19.00元	2000.3		
信息经济系列						
中国标准	网际搏杀——网景微软生死之争	[美]迈克尔·卡苏曼诺 大卫·约菲	28.00元	2000.1		
中国标准	新经济规则——硅谷新生代重新洗牌	[美]卡伦·索斯威克	19.00元	2000.1		
建　材	数字化经济——电子商业的七大网络趋势	[美]查克·马丁	19.00元	1999.6	16	
赚钱之神系列						
中国标准	邱永汉——理财秘诀	邱永汉	10.80元	1998.12	25	
中国标准	邱永汉——赚钱自传	邱永汉	12.80元	1998.12	20	
中国标准	邱永汉——谈赚钱秘诀	邱永汉	12.80元	1998.12	20	
中国标准	邱永汉——谈创业之道	邱永汉	14.80元	1998.12	20	
中国标准	邱永汉——股票入门	邱永汉	12.80元	1998.12	25	
启思丛书						
对外翻译	注册会计师	[美]尼奇·A·多伯	36.00元			
对外翻译	工商管理硕士	[美]杰·K·希姆	22.00元			
对外翻译	房地产营销	[美]马丁·J·迈尔斯	36.00元			
对外翻译	财务总监	[美]杰·K·希姆	50.00元			
对外翻译	创业企业家	[美]戴维·E·雷	26.00元			
对外翻译	财务比率分析	[美]迈克尔·R·泰兰	30.00元			
对外翻译	营销经理	[美]亚历山大·希亚姆	36.00元			
对外翻译	总经理手册	[美]亚历山大·希亚姆	28.00元			